# L'AVANT SCÈNE CINÉMA

Revue foncée en 1961

**ADMINISTRATION / RÉDACTION**
37, quai de Grenelle
75015 Paris.
**Tél. : 06 11 71 73 08**
avantscene.cinema@yahoo.fr

DIRECTEUF DE LA PUBLICATION /
RÉDACTEUR EN CHEF : Yves Alion
(yves.alion@wanadoo.fr)

DIRECTEUR ADJCINT, RESPONSABLE
DE LA COMMUNICATION:
Pierre-Simon Gutman

COMITÉ DE RÉDACTION :
Laurent Aknin, Yves Alion, Sylvain
Angiboust, Jean-Christophe Berjon,
Gérard Camy, Renan Cros, Marc Dujar-
ric, Jean-Philippe Guerand, Pierre-Simon
Gutman, René Marx, Jean Ollé-Laprune,
Jacques Zimmer.

MAQUETTE ET SECRÉTARIAT DE
RÉDACTION : Pierre Kandel

GÉRANT : Cyril Karunagaran

CRÉDITS PHOTOS :
Vidéogrammes de Métropolis avec
l'aimable autorisation de MK2 Diffusion
Autres photos : collection L'Avant-
Scène Cinéma

Ont collaboré à ce numéro :
Jean-Loup Bourget, Camille Loiret et
Léo Soesanto.

Remerciements à Benoît Claro et
Laurence Gachet (MK2 diffusion), à
Élodie Dufour (Cinémathèque française)
et à Gérard Lenne

FLASHAGE ET IMPRESSION
IMB Imprimerie Moderne de Bayeux
7, rue de la Résistance - 14400 Bayeux

Édité par ALICE Édition
N° de commission paritaire
0612K81778
ISSN 0045 1150
ISBN 978-2-84725-080-0
Dépôt légal . 3e trimestre 2011

**ABONNEMENTS :**
ABONNEMENTS FRANCE, VENTES et
LIBRAIRES :
avantscene.cinema@yahoo.fr

Revue publiée avec le concours du
**CENTRE NATIONAL DU LIVRE**

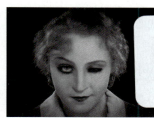

# MONUMENTAL

Quand on évoque *Métropolis*, il est difficile de ne pas emprunter au vocabulaire de l'architecture. Rien d'étonnant a priori puisque comme l'on sait Fritz Lang* était architecte avant d'embrasser le 7e Art. Et tous ses films s'en ressentent naturellement. Particulièrement celui qui nous intéresse ici et qui nous parle de la ville et de l'organisation sociale à laquelle elle donne vie. Inventée en 1927 comme projection de l'année 2027, la cité imaginaire de Lang a sans doute vieilli, tant dans sa conception architecturale que sur le plan politique, et c'est sans aucun doute mieux ainsi. Il faut d'ailleurs reconnaître que dès sa conception, des critiques s'étaient fait entendre. Le texte que H.G. Wells a consacré au film (cf. notre dossier) démonte avec violence le moindre rouage de la construction langienne. Mais peu importe, le film est de toute évidence un monument que les années n'ont pas entamé, qui se range aux côtés du château de Versailles ou des toiles de Van Gogh au patrimoine de l'humanité. Un monument intimidant mais vivant. La preuve : il a retrouvé une nouvelle jeunesse lorsque sont venues se greffer à la version que nous connaissions près de 30 minutes supplémentaires, victimes oubliées de coupes sauvages auxquelles Lang n'avait pas pu s'opposer. Cette nouvelle jeunesse méritait que l'on braque une nouvelle fois les projecteurs sur ce film hors norme. C'est ainsi que la Cinémathèque française lui consacre une exposition de plusieurs mois à partir du 19 octobre. Le même jour le film, dans sa version complète, respirera l'air des salles. Soit deux semaines exactement après la sortie d'un nouveau DVD prenant lui aussi en compte les scènes remontées. Amoureuse du patrimoine, L'Avant-Scène Cinéma se devait d'accompagner le mouvement. Quitte à apporter quelques éclairages complémentaires à un film déjà largement commenté. C'est en tous cas notre ambition.

L'AVANT-SCÈNE CINÉMA

* L'Avant-Scène Cinéma a consacré deux numéros et un numéro double aux films de Fritz Lang : *M. le maudit* (n°39), *Furie* (n°78), *Le Tigre du Bengale/Le Tombeau hindou* (n°339/340).

# Le coup de patte de Fabien Lacaf

Fabien Lacaf est dessinateur. À la fois auteur
de bande dessinée et storyboardeur.
Ceci expliquant sans doute
cela, c'est un grand cinéphile.
Raison pour laquelle il nous gratifie ici
ou là d'un dessin original.
Après *2001, l'Odyssée de l'espace*,
*Les Émotifs anonymes* et *Ma part
du gâteau*, voici *Métropolis*.

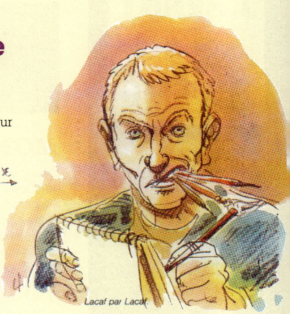

*Lacaf par Lacaf.*

Fabien Lacaf est aussi dans l'actualité puisqu'il a storyboardé *La Guerre
des boutons* de Christophe Barratier.

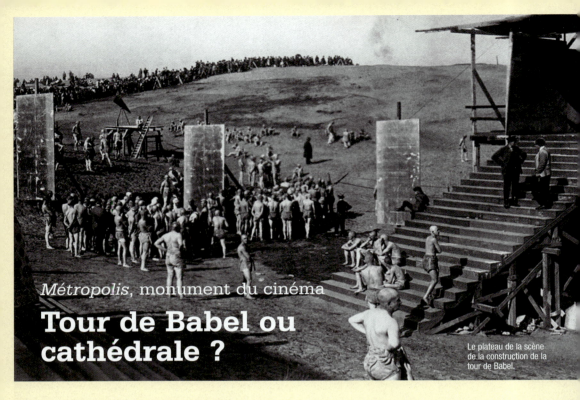

*Métropolis*, monument du cinéma

# Tour de Babel ou cathédrale ?

Le plateau de la scène de la construction de la tour de Babel.

**Aborder Métropolis ne va pas de soi. C'est, avec ou avant M le Maudit, le plus connu des films de Fritz Lang ; c'est aussi, ajoute perfidement Bernard Eisenschitz, spécialiste du cinéaste, « le Lang préféré de ceux qui n'aiment pas Lang ».**

Sa notoriété ne s'est jamais démentie depuis sa première projection publique à Berlin, le 10 janvier 1927, mais la critique a toujours été divisée à son sujet. En majorité, elle a salué la prouesse technique, le caractère impressionnant des décors, la perfection des trucages, l'invention visuelle constante, tout en déplorant les faiblesses et les incohérences de l'intrigue, notamment la naïveté ou le cynisme de la conclusion qui montre la réconciliation du maître de Métropolis avec ses ouvriers révoltés. Dès la sortie du film, on a eu tendance à considérer que sa force visuelle devait tout à Lang, tandis que la scénariste et épouse du cinéaste, Thea von Harbou, surnommée Lady Kitschener, était jugée responsable du sentimentalisme et de tout ce qu'on blâmait dans l'œuvre. Ces opinions tranchées se sont longtemps figées car la version originale disparut très rapidement des écrans, remplacée pour l'essentiel, dès mars 1927, par la version américaine de Channing Pollock et par ses variantes — une version qui réduisait l'original de 150 à 107 minutes, amputant le film de plusieurs scènes-clés et de pans entiers de l'intrigue et rendant effectivement incompréhensibles les motivations de certains des personnages. Cela n'empêcha pas les exégètes de se livrer aux lectures idéologiques et/ou psychanalytiques du film les plus élaborées, les plus contradictoires et les plus contestables. Rendue possible par la redécouverte de divers documents (notamment la partition musicale de Gottfried Huppertz), la lente reconstitution de la version originale fut entreprise par Enno Patalas et la Cinémathèque de Munich à partir de 1980. Certaines scènes retrouvées par Patalas furent incorporées dans la « version Moroder » de 1984 — une version teintée et accompagnée de musique rock, due au compositeur italien Giorgio Moroder, qui fit connaître *Métropolis* à une nouvelle génération de spectateurs. Épilogue provisoire lorsqu'on annonça en 2008 qu'une copie médiocre mais presque intégrale du film avait été retrouvée à la Cinémathèque de Buenos Aires, ce qui permit de compléter la version Patalas sur de nombreux points de détail et de proposer au public, dès 2010, un film aussi proche que possible de celui qu'avaient vu ses premiers spectateurs berlinois quatre-vingt-trois ans plus tôt.

## Le projet

Le caractère monumental de *Métropolis* ne doit rien au hasard. Le film a été conçu comme un *blockbuster* avant la lettre, disons un peu à la manière dont James Cameron a conçu *Avatar* dans la lignée de son *Titanic*. Toujours décrit comme un film « de Fritz Lang », *Métropolis* est aussi un projet de la UFA et du producteur Erich Pommer, en même temps

bien sûr qu'une entreprise collective mobilisant des moyens financiers et humains considérables. Le projet s'inscrit dans le cadre d'une politique de prestige qui, avec *Le Dernier des hommes* de Murnau ou *Variétés* de Dupont, a su combiner exigence artistique et succès international. Lang lui-même jouit alors d'un grand prestige. Né à Vienne en 1890, installé à Berlin juste avant la fin de la Grande Guerre, il n'a pas tardé à y connaître le succès. *Les Trois Lumières* et surtout *Les Nibelungen* (production UFA, 1924) ont montré son goût pour les thèmes issus de la culture germa-

nique et pour une esthétique monumentale, où personnages et foules de figurants sont disposés géométriquement dans des décors architecturaux qui tendent volontiers vers l'abstraction grandiose, tandis que le premier *Mabuse* (1922) mettait en évidence son intérêt pour le récit feuilletonesque à rebondissements, pimenté par les ressources de la technologie moderne. Plusieurs de ces éléments se retrouveront dans *Métropolis*.

## Le tournage

Envisagé dès 1924, le projet se met en route l'année suivante lorsque Thea von Harbou écrit un roman, *Métropolis*, clairement destiné à devenir un film du même titre, dont le tournage, commencé le 22 mai 1925, se termine le 30 octobre 1926, soit près d'un an et demi plus tard. Ce tournage dans les studios de Neubabelsberg près de Berlin est traité comme un événement en soi tout en servant la promotion du film. Une partie des décors sont construits « en dur » par l'équipe des trois architectes-décorateurs Otto Hunte, Erich Kettelhut et Karl Vollbrecht, tandis que l'opérateur Eugen Schüfftan perfectionne le célèbre « procédé Schüfftan », qui permet, grâce à l'utilisation d'une glace, d'ajuster parfaitement un décor en taille réelle (filmé à travers la glace désargentée) et des maquettes en modèle réduit (reflétées dans la partie argentée de la glace, qui fait miroir). De nombreux visiteurs se rendent sur le plateau, parmi lesquels Eisenstein, venu à Berlin pour la première du *Cuirassé Potemkine*, qui s'entretient avec les directeurs de la photo, Karl Freund et Gunther Rittau, ainsi qu'avec Thea von Harbou ; et, plus discrètement, Hitchcock, qui vient de réaliser *The Lodger*. La presse spécialisée s'attache à décrire la maîtrise

absolue de Lang, son perfectionnisme, ses exigences envers les acteurs, notamment Brigitte Helm, la débutante qui joue le double rôle de Maria et de la fausse Maria. Le « fantasme de maîtrise » indéniable chez le cinéaste est aussi un produit de cette campagne de promotion, conférant à Lang sur le tournage un statut équivalent à celui de Joh Fredersen, le maître de *Métropolis*, sans toutefois susciter la révolte de ses milliers de figurants. La UFA diffuse complaisamment des données statistiques à l'évidence fantaisistes : huit rôles principaux, 750 petits rôles, 25 000 figurants, 11 000 figurantes, 1 100 chauves (pour la séquence de la tour de Babel), 750 enfants, 100 Noirs, 25 Chinois. L'inflation des chiffres et des superlatifs rappelle bien sûr les méthodes hollywoodiennes, et à vrai dire l'ambition presque avouée de la UFA est de rivaliser avec Hollywood sur un terrain familier aux deux cinématographies – le film à grand spectacle –, mais avec un aspect novateur. Aux sujets historiques traités par Griffith, Lubitsch et Lang lui-même succède une œuvre qui dépeint la « cité du vingt-et-unième siècle », en d'autres termes un film de science-fiction. C'était pour la UFA une sorte de quitte ou double, et un pari d'autant plus risqué, comme la suite devait le prouver, que la compagnie allemande connaissait des difficultés financières et était à la merci de son compétiteur et bailleur de fonds, la Paramount. Cela explique la facilité avec laquelle la UFA accepta le remontage américain de *Métropolis*. Le film le plus coûteux du cinéma muet allemand (plus de cinq millions de marks) n'ayant pas remporté le succès espéré, il fallait limiter les pertes de la compagnie, dont les rapports avec Lang et Pommer tiédirent sensiblement, la UFA distribuant mais ne finançant pas les deux films suivants de Lang, *Les Espions* et *La Femme sur la lune*.

## Sources littéraires

Il est temps d'en venir à la substance de *Métropolis*, où forme et « fond » sont inextricablement liés, bien au-delà de ce que pensent ceux – nombreux – qui voient dans l'œuvre une sorte d'hybride monstrueux, à l'instar des frères siamois de Buñuel, pour qui « Métropolis *n'est pas un film unique, ce sont deux films collés par le ventre, mais avec des nécessités spirituelles divergentes, d'un extrême antagonisme* » : d'un côté, le récit de Thea von Harbou, d'un « *romantisme suranné* » ; de l'autre, l'équivalent cinématographique d'une « *cathédrale* » collective qui fait rêver, « *le plus merveilleux des livres d'images* », une « *enthousiasmante symphonie du mouvement* » (1927).

On peut se faire une idée du syncrétisme de *Métropolis* en évoquant la diversité de ses sources, elles aussi, inextricablement, narratives et visuelles – car le cinéma, même chargé d'images, est le plus souvent récit, donc littérature, et il puise dans un répertoire de fictions qui sont elles-mêmes saturées d'images, qu'il s'agisse des illustrations qui les accompagnent dans les livres, des adaptations théâtrales de ces fictions, ou tout simplement de la visualisation imaginaire à

Lle décor de la Cité des travailleurs.

Fritz Lang dirigeant Brigitte Helm pour la scène du bûcher.

laquelle procède le lecteur. Dans le roman de von Harbou et dans la trame d'ensemble du film, on relève divers types d'emprunt, qui relient l'intrigue à la science-fiction mais aussi, contradictoirement, à des récits de type mythique ou archaïsant. Du côté des nouvelles technologies et des réactions qu'elles suscitent, et où se mêlent la fascination et l'effroi, on notera avant tout la manière dont l'inventeur Rotwang crée un robot androïde auquel il insuffle la vie et auquel il donne les traits de la virginale Maria. Cette scène de création, avec ses anneaux de lumière qui

montent et descendent autour de l'androïde, effet obtenu par Rittau grâce à de multiples surimpressions, est l'une des plus justement célèbres du film. Outre les « robots » du Tchèque Karel Capek (qui venait d'inventer le mot en 1921), on a beaucoup cité, comme source possible de l'androïde, l'Ève future de Villiers de L'Isle-Adam (1886), qui imagine l'invention d'une telle créature (qu'il appelle une Andréide) par l'Américain Edison ; de là, on pourrait bien sûr remonter à la création du monstre par Frankenstein (dans le roman de Mary Shelley, 1818), ainsi qu'à des récits inspirés par la magie ou le miraculeux plus que par la science, comme celui de la confection du Golem, ou la métamorphose de Galatée de statue de marbre en femme de chair.

Autre source souvent évoquée, les récits d'anticipation de l'Anglais H.G. Wells, Quand le dormeur s'éveillera (1897) et La Machine à explorer le temps (1895), qui dépeignent, comme Métropolis, une société duale, clivée entre une classe dirigeante devenue oisive et décadente, et un prolétariat mécanisé et bestialisé ; dans le New York Times Magazine du 17 avril 1927, Wells, loin d'être flatté par le rapprochement, procède à une démolition en règle de Métropolis, qualifié d'ouvrage sot et sentimental, dont la vision de l'avenir, loin d'être prophétique, en est restée à la fin du XIXe siècle [voir l'article pages suivantes].

Cependant les références littéraires les plus explicites de Métropolis n'ont rien à voir avec la science-fiction, puisqu'elles sont empruntées à la Bible : le récit, librement adapté de la Genèse, de la construction de la tour de Babel et de la confusion linguistique qui s'ensuivit ; celui de la fin des temps, illustré par des citations de l'Apocalypse de saint Jean, la fausse Maria apparaissant comme l'incarnation de la

Prostituée de Babylone, vêtue de pourpre et d'écarlate et juchée sur la Bête à sept têtes et dix cornes. Selon un procédé courant dans le cinéma muet (par exemple dans la première version des Dix Commandements de DeMille), l'accent est mis sur le parallélisme entre le récit biblique et le récit contemporain : tandis que l'abandon de la tour de Babel est censé préfigurer le clivage entre les concepteurs et les exécutants qui caractérise Métropolis, la cité futuriste est vue comme une nouvelle Babylone qui, victime de l'hubris de l'homme qui veut rivaliser avec Dieu, n'échappe que de justesse à la destruction promise par les prophètes à toutes les « Babylones ».

On mentionnera une dernière source littéraire, dûment notée par le critique allemand Roland Schacht lors de la sortie du film, mais quelque peu estompée par les coupes de la version américaine : Notre-Dame de Paris de Victor Hugo. La cathédrale de Métropolis, à la localisation d'ailleurs incertaine, l'opposition entre son architecture gothique et le modernisme de la cité, le personnage de Rotwang et ses rapports ambigus avec les deux Maria, la masse triangulaire des ouvriers s'avançant vers la cathédrale, autant d'éléments qui rappellent l'œuvre de Hugo, sa cathédrale médiévale, la pensée de l'archidiacre Frollo « Ceci tuera cela. Le livre tuera l'édifice », le désir de Frollo pour Esmeralda, les truands de Clopin qui, disposés en « triangle romain », donnent l'assaut à Notre-Dame… Certaines de ces images peuvent avoir été suggérées à Thea von Harbou et à Lang par l'adaptation cinématographique alors toute récente du roman de Hugo par Wallace Worsley (Universal, 1923). Sans doute le programme idéologique et moderniste de Notre-Dame de Paris apparaît-il comme plus cohérent que celui de Métropolis, mais les deux œuvres n'en ont pas moins des traits communs, notamment des sympathies évidemment partagées entre « ceci » et « cela », entre le monde nouveau et le monde ancien, entre la rationalité supposée du progrès scientifique et la fascination persistante qu'exerce la magie même obscurantiste.

## Références architecturales

À côté des pilotis bibliques et des réminiscences littéraires, une source visuelle directe tient, selon le témoignage de Lang lui-même, à une expérience

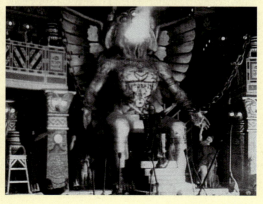

personnelle, à savoir sa découverte du *skyline* de New York depuis le pont du paquebot *Deutschland*, en octobre 1924, puis celle des gratte-ciel de New York et de Chicago, qu'il qualifie de « *plus belle ville du monde* ». Ce n'est pas encore l'époque de l'Empire State Building et du Chrysler, mais c'est déjà celle du Woolworth à New York, alors le plus haut bâtiment du monde (241 m.), surnommé « la cathédrale du commerce », ainsi que du Wrigley Building à Chicago, flambant neuf avec son revêtement de céramique blanche qui resplendit la nuit sous les feux des projecteurs.

Par ailleurs *Métropolis* reflète l'intérêt de l'époque pour diverses tentatives avant-gardistes de créer une architecture de verre, à la « transparence » fonctionnelle, mais aussi symbolique : c'est ainsi qu'en 1914, Bruno Taut construit à Cologne un Pavillon de verre qui, chargé de connotations démocratiques et spirituelles, est supposé effectuer la synthèse de la modernité et de la cathédrale médiévale. Dans *Métropolis*, l'architecture de verre apparaît sous sa forme utopique dans le dôme qui coiffe les « Jardins éternels » où s'ébattent les jeunes oisifs et, avec un tout autre symbolisme, celui de l'*hubris* babélique ou babylonienne, dans la grande baie vitrée par où Joh Fredersen embrasse du regard et domine le panorama de Métropolis et la nouvelle tour de Babel qui en marque le cœur énergétique (autre localisation ambiguë, celle du bureau de Fredersen, censé être situé dans la nouvelle tour de Babel, mais d'où l'on voit celle-ci).

Ces visions architecturales ont été relayées par des sources graphiques et picturales, particulièrement évidentes dans les esquisses des décorateurs et dans les affiches du film (davantage que dans le film lui-même), comme les nombreuses versions picturales de la tour de Babel, notamment celle de Bruegel l'Ancien qui est aujourd'hui à Rotterdam, ou la série de photomontages de Paul Citroen, jeune Allemand formé au Bauhaus, qui participe au mouvement Dada avant de se fixer en Hollande. Créée entre 1920 et 1924, cette série montre des accumulations de gratte-ciel, intitulées *La Ville* ou *Métropolis*, qui ont manifestement inspiré la grande vue panoramique de la Métropolis langienne, réalisée grâce à la technique de l'animation image par image.

## Références cinématographiques

Avouées ou discrètes, les sources proprement cinématographiques ne manquent pas. La vision saisissante de la salle des machines qui se métamorphose aux yeux de Freder en Moloch affamé de sacrifices humains remonte à la monstrueuse idole carthaginoise qu'on voit dans le film historique de Giovanni Pastrone *Cabiria* (1914). Issu des mises en scène théâtrales de Max Reinhardt, le maniement des « masses », des foules de figurants, est un trait distinctif du cinéma allemand, qu'on observe par exemple dans les films à grand spectacle de Lubitsch, comme *Madame du Barry* et *La Femme du pharaon*, de même que la caméra extraordinairement mobile de Karl Freund avait déjà été mise au service du *Dernier des hommes* et de *Variétés* ; sur ces deux points, d'ailleurs, plusieurs contemporains, notamment Buñuel et Dalí, jugent Lang inférieur à Eisenstein (*Le Cuirassé Potemkine*) ainsi qu'à Murnau et Dupont, parce que plus statique.

L'architecture et les décors de *Métropolis* résument plusieurs des tendances majeures de l'expressionnisme cinématographique : dans la ville haute, la célébration futuriste de la modernité mécanique, avec l'architecture de verre, les gratte-ciel, l'enchevêtrement d'autostrades, les automobiles et les avions ; dans la ville souterraine, l'archaïsme organique de la cathédrale, des catacombes, de la maison de Rotwang, semblable à celle du créateur du Golem dans le film de Paul Wegener (1920, décors de Hans Poelzig). La force du film tient notamment à la manière dont il réalise, jusqu'à un certain point, la synthèse de ces tendances disparates, l'opposition frontale initiale de leur symbolisme respectif faisant bientôt place à une ambivalence presque générali-

au cœur de *Titanic* et d'*Avatar*, le « paradoxe technologique » pèse finalement de peu de poids face à l'évidence formelle et visuelle du *blockbuster*. Aussi faut-il prendre la déclaration de Lang lui-même sur son œuvre au pied de la lettre et non comme une clause de style : « *Tout ce que j'ai à dire et que je ne serai jamais capable d'exprimer par les mots est écrit dans l'écriture cinématographique en noir et blanc de* Métropolis, *et si je n'ai pas réussi à m'exprimer sous cette forme-là, il est certain que je n'y parviendrai pas avec des mots.* »

L'impact de *Métropolis* est incontestablement renforcé par la restitution de la musique de Huppertz, avec ses leitmotive, le *Dies Irae* (thème de l'Apocalypse) et la Marseillaise (thème de la révolte des prolétaires), qui alternent et s'exacerbent mutuellement dans la seconde partie du film, intitulée *Furioso*, et par la restitution du montage original. Dans sa version américaine mutilée et remontée par Channing Pollock, *Métropolis* ressemblait un peu à la *Tour de Babel* du musée de Vienne (également de Bruegel

sée : la machine est un Moloch de même que Rotwang, l'inventeur génial (joué par Rudolf Klein-Rogge, qui avait créé le rôle de Mabuse), est un alchimiste et un sorcier ; Fritz Rasp, acteur au visage inquiétant, est tantôt le « grand échalas », espion à la solde de Fredersen, tantôt le moine qui, dans la cathédrale, annonce l'imminence de l'Apocalypse ; le « monde souterrain » se scinde à son tour en catacombes néo-chrétiennes et en Yoshiwara, lieu de plaisirs frelatés digne de George Grosz et d'Otto Dix ; l'architecture organique caractérise les catacombes, mais aussi les « Jardins éternels », où l'on reconnaît des motifs décoratifs qui semblent empruntés au parc Güell de Gaudí ; et ainsi de suite.

C'est là, sans doute, ce qui explique la fascination durable de *Métropolis* sur des générations de spectateurs. Fortes en elles-mêmes, images et séquences confèrent en outre au film une sorte de cohérence globale, cumulative et contradictoire ; elles balayent les doutes que suscitent légitimement les invraisemblances de son scénario et les hésitations de sa thématique, parmi lesquelles le paradoxe qui veut que l'œuvre proclame sa méfiance de la modernité tout en faisant l'étalage de ses propres prouesses techniques. En germe dans *Métropolis* avant d'être

l'Ancien), dont la construction a été abandonnée et qui apparaît donc comme une ruine majestueuse ; dans la version restaurée par Patalas et complétée par la copie de Buenos Aires, *Métropolis* redevient la cathédrale qu'avait rêvée Lang, une cathédrale qu'il a fallu non pas construire, mais *reconstruire* avec une patience quasi médiévale. ■

JEAN-LOUP BOURGET

## Bibliographie

Jean-Loup Bourget, *Fritz Lang, Ladykiller*, Perspectives critiques, Presses universitaires de France, 2009.
Luis Buñuel, « *Métropolis* », 1927, repris dans les *Cahiers du cinéma* n° 223, août 1970.
Thomas Elsaesser, *Metropolis*, BFI Film Classics, British Film Institute, Londres, 2000.
Horst von Harbou, *Métropolis / Un film de Fritz Lang / Images d'un tournage*, Centre National de la Photographie et Cinémathèque française, 1985.
Michael Minden et Holger Bachmann (sous la dir. de), *Fritz Lang's Metropolis : Cinematic Visions of Technology and Fear*, Camden House, Rochester, NY, 2000.

# Dessins préparatoires

## Décors

# Costumes

## Projets d'affiches

L'ALLIANCE CINÉMATOGRAPHIQUE EUROPÉENNE
PRÉSENTE UNE PRODUCTION UFA
RÉALISÉ PAR
**FRITZ LANG**
D'APRÈS LE SCÉNARIO DE
THEA VON HARBOU:

Boris Bilinsky

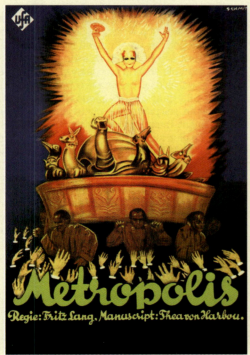

# Métropolis
# et les mythes

Avec le péplum, le cinéma de science-fiction est sans aucun doute le genre (cinématographique ou littéraire) qui puise le plus à la source des mythes, en les renouvelant et en les incorporant dans une nouvelle perspective imaginaire. À ce titre, **Métropolis** ne fait pas exception à la règle : il en est même l'un des plus spectaculaires exemples. On y trouve aussi bien des mythes issus des religions occidentales que d'autres adaptés d'un imaginaire bien plus ancien, des utopies anciennes, sans oublier ceux provenant en filigrane des traditions ésotéristes remises à l'honneur depuis le milieu du XIX<sup>e</sup> siècle

### Mythes religieux

Le fait religieux n'est pas clair dans *Métropolis*. À l'évidence, la cité futuriste s'appuie sur la tradition judéo-chrétienne, et l'on y trouve encore une cathédrale, qui sert de théâtre au climax du film. Par contre, il ne semble pas, ou plus, y avoir de culte organisé. Plus étrange, c'est en fait le christianisme qui semble être occulté des mémoires, alors que ses traces et son esprit y sont partout présents. Les rassemblements des ouvriers dans les catacombes renvoient bien évidemment à ceux des premiers chrétiens du temps de l'empire romain, sous Néron (et le rapprochement avec le péplum est ici évident, car on se croirait dans *Quo Vadis* !). Le décorum est exemplaire, puisqu'il est composé de hautes croix de tailles diverses (elles sont plus ou moins en forme de croix latines, mais asymétriques et déformées, comme s'il s'agissait de ne pas donner une référence trop explicite). Les travailleurs assistent aux prêches de Maria, au nom combien symbolique et évocateur ! Mais celle-ci annonce, non pas l'évangile, mais la prochaine venue du « médiateur » – qui na donc pas encore commencé son ministère ; elle tient donc la place de Jean Baptiste. D'ailleurs, ses prêches ne citent jamais le Nouveau Testament, mais uniquement des épisodes de l'Ancien. Le plus fondamental est, naturellement, celui de la Tour de Babel, en tant que métaphore de toute la cité de Métropolis – d'autant que la plus haute tour de la cité, où demeure le Maître de la ville, se nomme précisément « Nouvelle Tour de Babel ». Cependant le récit est sensiblement modifié : dans la version de Maria, la chute de la tour est due, non plus à la colère divine, mais à la révolte des ouvriers bâtisseurs qui ne comprennent pas les desseins des maîtres architectes. On connaît la Bible à Métropolis, on en voit même un exemplaire ouvert sur la description de Babylone, cité du péché, mais elle sert à l'évidence de creuset mythologique, c'est-à-dire d'un ensemble de récits exemplaires, mais pas à une pratique religieuse.

Du coup, c'est Freder, le « fils du créateur », qui se voit investi du rôle de l'Élu, du médiateur attendu (c'est le cas de le dire) comme le messie – même s'il doit, dans cette version du mythe, s'opposer à son propre père. Adoubé par Maria, il va d'abord vivre un véritable « calvaire » – lors son passage volontaire dans la salle des machines, où il remplace un ouvrier à l'énorme cadran, il va prendre des attitudes qui renvoient à l'iconographie classique du Christ souffrant, crucifié sur les aiguilles géantes. Cette version de l'Élu ou du nouveau Christ correspond en fait à une certaine tradition du christianisme,

dans laquelle Jésus est considéré comme le « réparateur » ou le « réconciliateur ». On en trouvera un lointain écho, lié au thème de la « terre creuse » dans le cycle de *Matrix* avec le personnage de Neo (l'homme nouveau, mais aussi, en anagramme, the « One », l'élu…)

*Métropolis* ne se contente pas d'utiliser les motifs bibliques puisque, pris d'une hallucination, Freder voit se dresser devant lui Moloch, le dieu carthaginois engloutissant et dévorant ses victimes dans le

feu de ses entrailles. Mais sans doute faut-il plus voir dans ce cas une référence, ou un hommage, à *Cabiria* qui a rendu célèbre ce dieu peu d'années auparavant…

## Rotwang

Face à Freder, l'ennemi principal n'est pas son Père, mais bel et bien Rotwang, auquel Joh est lié par une étrange alliance. Figure maléfique clairement identifiée, d'autant que le personnage est interprété par le comédien qui, précédemment, avait incarné le Docteur Mabuse, Rotwang est un caractère extrêmement ambigu. Dans un premier temps, il semble

reprendre la figure classique du sorcier ou de l'alchimiste, vivant dans une maison hors du temps (la seule ancienne demeure de Métropolis). Toutefois, la fabrication de l'être artificiel renvoie à un mythe différent, et bien plus présent dans la culture cinématographique allemande contemporaine : celui du Golem et du Rabbi Loew[1]. D'où l'hypothèse que Rotwang serait en fait assimilable à une figure juive. Cette ambiguïté se retrouve lorsque l'on découvre pour la première fois le robot, assis, avec derrière lui une immense étoile. Certes, il ne s'agit pas de l'étoile de David (ou « sceau de Salomon ») à six branches, mais d'un pentagramme, donc d'une étoile à cinq

branches. Dans la tradition magique ou ésotérique, l'orientation d'une telle figure détermine sa fonction. Dans le cas présent, l'orientation d'une pointe vers le bas, avec les deux angles supérieurs imitant les cornes du Diable, indique une figure « maléfique ». Mais il est clair que cette figure est fondamentalement ambiguë[2].

Le robot lui-même est une figure particulièrement étrange. Il ne s'agit pas d'une pure mécanique, mais de la préfiguration du cyborg. Rotwang l'affirme haut et fort, il s'agit de donner naissance à une nouvelle forme de vie : « être-machine ». Si le robot lui-même repose sur la pure science mécanique, sa conception finale, lorsqu'il prend l'apparence de Maria, relève tout autant de la magie que de l'effet scientifique. Ce proto-cyborg relève en fait du mythe très anciens de la créature « double », comme l'homme-ours des anciennes légendes. Et sa double nature est elle-même duelle : il est humain et machine, et dédouble aussi Maria à la manière de Jekyll et Hyde !…

## La terre creuse

La description de mondes souterrains habités est un des mythes les plus anciens qui existent. En dehors des mondes infernaux, ou plus largement des espaces accueillant les ombres des défunts, la

1. Ce thème a été traité par le cinéma allemand en 1914 en 1920 avec les deux versions du Golem, de Paul Wegener.
2. La confusion, volontaire ou non, entre étoile magique, étoile juive et antisémitisme se retrouve par exemple dans une célèbre case des *7 boules de cristal* de Hergé, lors du numéro de l'illusionniste.

terre creuse est, avec les îles, l'un des thèmes préférés de la littérature utopique depuis les XVIIe et XVIIIe siècles. On la trouve dans les ouvrages de Louis Holberg (*Le Voyage souterrain de Niels Klim*), Casanova (*Isocameron*), mais aussi chez Bulwer Lytton (*La Race à venir*) ou Edgar Rice Burrough (*Pellucidar*), sans oublier Jules Verne. *Métropolis* se rattache ainsi à cette tradition, en étant tout à la fois une utopie (il décrit une cité idéale, ou voulue telle par ses concepteurs) et une anti-utopie, ou dystopie, avec la contradiction, a priori irréconciliable, entre le monde supérieur et la cité ouvrière. Celle-ci appartient clairement à la tradition de la terre creuse, car il ne s'agit pas d'un simple sous-sol : elle est située dans les « profondeurs ». La reprise et l'utilisation de ce mythe est à l'évidence une idée originale de Thea von Harbou, mais elle correspond parfaitement à la conception architecturale de la mise en scène de Fritz Lang, toujours basée sur le concept de verticalité, et dont les films contiennent presque systématiquement une opposition entre la surface et les souterrains[3]. Ce concept est d'autant plus d'actualité à l'époque de la réalisation de *Métropolis* que le mythe de la terre creuse prend alors une nouvelle importance par le biais de certaines pseudosciences, qui vont bientôt prendre une grande importance en Allemagne. C'est notamment le cas des théories de l'Américain Symmes (la terre est creuse et nous vivons à l'intérieur…), qui vont être reprises et développées par Bender dans les années 20, sous le nom de « Hohl Welt Lehre », et devenir assez populaires dès le début des années 30…[4]

## Mythes politiques

Si *Métropolis* peut être considéré comme une utopie, c'est-à-dire comme un monde imaginaire proposant un modèle d'organisation sociale, il ne se limite pas à l'utilisation du mythe de la terre creuse. Son message lui-même, et le modèle idéologique et politique qu'il propose, renvoient à des traditions moins anciennes mais faisant partie d'une histoire des idées assez étrange.

La doctrine de *Métropolis* est annoncée en exergue : « *Entre la main et le cerveau, il doit y avoir un médiateur : le cœur* ». Cette formulation symbolique résume en fait un concept très populaire dans les cercles mystiques et ésotériques depuis le XIXe siècle, et qui ont eu d'autant plus d'importance qu'ils se situent à une époque de réflexion générale sur les concepts mêmes de l'État et des rapports entre les classes sociales. *Métropolis* reprend en fait le concept de « lutte des classes » en le poussant à son point limite. La Cité est clairement divisée en deux classes, la haute et la basse, symboliquement représentées par le « cerveau » et les « mains ». Dans cette structure, l'opposition, due à l'ignorance réciproque, est inévitable. Le discours de Thea Von Harbou est donc de prouver qu'une structure dualiste est impossible et que la forme idéale de société est basée, non pas sur l'unité (une seule classe) mais sur une structure ternaire : cerveau-cœur-mains.

Cette idée de la structure ternaire comme modèle d'organisation sociale n'est pas neuve. Bien avant que Dumézil ne propose sa fameuse théorie sur les « trois ordres », un ésotéricien, Fabre d'Olivet, avait fait paraître au début du XIXe siècle une *Histoire philosophique du genre humain*. En réécrivant toute l'histoire de l'humanité sous une forme mythique, il met en évidence les trois forces qui selon lui régissent l'univers : la providence, la volonté et le destin. Selon lui, toutes les formes sociales résultent de l'harmonie ou de la discordance entre ces trois éléments. Reprenant ces théories et les appliquant au domaine du politique, un mystique comme Saint Yves d'Alveydre va à la fin du siècle reprendre cette théorie pour imaginer une forme idéale de gouvernement, en imaginant une société divisée verticalement en trois classes fonctionnant en harmonie[5]. Si elles sont aujourd'hui oubliées, ces théories fantaisistes ont néanmoins connu un large écho. On les retrouve de manière transparente dans le scénario de *Métropolis* : deux classes en opposition ne peuvent fonctionner que de façon conflictuelle, mais l'adjonction d'un nouvel élément, symbolisé par un seul homme (le cœur, donc la volonté, entre les maîtres supérieurs de la ville et ceux que le destin livre aux profondeurs) amène l'harmonie. On comprend pourquoi Fritz Lang détestait cette morale et cette conclusion. Dans le contexte de l'époque, cette vision utopiste avait le mérite douteux de rejeter tout à la fois la vision marxiste-léniniste (la révolution n'a pas lieu) et la démocratie parlementaire: la paix revient à Métropolis, mais la structure verticale reste intacte. Dans le même temps, le film fait l'apologie de l'entente et de la compréhension mutuelle.

La force toujours intacte de *Métropolis* vient peut-être, en définitive, de ce que l'on peut qualifier, soit d'ambiguïté, soit de polysémie. Telle est la force des mythes, de resurgir régulièrement, de manière consciente ou involontaire, dans les productions de l'imaginaire et de la fantaisie, au sens le plus large de ce terme… ■

LAURENT AKNIN

3. Le tribunal de la pègre dans *M le maudit*, la descente dans le puits dans *Les Contrebandiers de Moonfleet*, la poursuite dans *La Cinquième Victime*, le métro dans *Chasse à l'homme*, etc.
4. À tel point que le régime nazi financera quelques recherches pour valider cette théorie…
5. Il s'agit de la fameuse « Synarchie », un concept qui va donner lieu à certains des plus grands délires paranoïaques des années 30 et 40.

Le monde d'en haut :
le bureau de Fredersen,
au dernier étage de
la Nouvelle Babel.

Le monde d'en bas :
la Cité des travailleurs
et son gong appelant
au travail.

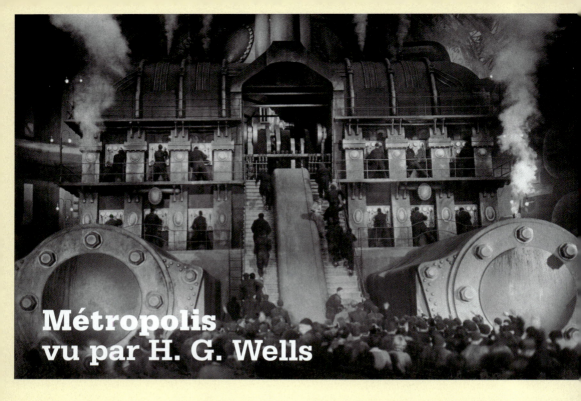

# Métropolis
# vu par H. G. Wells

Le texte qui suit est de la plume du Jules Verne britannique, incidemment l'un des plus grands romanciers de SF de son temps, si ce n'est le plus grand : Herbert George Wells *himself*. On lui doit (entre autres) *La Machine à explorer le temps*, *L'Homme invisible*, *La Guerre des mondes* et *L'Île du docteur Moreau*. Le regard qu'il porte sur *Métropolis* est absolument terrifiant. Rien dans le film de Lang ne le séduit, bien au contraire. Il est vrai que son analyse porte davantage sur le fond (sur lequel chez beaucoup des réticences perdurent) que sur la forme. Il ne parle pas de la poésie que dégage le film, de la puissance des images, de l'intelligence du cadre ou du rythme que le génie de Lang a su imposer. D'ailleurs il ne cite pas une seule fois le nom du cinéaste, préférant fustiger d'anonymes responsables de l'UFA. On peut donc être en désaccord profond avec ce texte et même être agacé par une certain mauvaise foi de son auteur. Il n'empêche que les arguments ne font pas tous long feu et qu'il est particulièrement intéressant de voir ne serait-ce qu'un instant le film à travers les yeux d'un esprit éclairé (mais sans doute peu cinéphile) de l'époque. Aussi féroce soit-elle, l'analyse de Wells ne finit-elle pas par ajouter à la gloire du film, sans doute bancal mais dont les maladresses participent au charme ?

« J'ai vu récemment le plus bête des films.
Je ne pense pas qu'il soit possible d'en réaliser un qui soit plus bête.
Ce film a l'ambition de montrer comment va le monde. Mon livre *La Façon dont va le monde*[1] traitait déjà ce sujet.
Son titre est *Métropolis*, c'est une production des grands studios allemands UFA, et le public est informé de son budget vertigineux.
Il concentre dans un même tourbillon toutes les folies, les clichés, les platitudes et les confusions possibles sur le progrès industriel et le progrès en général, le tout servi avec un sirop de bons sentiments.
C'est un film allemand. Il y eut jadis des films allemands incroyablement bons. Celui-ci a été adapté au goût du public anglo-saxon, ce dont il a souffert, mais sa bêtise est en grande partie fondamentale.
Il est possible que mon aversion pour ce brouet s'explique parce que j'y vois flotter, trente ans après, des fragments de l'un de mes romans de jeunesse, *Quand le dormeur s'éveillera*[2]. Les robots de mon Capek ont été repris sans vergogne, et le monstre sans âme créé par Mary Shelley[3] surgit une nouvelle fois dans la confusion. Aucune originalité ici, ni de pensée indépendante. Les auteurs se sont contentés d'utiliser des éléments contemporains.

---

1. *The Way the World is Going* est un essai de Wells contemporain de *Métropolis*. Il réunit 26 articles (plus le texte d'une conférence) publiés durant l'année 1927 aux Etats-Unis etr en Grande-Bretagne.
2. *Quand le dormeur s'éveillera* (*When the Sleeper wakes* ou *The Sleeper awakes*), est un roman de Wells, publié en 1897.
3. Il s'agit bien entendu du monstre de *Frankenstein*. Le roman de Mary Shelley date de 1818.

Les avions qui vont et viennent dans le ciel, au-dessus de la ville, ne montrent aucune innovation technique… Il aurait suffi de les remplacer par des hélicoptères capables de mouvements verticaux autant qu'inattendus pour donner un peu de vie à tout cela. Les voitures sont des modèles de 1926, voire plus anciens. Pas une idée nouvelle, pas un exemple de création artistique ou même d'anticipation intelligente, tout au long de cette bouillie prétentieuse. J'ai peut-être raté quelque chose, mais j'en doute. L'ennui est inévitable.

Le mot Métropolis, comme l'indique la publicité anglaise, est "en soi symbolique de grandeur". Il eût été sage de consulter un dictionnaire avant de se lancer dans des déclarations sur le sens des mots ! Sans doute était-ce une idée du traducteur. Le mot allemand "Neubabelsburg" aurait été meilleur, on l'aurait traduit par "Nouvelle Babel". C'est une ville, nous dit-on, "vieille d'une centaine d'années". Elle est construite toute en hauteur. L'air et la joie de vivre existent en altitude, alors que les ouvriers vivent, tout comme les travailleurs asservis de *Quand le dormeur s'éveillera*, dans les profondeurs.

En 1897, il eût été excusable de symboliser les relations sociales de cette façon, mais c'était il y a trente ans, et depuis lors, l'expérience aidant, la pensée a fait des progrès.

Cette ville du futur toute en hauteur, est, pour parler avec précaution, hautement improbable. Même à New York et à Chicago, où la pression immobilière en centre ville est exceptionnellement forte, seuls les quartiers d'affaires ou de divertissement se dressent dans les cieux et creusent le sol. Et la pression centripète qui mène à l'exploitation effrénée des quartiers du centre conduit à en expulser les industries et les populations ouvrières au profit de quartiers moins cotés, et à transférer les quartiers résidentiels dans un environnement plus ouvert, plus aéré. Tout cela a été l'objet de discussions et d'articles avant 1900. Ce qui n'empêche pas, aujourd'hui, les génies des studios de l'UFA, d'adapter un livre d'anticipation écrit il y a plus d'un siècle. Le recensement britannique de 1901 a clairement établi que les populations devenaient centrifuges, et que chaque progrès des transports en surface amenait à redistribuer les citadins sur une superficie plus grande. La stratification sociale verticale du film est donc une représentation parfaitement éculée. Loin d'être en avance de cent ans, *Métropolis*, sur le plan de la forme architecturale, retarde d'un bon tiers de siècle. Mais sa forme est un aspect secondaire de ce naufrage. Cette grande cité est supposée être dominée par une personnalité unique. Dans la version anglaise, il se nomme John Masterman[4], c'est très clair. Bien imprudemment il a appelé son fils Eric, plutôt que de s'en tenir au très classique John. Il travaille avec un inventeur, Rotwang. Ensemble ils fabriquent des machines. On croise un certain nombre d'autres personnages: les "fils de riches" sont en train de folâtrer, avec des jeunes femmes légèrement vêtues dans une sorte de Conservatoire de la joie, qui ressemble plutôt au "jardin d'hiver" d'un hôtel fin de siècle durant une orgie. Le reste de la population croupit

dans un état de misère et d'esclavage, travaillant sur des "créneaux" de dix heures, à l'intérieur de journées de vingt-quatre heures divisées de façon mystérieuse, sans le premier sou à dépenser pour un achat quelconque ou pour acquérir un peu de liberté. Les machines produisent de la richesse. Comment, ce n'est pas précisé. On nous montre des rangées de voitures toutes identiques : mais les ouvriers ne peuvent pas les acquérir, et aucun "fils de riche" ne le voudrait. Aujourd'hui, même les classes moyennes désirent une voiture ayant un peu de cachet. Sans doute Masterman produit-il ces voitures en séries illimitées pour son amusement personnel.

On nous demande donc de croire que ces machines fabriquent en masse un objet inutile, et que Masterman s'enrichit ainsi de plus en plus. C'est l'absurdité fondamentale du film. Si la plus grande partie de la population ne possède pas un peu de pouvoir d'achat, il n'y aucun moyen d'enrichissement dans

Dessin préparatoire pour la cité de Métropolis.

une société industrielle. Une vaste population d'esclaves sans le sou peut se révéler utile pour générer de la richesse s'il n'y a aucune machine, sinon cela devient grotesque. Il existe encore un prolétariat de ce type en Chine; il était présent dans les grandes cités antiques, mais cela n'existe pas en Amérique, pays qui a été le plus loin dans la mise en place d'une société industrielle, et il n'y a aucune raison de croire que cela pourrait arriver dans le futur.

Le mot-clé de Masterman est "efficacité", et on nous suggère qu'il s'agit d'un épithète épouvantable. Les responsables de ce spectacle idiot sont désespérément ignorants des études effectuées sur l'effica-

4. Maître. Fredersen, dans la version originale, n'a pas cette prétention.

La révolte des travailleurs de la tour de Babel...

... et celle des travailleurs de Métropolis.

cité industrielle : les maîtres poussent les ouvriers à l'épuisement, jusqu'à ce qu'ils s'évanouissent, que les machines explosent et que tous soient ébouillantés à mort. On voit des ouvriers affolés actionnant des manettes, réagissant à un signal – un travail qui pourrait être effectué avec une plus grande efficacité par un automate. Une tension importante provient du fait que les ouvriers sont des bêtes de somme travaillant à contre-cœur, mécaniquement. Or une civilisation industrielle n'a pas l'usage de ce genre de travailleurs : plus les machines sont efficaces, moins leurs gardiens mécanisés sont nécessaires. C'est quand elle fonctionne mal que l'usine a besoin d'esclaves, c'est quand elle pâtit d'une piètre organisation que la mine tue les hommes. L'ère de l'ouvrier déshumanisé est révolue. Avec une stupidité malfaisante, ce film contredit les faits.

La tendance actuelle de la vie économique est d'exclure les simples manœuvres, de les remplacer par d'excellentes machines tenues par des ouvriers compétents, en d'augmenter la part d'ouvriers semiqualifiés, assez polyvalents et plutôt à l'aise. Effectivement, cela peut provoquer de façon temporaire un chômage massif : *Quand le dormeur s'éveillera* montrait une masse de chômeurs à la traîne. Le livre date de 1897, il était alors facile de restreindre le développement d'une grande partie de la population. Et raisonnable d'envisager la prolifération dans les bas-fonds de populations peu productives. Nous ne savions pas comment réagir au bord du gouffre. Mais il n'y a plus d'excuse aujourd'hui. Ce que le film prophétise ce n'est pas le chômage, mais l'emploi massif de ces bêtes de somme, précisément en train de disparaître. Les producteurs du film n'ont même pas réalisé que la machine remplace l'ouvrier peu qualifié.

L'"efficacité" implique une production à grande échelle, un parc de machines aussi développé que possible, et des *hauts salaires*. Une délégation du gouvernement britannique envoyée aux États-Unis en mission d'étude a unanimement noté ce lien de cause à effet. Le système industriel américain, de plus en plus efficace, a si peu besoin de manœuvres qu'il a érigé les barrières les plus sévères qui soient pour bloquer l'arrivée massive d'une immigration sans qualification. L'UFA ignore cela.

Une jeune femme arrive de nulle part pour "aider" ces besogneux. Elle obtient l'aide du fils de Masterman, Eric. Ils se rendent dans les "Catacombes" sous la cité de Métropolis, lesquelles, malgré des conduites de gaz ou de vapeur, des câbles et des drains, et malgré tout trouvé le moyen de ressembler à celles de la Rome antique, avec des squelettes et tout ce qu'il faut. Cette jeune femme est l'animatrice d'une sorte de culte chrétien à l'intérieur des cavernes innombrables, les esclaves l'aiment et lui font confiance. Faisant preuve d'un réel sens pratique, elle s'éclaire à l'intérieur des Catacombes avec une torche plutôt que d'utiliser une de ces lampes électriques qui sont aujourd'hui si répandues.

Ce retour aux torches est assez typique de l'état d'esprit de ce spectacle. Les torches sont chrétiennes, sous-entendu elles sont aussi humaines. Elles ont un

coeur. Alors que les lampes électriques sont mauvaises, mécaniques, sans cœur. Le méchant inventeur utilise une très grosse lampe. Les services que rend Maria sont désintéressés, un peu comme l'animation d'un après-midi à l'école du dimanche. Au milieu des catacombes elle a installé un autel qui ressemble à un porte-parapluies plein de croix. L'idée phare de sa religion semble être le refus de la mécanisation et de l'efficacité. Elle donne une leçon de morale, défendant la nécessité de l'effort le plus acharné, alors que les cieux deviennent menaçants, en racontant l'histoire de Babel. Cette histoire, comme on le sait, fustige "l'orgueil". C'est une leçon d'humilité pour l'âme humaine, qui prône le devoir d'incompétence. La tour de Babel a été construite, à ce qu'il semble, par des hommes chauves. Ce détail relève de l'invention. Vous voyez les hommes chauves en train de construire Babel. Des myriades d'hommes chauves. Les raisons de leur calvitie ne sont pas précisées. Le but n'étant pas d'être drôle, ce n'est pas drôle. C'est simplement une autre manifestation de la bêtise du film. Les ouvriers de Métropolis ne vont pas se rebeller ou agir pour leur propre compte, explique-t-elle, car ils peuvent compter sur la vindicte des cieux.

Mais Rotwang, l'inventeur, fabrique un robot, apparemment sans la moindre licence de Capek, l'ayant-droit. Il doit ressembler à un être humain, travailler comme un être humain, mais il ne possède pas d'âme. Il a pour mission de remplacer un ouvrier-esclave. Masterman, suggère très clairement qu'il n'a pas vocation à posséder une "âme", et ma foi je ne vois pas pourquoi ce devrait être le cas. Tout le projet de la civilisation industrielle est justement d'éliminer l'esclave. Mais de toute évidence, les producteurs ne le voient pas d'un bon œil, ce sont d'infatigables défenseurs de l'âme, de l'amour et de toutes ces choses. Je suis surpris qu'ils ne cherchent pas à introduire un peu d'âme dans les réveille-matins et les cabriolets. Masterman, qui ne veut pas laisser les méchants en paix, persuade Rotwang de fabriquer son robot en lui donnant l'apparence de Maria, afin qu'il puisse déclencher une insurrection parmi les ouvriers et les pousser à détruire les machines qui les font vivre, ce qui leur permettra de comprendre que le travail est nécessaire[5]. C'est un peu tordu, mais on l'aura compris, Masterman est diabolique. Bourré d'orgueil, adepte de l'efficacité et de la modernité, toutes ces choses affreuses.

Vient ensuite le couronnement absurde du film, la conversion du robot en partisan de Maria. Rotwang occupe une petite bicoque, encastrée dans la cité, richement décorée de meubles de salon et autres rappels du romantisme allemand le plus suranné. Le parfum vieillot de Méphistophélès est un moment perceptible. Ainsi, même à l'UFA, l'Allemagne peut ressembler à cette chère vieille Allemagne, celle qui goûte la magie des vieilles légendes. Peut-être les

5. Wells a-t-il bien compris ou est-il de mauvaise foi ? Ou bien n'a-t-il vu que la version raccourcie du film ? Car ce n'est pas tout à fait cela. Le carton est clair : « *Joh Fredersen veut que ceux du fond se mettent dans leur tort en utilisant la violence, afin d'avoir le droit d'user lui-même de la violence contre eux…* »

Allemands ne s'éloigneront-ils jamais du Brocken[6]. La nuit de Walpurgis[7] marque le sommet de leur imagination poétique, ce fantasme national effectuant des cabrioles mal assurées, un balai entre les jambes. Par des moyens sans doute abominables Rotwang a réussi à introduire un laboratoire moderne et bien équipé, de belle taille, dans sa petite maison. Qui est bien plus vaste que la maison, mais nul doute que le savant a mis à contribution la théorie d'Einstein et autres sorcelleries modernes. Maria est piégée, on l'enferme dans une machine qui ressemble à un shaker transparent pour cocktails, où elle endure toutes sortes des traitements pyrotechniques afin que sa bonté se répande dans le robot. L'éventualité que Rotwang se contente de fabriquer un robot à son image n'a jamais traversé l'esprit pourtant doué du producteur. Le robot est enveloppé d'un halo ondoyant, alors que les lieux semblent frappés par des éclairs à répétition, que le contenu des flasques et des bonbonnes est secoué violemment, et que l'on entend quelques explosions. Rotwang conduit les opérations avec un manque patent d'assurance. Finalement, à son grand soulagement, le robot devient sosie et les éléments retrouvent leur calme. La fausse Maria adresse un grand clin d'oeil au public et met les voiles pour soulever les ouvriers. Et ainsi de suite. On entend de jolis frémissements aquatiques. Puis selon la meilleure tradition cinématographique, les ouvriers se mettent à saccager les machines, déclenchent des émeutes et mettent la ville à sac. Ensuite, de façon un peu confuse, on se rend compte que Masterman a compris la leçon. Travailleurs et patrons sont réconciliés par l'"amour".

Pas un moment quiconque ne croit à ces balivernes. Y a-t-il à un seul moment quoi que ce soit d'amusant ou de convaincant dans cette série monotone d'événements contraints ? L'ensemble est profondément ennuyeux. Il n'y a même pas de quoi s'en moquer. Il n'y a pas, parmi les personnages, un seul qui soit bien de sa personne, sympathique ou amusant. Il n'existe en effet aucune possibilité pour qui que ce soit de faire bonne figure ou d'agir comme une créature douée de raison au milieu de toutes ces folies. Le film veut avoir l'air d'avoir quelque chose à dire qui soit grave ou merveilleux: c'est d'une prétention évidente. À aucun moment il ne pose de véritables questions sur le plan social ou moral, ou n'aborde un sujet que l'on pourrait éventuellement soulever. Tout cela est de la foutaise, le film est d'une pauvreté absolue. Je suis surpris par la modération de bon nombre de critiques de part et d'autre de l'Atlantique. Tout cela a coûté, selon le Times, six millions de marks ! A quoi ont-ils pu dépenser une telle somme, je ne parviens pas à l'imaginer. La plupart des effets spéciaux auraient pu être obtenue avec des maquettes, pour un budget bien plus modeste. Ce qui est dommage c'est que ce film sans imagination, incohérent, plein de bons sentiments, proche des contes de fées, gâche quelques très bonnes idées. Ma croyance dans le génie allemand a reçu un choc. Je suis consterné par la paresse intellectuelle que le film révèle. Je pensais que les Allemands, même dans le pire des cas, pouvaient arriver à un résultat. Je pensais qu'ils étaient résolus à franchir le cap du modernisme. Il est passionnant de spéculer sur le cycle actuel du développement industriel et de ses retombées sur l'organisation du travail. Plutôt que de plagier un livre vieux de trente ans et de ressusciter la morale réactionnaire du début de l'ère victorienne, il aurait été presque aussi facile, pas plus coûteux, et vraiment plus intéressant de prendre la peine de recueillir l'opinion de brillants étudiants-chercheurs et d'ambitieux architectes un peu visionnaires sur les tendances du progrès, et de rendre compte de cela sur le plan artistique. N'importe quel lycée technique aurait été ravi de fournir des croquis et des suggestions sur la flotte aérienne et les transports de l'année 2027. Il existe une littérature traitant de l'organisation du travail qui aurait pu être mise à contribution pour un coût très modeste. La question du développement du contrôle industriel, la relation entre l'industrie et l'action politique, la façon dont l'ensemble progresse, tout cela est du plus grand intérêt. Apparemment les responsables de l'UFA ne savaient rien de toutes ces choses et n'avaient aucune intention d'en savoir plus. Ils étaient trop lourdauds pour se rendre compte que ces sujets auraient pu être traités en relation avec la vie d'aujourd'hui et intéresser l'homme de la rue. Après ces manifestions, parmi les pires dont le monde du cinéma s'est rendu coupable, monstrueusement autosatisfait, convaincu de sa capacité à séduire le public par le biais d'une publicité agressive, sans la moindre appréhension d'une réaction critique de sa part, sans la moindre conscience de la pensée contemporaine, ils s'installent dans leur immense studio pour produire des kilomètres de stupidités et bloquer par la même occasion le marché pour quelque autre film de meilleure facture.

Six millions de marks ! Quel gâchis !

Le cinéma où je me suis rendu était plein. Je suppose que tout le monde était là pour voir à quoi ressemblerait la ville dans cent ans. C'était un public apathique, je n'ai entendu aucun commentaire. Je ne pouvais pas dire, en observant le comportement des spectateurs, si *Métropolis* était une prévision plausible ou non. Je ne sais pas non plus s'ils ont pensé que le film était totalement stupide ou si c'était l'avenir de l'humanité qui l'était. Mais c'était pourtant l'un ou l'autre. ∎

HERBERT GEORGE WELLS

*New York Times Magazine*, 17 avril 1927.
Repris dans *Fritz Lang's Metropolis: Cinematic Visions of Technology and Fear*, édité par Michael Minden and Holger Bachman, Rochester (N.Y.), Camden House, 2002,
Traduit par Yves Alion

6. Haut de 1 141 m, le Brocken est le point culminant du Harz, en Saxe-Anhalt. Le climat y est très rude, avec température moyenne de seulement 2,9 °C.

7. La nuit de Walpurgis est une fête de printemps qui a lieu dans la nuit du 30 avril au 1er mai. Célébrée dans toute l'Europe depuis des temps reculés, malgré les interdits et les excommunications des Églises chrétiennes elle a été identifiée au sabbat des sorcières.

Rotwang présente l'Être-Machine à Fredersen.

La lutte finale au sommet de la cathédrale.

# Revue de presse

Fritz Lang et Thea von Harbou.

**Une fois n'est pas coutume. Compte tenu de la place de Métropolis dans l'Histoire du cinéma et des torrents d'encre que le film a fait couler, nous ne livrons pas ici une revue de presse stricto senso mais quelques articles de presse agrémentés de textes plus développés (dont le premier, rédigé à chaud par un certain Luis Buñuel) parus sur différents continents à travers le temps… L'année 1984 est particulièrement mise en lumière, qui vit le film de Lang agrémentée (?) d'une musique de Giorgio Modorer.**

## 1927
### Gaceta Literaria

*Métropolis* est fait de deux éléments antinomiques, détenteur du même signe dans les zones de notre sensibilité. Le premier d'entre eux, que nous pourrions nommer lyrique-pur, est excellent ; l'autre, anecdotique ou humain, en arrive à être irritant. Ce n'est pas la première fois que nous observons un dualisme aussi déconcertant dans les productions de Lang. Exemple : dans l'ineffable poème *Les Trois Lumières* s'étaient intercalé des scènes désastreuses, d'un mauvais goût raffiné. Si à Fritz Lang échoit le rôle de complice, c'est à son épouse la scénariste Thea von Harbou que nous dénonçons comme auteur de ces tentatives éclectiques de dangereux syncrétisme.

Luis Buñuel

Texte également publié dans *Les Cahiers du Cinéma* – Août/Sept. 1970, n° 223

### Les Annales

C'est entendu, l'histoire est ridicule, le symbole est fumeux ; mais il y a des photographies admirables, qui sont du « cinéma pur », etc.
Parbleu ! Il ne manquerait plus que cela ! Mais cela m'empêche t'il de hausser les épaules ? Comment peut-on, de bonne foi, admirer des images si réussies soient-elles, qui ne correspondent à rien de sensé, qui ne touchent que l'œil, ne peuvent gagner ni l'esprit ni le cœur et n'ont, de ce fait, aucun pouvoir d'élargissement ?

## 1963
### Fritz Lang

C'est surtout sa puissance d'imagination et de réalisation qui fit la renommée du film. Les poncifs, le mauvais goût, sont ceux des mélodrames ordinaires de l'époque (on en attribue généralement la responsabilité à Thea von Harbou), mais l'objectivité nous invite à faire taire notre esprit critique pour admirer la force poétique de l'œuvre, qui s'explique par la limitation de Lang à l'élémentaire, dont la rançon est justement la naïveté. C'est Eschyle appliqué au cinéma.

Luc Moullet

Cinéma d'aujourd'hui, Éditions Seghers.

## 1965

### Le Dictionnaire des films

En 1926, le nationalisme, en plein recul, paraissait liquidé, et la fable de propagande imaginée par Théa von Harbou servit bien davantage la coalition alors au pouvoir (socio-démocrates et parti chrétien) par sa réconciliation réformiste et « chrétienne » entre le capital et le travail comme par sa « démonstration » qu'une révolution provoquée par des intellectuels irresponsables avait comme premières victimes les enfants des travailleurs. Et cette « science-fiction » était par bien des côtés expressionniste et médiévale : sa femme-machine malfaisante était parente du Golem et de l'Homonculus, comme de *Caligari* et *Nosferatu*.

Georges Sadoul

### Télérama

Le pessimisme de Lang trouve des accents prophétiques. Ce peuple conduit aux dernières extrémités par les paroles exaltées d'un imposteur, ce sera le peuple allemand dix ans plus tard. Le fils de Freder tentera en vain de s'opposer à l'explosion de la violence. Il se trouve dans la même situation que l'ouvrier impuissant à réduire la pression de la chaudière. L'immense machinerie de *Métropolis* dévoile alors son absurdité. Le cerveau qui l'a conçue aussi bien que les humains qui la servent en seront les victimes. Cette construction de l'esprit est un péché contre l'esprit. La fonction ultime de cette multitude de rouages ingénieux est de se détruire elle-même. *Métropolis* est une vision d'orgueil, orgueil de Freder qui a construit la ville, mais aussi orgueil de Fritz Lang qui a conçu le film avec la même volonté d'expression totale, pour ne pas dire totalitaire.

Claude-Jean Philippe, *Télérama*

## 1973

### De Caligari à Hitler

L'appel de Maria pour la médiation du cœur entre la main et le cerveau aurait pu être formulé par Goebbels. Lui aussi en appelait au cœur – dans l'intérêt de la propagande totalitaire. À la Convention du parti de Nuremberg en 1934, il parlait en ces termes de « l'art » de la propagande : « *Que la flamme étincelante de notre enthousiasme ne s'éteigne jamais. Seule cette flamme donne lumière et chaleur à l'art de la propagande politique moderne. Jaillissant des profondeurs du peuple, cet art doit toujours y redescendre et y trouver sa puissance. Le pouvoir fondé sur le fusil peut-être une bonne chose ; néanmoins, il est beaucoup mieux et agréable de gagner le cœur du peuple, et de le garder.* » La structure visuelle de la scène finale confirme l'analogie existant entre l'industriel et Goebbels. Si dans cette scène le cœur triomphe réellement du pouvoir tyrannique, son triomphe disposera des schémas décoratifs dévorants qui, dans le reste de *Métropolis*, marque la volonté d'omnipotence de l'industriel. Artiste comme il l'était, Lang ne pouvait guère ignorer l'antagonisme entre la flambée des émotions humaines intrinsèque et ses schémas ornementaux. Pourtant, il maintient ces schémas jusqu'à la fin même : les ouvriers avancent en une procession cunéiforme strictement symétrique, pointée vers l'industriel debout sur le parvis de la cathédrale. L'ensemble de la composition dénote que l'industriel accepte de reconnaître le cœur dans le seul but de la manipuler ; qu'il ne renonce pas à son pouvoir mais qu'il va l'étendre à un royaume encore non annexé – le royaume de l'âme collective. La rébellion de Freder débouche sur l'établissement de l'autorité totalitaire, et il considère ce résultat comme une victoire.

Siegfried Kracauer

Texte extrait de *De Caligari à Hitler*, 1973 et 2009 Editions L'Age d'homme, Lausanne.

Un plan de la version de Giorgio Moroder.

## 1984

### La Croix

On pouvait craindre le pire, mais c'était sans compter la minutie, l'intelligence et la passion de Moroder pour le chef d'œuvre de Fritz Lang. On y gagne plusieurs scènes qui avaient disparu de la version « connue » de *Métropolis*. Et pour donner plus de vie à la fabuleuse cité imaginée par Fritz Lang à la suite d'un voyage aux Etats-Unis, Moroder a « colorié » les plans les plus sombres selon une thématique, ajouté des bruitages, amélioré les sous-titrages. Surtout, il a glissé en dehors des dialogues, muets, une somptueuse bande musicale.

Le résultat d'ensemble élude les réserves que l'on posait au départ. La fidélité à l'esprit de Lang et le bon goût avec lequel Moroder a procédé à ses interventions vont faire ressurgir à la surface l'univers fantastique de la grande cité. Le succès restera le seul critère de cette opération à « cœur ouvert ».

Philippe Martinot

### L'Humanité

Alors que je m'attendais au pire, j'ai trouvé de l'intérêt à cette tentative. D'abord parce que, comme il s'agit d'un film de SF, un essai de ce genre passe plus facilement qu'il ne le ferait avec une histoire plus conventionnelle. Ensuite, et surtout, parce que si le film ne nous parle plus d'hier, il nous parle d'aujourd'hui, de l'époque de la rapidité et du vidéo clip. À chaud, ce *Métropolis* surprend, mais je crois qu'un jour on le verra comme on voit aujourd'hui les

Romains du théâtre classique français s'exprimant en alexandrins ou comme on visite ces châteaux bâtis au fil des siècles et des styles fort différents. La musique de Moroder sera alors un ajout, et seuls quelques historiens se souviendront alors qu'il s'agissait d'une profanation

Jean Roy

## Le Matin

Il n'empêche que cette bande-son morodorienne paraît singulièrement étrangère à l'univers langien. « *J'ai organisé cinq projections de ce chef-d'œuvre de la science-fiction, demandant à chaque fois aux invités ce qu'ils souhaiteraient entendre comme musique sur des images aussi futuristes*, dit le compositeur. *Tous ont répondu : « rock ». Évidemment, ceux qui ne sont pas d'accord peuvent toujours aller voir une version muette. Mais je suis convaincu que Lang lui-même aurait agi comme moi.* »
Dans *Le Mépris*, de Jean-Luc Godard, on voit précisément Lang assister à un concert de rock, et il ne semble pas considérer que cette musique soit sa tasse de thé. Cela dit, le réalisateur de *M le Maudit* repose aujourd'hui depuis plus de quatorze ans, et son fantôme n'est pas du genre à empêcher les autres de travailler en paix…

Alain Riou

## Le Monde

Tel passage un peu trop long ? Un petit coup de ciseaux. Tel autre un peu frustrant de rapidité – ou de décence ? Un ou deux plans de faux Lang. À partir du moment où l'on commence à charcuter, ce serait bien bête de prendre des gants.
Un désastre ? Oui, bien sûr, mais à la fois pas du tout. Giorgio Moroder a visé juste, parce qu'il a d'abord vu dans *Métropolis*, film rempli de machines, une machine à lui seul et en lui-même. Et une machine qui se prête à tous les fonctionnements : on comprend que les nazis aient pu aussi bien la prendre comme outil de propagande ou comme dénonciation annonciatrice de leur système. Ou les syndicalistes comme emblème ou dérision.
Mais pour faire redémarrer la machine aujourd'hui, au-dessus de cette histoire, il fallait non seulement la réviser, retrouver les pièces perdues ou dépareillées, mais lui injecter, au ras de la pellicule, parfois en la grattant un peu, tous les modes d'excitation actuels, reconnus et acceptés, aussitôt assimilés par le spectateur.

Hervé Guibert

## 1990
### Guide des films

Un sommet du cinéma allemand : les monstres, Caligari et Nosferatu, s'effacent devant un autre cauchemar, celui de la vie moderne. Sur un scénario qui s'inspire de Wells, Lang laisse libre cours à son imagination d'architecte (sa première formation) pour des décors impressionnants et à son sens des foules pour le maniement d'une immense figuration : de

là la force de séquences comme la lente marche des esclaves dans la ville souterraine. Hitler, qui admirait le film, y a-t-il puisé sa conception des camps de concentration ? La fin de l'œuvre est au demeurant ambiguë.

Jean Tulard

## 1992
### Dictionnaire du cinéma

Sur le plan formel, ce que *Métropolis* a d'essentiel à dire, c'est qu'au cinéma toute plastique digne de ce nom devient immanquablement une dynamique. Cette dynamique étant ici de nature avant tout musicale, *Métropolis* est aujourd'hui un des très rares films muets qui se trouve amputé de quelque chose de vital si on les projette sans accompagnement.

Jacques Lourcelles

## 2010
### Le Monde

Le film que l'on a découvert accroît l'importance de *Métropolis* dans l'histoire du cinéma. « *On en aura fini avec la réputation de film de science-fiction qui colle à* Métropolis », dit Martin Körber, de la Fondation Friedrich Murnau, qui a co-dirigé la restauration.
Les coupes imposées par la Paramount pour la sortie aux États-Unis faisaient du film une fable d'anticipation peuplée de silhouettes schématiques. Les séquences retrouvées ont pour effet immédiat de donner de la consistance à tous ces personnages, et de rendre à certains une place qui avait été presque totalement effacée.
La description de la mégapole industrielle, peuplée en son sous-sol de prolétaires désignés seulement par un matricule, et dirigée par des ploutocrates qui vivent dans des palais, n'est plus la seule raison d'être de *Métropolis*.
Les séquences retrouvées donnent à voir, entre autres, la rivalité amoureuse entre le premier des oligarques Johann Frerdersen et le savant Rotwang. Les historiens du cinéma, qui avaient pris connaissance du scénario original et des cartons déposés devant la censure allemande, pouvaient la prendre en compte dans leur évaluation.
Mais pour un spectateur, cet élément restait lettre morte, tout comme l'amitié qui se noue entre l'héritier de Fredersen et un ouvrier de la ville souterraine. On est aussi saisi par la puissance dramatique du rôle de l'homme maigre, simple silhouette jusqu'ici, qui apparaît ambigu, à la fois homme de main et mauvaise conscience du capitaine de l'industrie.

Thomas Sotinel

# Métropolis, le crépuscule du cinéma expressionniste

L'historien Enno Patalas résume d'une phrase brève et d'une belle clarté la place occupée par **Métropolis** dans le mouvement du cinéma expressionniste : « si **Le Cabinet du Dr. Caligari** fut le premier film expressionniste, **Métropolis** en est le dernier »[1]. Un constat presque lapidaire, mais partagé par beaucoup, dont Lotte H. Eisner elle-même, pour qui le mouvement expressionniste est déjà fatigué et presque éteint[2] lorsque **Métropolis** sort, en 1926. Cette position en tête de queue de l'expressionnisme, entre les derniers feux de cette époque et les prémisses d'un cinéma objectif qui s'apprête à envahir le cinéma allemand, donne à **Métropolis** ce statut si particulier. Celui d'un des films les plus connus du cinéma expressionniste mais qui, en même temps, dépasse en gloire et en influence ce mouvement, là où **Le Cabinet du Dr Caligari** y demeure à jamais lié.

## Un cinéma au-delà des cinéastes

Comme tous les mouvements importants du cinéma (Nouvelle vague ou Néoréalisme), l'Expressionnisme a bien des visages ou définitions, selon les cinéastes ou critiques qui s'y sont intéressés. Mais, contrairement aux mouvements cités, l'Expressionnisme cinématographique surgit bien sûr d'une école artistique plus large, née au tournant du siècle en Allemagne et ayant touché aussi bien des écrivains que des peintres ou des architectes. Pour certains spécialistes, tels Ilse et Pierre Garnier, l'Expressionnisme cinématographique n'est même que le parent pauvre de ce phénomène, son apparition la plus tardive, la plus maladroite et également son versant le plus populaire voire commercial, ayant appauvri un style et un propos complexes à travers des « super productions » abordables[3]. Cette vision est un peu dure, mais elle indique à quel point l'Expressionnisme est moins défini, plus obscur, multiple, et peut-être même moins abouti au cinéma que dans les autres arts s'en étant inspiré. Ce lien avec ces autres arts est si fort qu'il définit souvent les films expressionnistes, et surtout ceux qui en sont les « vrais » créateurs. Ainsi, le fameux premier film expressionniste, *Le Cabinet du Dr. Caligari*, est moins présenté par Patalas comme l'œuvre de son cinéaste, Robert Wiene (dont la carrière fut ensuite remarquablement

---

1. Propos extraits du documentaire : *Le cas Métropolis*, DVD *Métropolis*, édition MK2.
2. Lotte H Eisner : *L'Écran démoniaque*, 1952, Eric Larfild Éditeur, Paris.
3. Ilse et Pierre Garnier. *L'Expressionnisme allemand*, Ed. André Silvaire, 1962, Paris.

*Le Cabinet du docteur Caligari* (Robert Wiene, 1919).

*Les Trois Lumières* (Fritz Lang, 1920).

non remarquable) que comme celle « *des peintres Walter Reiman et Walter Röhrig, des écrivains Carl Mayer et Hans Janowitz, des acteurs Werner Kraus et Conrad Veidt* »[4]. Cette primeur des collaborateurs artistiques sur le metteur en scène tend à prouver la manière dont l'Expressionnisme cinématographique n'a parfois été que le reflet du travail accompli par d'autres (hommes de scène, peintres, architectes ou écrivains), transposé dans le 7e Art avec l'accord tacite du réalisateur. Même *Métropolis*, malgré la réputation déjà forte de Lang, à l'époque, n'échappe pas à ce phénomène : le jeune Luis Buñuel le présente bien comme étant presque autant l'œuvre de « *l'as des chefs opérateurs, Karl Freund* » que de Fritz Lang, ajoutant : « *le film, tel la cathédrale, devrait être anonyme* »[5].

En faisant de *Métropolis* le dernier des films expressionnistes, et du *Cabinet du Dr. Caligari* le premier, les historiens soulignent tous un élément central du mouvement : sa brièveté. 1920 pour *Le Cabinet du Dr. Caligari*, 1927 pour le film de Lang. Sept petites années qui, si l'on en reste à cette idée de premier et dernier films du mouvement, constituent le sommet total de l'Expressionnisme cinématographique. Une brièveté qui a également été accompagnée, n'en déplaise à Ilse Garnier et à sa conception « populiste » d'un cinéma expressionniste, d'une relative impopularité. Si les deux films cités furent bien des succès commerciaux, le mouvement n'en connut que très peu. Comme le rappelle Barry Salt dans son article controversé *From Caligari to who*,[6] le cinéma expressionniste n'était en aucun cas, durant les années 20, une des formes populaires du cinéma allemand, très largement dépassée en ce domaine par les mélodrames et, bien entendu, les productions d'Ernst Lubitsch.

## Une conversion tardive à l'expressionnisme

Quant à Fritz Lang, il est venu à l'Expressionnisme assez tard. Si *Les Nibelungen* ou *Les Trois Lumières* sont considérés par certains comme de vraies œuvres expressionnistes, l'indépendance artistique de Lang l'a toujours maintenu plus ou moins à l'écart du mouvement, malgré quelques emprunts. D'ailleurs, Francis Courtade n'hésite pas à présenter *Métropolis* comme la seule œuvre de Lang y appartenant vraiment : « *son film le plus ambitieux, la plus coûteuse production du cinéma allemand est intégralement expressionniste : c'est le seul film véritablement expressionniste de Lang* »[7]. Son appartenance formelle à l'Expressionnisme est en effet indéniable et peut être précisément appréhendée, tout comme *Le Cabinet du Dr. Caligari*, à travers les

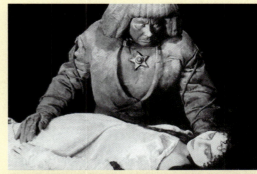

Ci-dessus : *Le Golem* (Paul Wegener, 1920) et *Nosferatu* (Friedrich Wilhelm Murnau, 1920).
Ci-dessous : *Docteur Mabuse* (Fritz Lang, 1922) et *Le Cabinet des figures de cire* (Paul Leni, 1924).

4. Enne Patalas, *ibid.*
5. *Cahiers du Cinéma* – Août/Sept. 1970, n° 223, texte originellement publié dans *Graceta Litteraria*, Madrid, 1927-1928.
6. Barry Salt : *From Caligari to who ?*, *Sight and Sound* vol. 48, printemps 1979.
7. Francis Courtade : *Cinéma expressionniste*, 1984, Henri Veyrier, Paris.

dettes du film envers les autres formes d'art issues de l'expressionnisme. Ainsi, *Métropolis*, né dans le cerveau de Lang à la suite d'une visite à New York et de la découverte par le cinéaste des gratte-ciels de la ville, est présenté par Buñuel comme un « *film d'architecte* », celui-ci dominant voire remplaçant presque le metteur en scène : « *au décorateur se substituera pour toujours l'architecte. Le cinéma servira de fidèle interprète aux plus audacieux rêves de l'architecture* »[8]. L'autre point de référence et d'inspiration évident de *Métropolis* est, bien entendu, le théâtre, dont la plupart des cinéastes allemands de l'époque, Lang compris (en tant que dramaturge) ont surgi. Lotte H. Eisner compare ainsi les scènes de foule du film avec l'ampleur du théâtre de Piscator[9] ; Courtade évoque quant à lui l'influence visuelle, entre autres, du *Oedipe Roi* mis en scène par Max

Reinhard, ou des *Troyennes* créé à Berlin par Franz Werfel. Pour l'influence sur le récit du film, il mentionne le *R.U.R* du tchèque Karel Capek (1921) sans oublier le *Gas* écrit par Grog Kaiser et mis en scène par Jürgen Fehling en 1919. Or Barry Salt voit lui aussi l'influence directe, dans le scénario écrit par Théa Van Harbou, de la trilogie (*Die Korall, Gas I, Gas II* ) de Kaiser[10].

## Lang et Goebbels

Cette vue rapide de la place de *Métropolis* dans le cinéma expressionniste ne peut bien entendu pas laisser de côté le célèbre ouvrage de Siegfried Kracauer, *De Caligari à Hitler*, et l'analyse à la fois psychologique et politique faite par Kracauer des films de l'époque. *Métropolis* y occupe une bonne place. L'auteur y consacre des pages, célèbres et souvent citées, qui font de l'œuvre un récit non pas sur la

libération des ouvriers et l'entente finale entre la ville du haut et celle du bas, mais au contraire sur les manœuvres populistes de Fredersen parvenant à endormir, voire à étouffer et récupérer la révolte ouvrière. Cette analyse est suivie de la fameuse anecdote de la rencontre entre Lang et Goebbels et de la proposition de ce dernier (que Lang prenne la tête du cinéma allemand sous le régime nazi). Une proposition qui, dans la perspective ouverte par Kracauer, ne devient en aucun cas étrange et scandaleuse, mais logique et résultant d'une vision pas si inattentive que ça de Goebbels de *Métropolis*.[11] Chez Kracauer, l'appartenance de *Métropolis* à l'expressionnisme passe également, voire surtout, par son reflet des tensions de la société de l'époque et des pensées politiques alors ascendantes.

On pourrait répertorier d'autres éléments de *Métropolis* rattachés à un expressionnisme cinématographique : le jeu outré des comédiens reflétant un type

de prestations censées provenir du théâtre expressionniste. La grande utilisation des contrastes, faisant partie intégrante, visuellement, de l'héritage du mouvement. Mais tous ces éléments sont complexes car nombre d'entre eux peuvent souvent être perçus comme faisant partie d'un cinéma allemand de l'époque pas nécessairement expressionniste. Néanmoins, à travers son hommage à l'architecture et au théâtre, *Métropolis* est indubitablement un film expressionniste, effectivement le dernier. À ce titre, il est probablement avant tout une œuvre de passage : le pont parfait entre l'héritage expressionniste et un cinéma de science-fiction ou fantastique qui, en se réclamant directement du film de Lang, se rattachera ainsi à cette brève période du cinéma allemand. La force de *Métropolis* est alors de parvenir à lier, par son influence, ce futur du cinéma avec l'époque qu'il refermait. ■

PIERRE-SIMON GUTMAN

8. Luis Buñuel, ibid.
9. Lotte H. Eisner, ibid.
10. Barry Salt, ibid.
11. Siegfried Kracauer : *De Caligari à Hitler, une histoire psychologique du cinéma allemand*. 1973. Éditions l'Âge d'homme, Lausanne, Suisse.

# De **Métropolis** au **Tigre du Bengale** : la géométrie peut-elle casser les mythes ?

Au plus imminent de la débâcle finale, Hitler s'isolait encore pour admirer la maquette de Germania, sa future capitale de rêve à construire sur les ruines de Berlin. Le dôme terminant l'axe principal eût été seize fois plus grand que Saint-Pierre de Rome, et l'Avenue Majeure, de vingt mètres plus large que les Champs-Élysées, s'y fut achevée par un arc de triomphe deux fois plus haut que celui de Napoléon.

Le fabuleux bâtiment de la maison du peuple voulu par Ceausescu (plus gros édifice du monde après le Pentagone) n'était pas totalement achevé peu avant l'arrestation et l'exécution du dictateur.

L'un et l'autre emportèrent dans leur tombe leurs chimères de cité radieuse unissant la terre au ciel, le peuple au souverain.

**Métropolis** en anticipait la structure et l'usage.

## Préalable interrogatif

Quelle place occupe Fritz Lang dans la galaxie du cinéma pré-nazi ? L'admiration d'Hitler et de Goebbels pour *Les Nibelungen* (1924) est notoire. Pourtant, rétorque Lourcelles, « *le film fut âprement – et injustement – critiqué pour son idéologie nationaliste* »... Et, pour *Métropolis*, l'historien va plus loin en supposant une dichotomie entre ce que dit « le sujet » (« *un nouveau pacte social entre capital et travail* » qui relèverait de la scénariste Thea von Harbou) et ce que révèleraient les images (une « *vision pessimiste de l'avenir architectural et social de l'homme* »).[1] Soit un discours filmique allant jusqu'à contredire son propre scénario. Précisons : Thea, femme de Lang, adhéra au national socialisme dès que le réalisateur eût quitté l'Allemagne pour les États-Unis deux ans après la sortie de *M. le maudit*. Dont elle fut également la scénariste.

Ce dernier exemple étant un exemple parfait des pièges de la polysémie : Lang le présenta après coup comme une allégorie antinazie alors que d'autres observateurs considéraient que l'incapacité de la police à capturer l'assassin était fort représentative des limites de la démocratie libérale tandis que la sympathie se portait sur le chef charismatique capable de galvaniser ses troupes pour faire régner l'ordre. Brecht répondrait plus tard que les éléments de cette résistible ascension étaient notoirement mafieuses tandis que d'autres discerneront des

---

1. *Dictionnaire du cinéma*, Laffont, 1992. Hypothèse quelque peu acrobatique : cette veine (à la fois dramatique et formelle) se trouve déjà dans *Die Rache des Homonkulus* d'Otto Rippert (1916). Lequel mettra en scène les premiers scénarios de Lang.

relents antisémites dans le personnage de M (et les origines de son interprète).

Rien n'est simple.

Sauf, peut-être l'évidence du raffinement formel de *Métropolis*.

## Dialectique et géométrie

Lang et l'expressionnisme ? Source d'inspiration… et de confusion. S'il se situa d'entrée dans le mouvement en étant pressenti pour réaliser *Le Cabinet du docteur Caligari* (1919), il refusa toujours cette étiquette, se rangeant plus volontiers « parmi les

réalistes » selon ses propres déclarations[2]. Ce que confirment ses œuvres à venir : aux décors de toile peinte de *Caligari*, répondant tout à la fois à des motifs économiques et au souci de bouleverser les perspectives tout en jouant sur la taille et les déformations des objets et costumes, Lang substituera des décors géants en dur[3]. De l'expressionnisme, il retiendra cependant quelques leitmotivs (comme celui, obsessionnel, des escaliers) mais surtout des conceptions rigoureuses de l'organisation plastique des composantes du plan. Utilisant alors le format classique quasi carré[4] il y intégrera en permanence formes géométriques et surcadrages signifiants.

L'essentiel est dans la définition : l'expressionnisme n'est pas un refus « négatif » de l'imitation de la réalité, mais une volonté de transmettre un au-delà, une représentation de l'invisible, du subjectif. Cependant basée sur une maîtrise de l'espace cinéma selon le double impératif du découpage du cadre en proportions harmonieuses et l'intégration du corps aux composantes architecturales. Par corps, il convient de comprendre celui du comédien dont le positionnement et la gestuelle obéiront à des règles rigoureuses, mais également (et surtout) celui de la foule

considérée par le metteur en scène comme personnage à part entière. Aux conceptions un peu théoriques de centrage, de points forts, de pyramide visuelle, Lang substitue une dynamique permanente de mouvements structurés à l'extrême et une signification immédiate des cadres intermédiaires. Illustration : les foules mécaniques des travailleurs avançant d'un même pas, tête baissée s'inscrivent dans une forme rectangulaire basse (couloirs, cage d'ascenseur) alors que ces mêmes groupes en situations de révolte se déploient en ensemble pyramidal agressif ou, au contraire, en masse impuissante (les bras levés et suppliants vers le « leader » Maria lors de la catastrophe finale de l'inondation). Ainsi l'individu, même isolé, cesse-t-il d'exister autrement que pour une fonction exclusivement illustrative : les diagonales des corps entrent en conflit avec celles du voisin, les bras raides relevés en forme de compas singent douloureusement les aiguilles des implacables horloges ou les commandes manuelles des gigantesques machines.

« *Une volonté plus abstraite et métaphysique qu'idéologique* » nuançait Simsolo, ardent défenseur[5]. Dont acte.

Pourtant les idéologues purs et durs n'oublièrent pas la leçon et Leni Riefenstahl (*Le Triomphe de la volonté*, 1935) usera et abusera des ces effets de foule, de ces cadrages agressifs, du rapport direct d'un peuple lobotomisé au leader suprême.

Et, pour *Métropolis,* au-delà des interprétations demeurent les évidences du sujet qui, malgré ses attendus futuristes, est clairement ancré dans la république de Weimar et débouche sur la réconciliation des classes antagonistes et le maintien du fonctionnement corporatiste de la cité. Plus une touche de christianisme dévot (celui-là totalement imputable à von Harbou) avec le personnage de Maria prêchant la grâce divine dans les catacombes (voir l'article de Laurent Aknin).

L'opposition du monde d'en bas (perspectives écrasées, uniformisation des corps, tenues sombres) et de celui d'en haut (clarté, vastes horizons, impressionnantes verticales, morphologies libres et athlétiques) est évidente qui relève d'une symbolique assez primitive. Ou plutôt qui en relèverait si quelques entorses au principe ne venaient nuancer le propos : ainsi pour la séquence des catacombes (monde du bas) où le groupe abandonne son ordonnancement strict pour une disposition chaleureuse et – enfin – des échanges de regard.

Tout se complique, voire plus encore.

Selon Shlomo Sand, ce principe des strates géographiques et humaines se doublerait d'une appréhension trouble de la sexualité et des parties inférieures du corps féminin.[6] Interprétation quand tu nous tiens… Ce qui est cependant avéré est bel et bien la nature double – sainte et putain – de Maria et du robot qui a emprunté ses traits. Qu'on retrouvera avec le personnage de Seetha (*Le Tigre du Bengale*) un tiers de siècle plus tard au terme de la carrière du réalisateur.

2. Aux *Cahiers du cinéma* n° 169.
3. Mais aussi des maquettes comme celles des extérieurs de la ville imaginaire ainsi que le procédé « Schüfftan » (voir l'article de Jean-Loup Bourget).
4. Auquel il restera fidèle, concédant, pour *Le Tombeau Hindou* un format « un peu large ». On se souvient de sa remarque amusée dans *Le Mépris* : « Le cinémascope, c'est pour les serpents et les enterrements ! »
5. *Fritz Lang*, Édilig, 1982.
6. *Le XXᵉ siècle à l'écran*, Seuil, 2004.

## Exorcisme final de l'image de la femme?

En 1959, Lang réalise un vieux rêve : mettre en scène lui-même un scénario écrit en 1921 avec Thea von Harbou et qui fut confié à Joe May, réputé plus commercial. Cette œuvre quasi testamentaire (ne suivit que l'ultime version du *Diabolique docteur Mabuse* l'année suivante), décevra nombre de ses admirateurs pour le côté (apparemment) feuilletonesque de ce diptyque.

En fait, *Le Tigre du Bengale* et *Le Tombeau Hindou*, récit d'aventures *a priori* fort éloigné de son corpus américain, relève d'une fidélité étonnante à ses racines esthétiques, et tout particulièrement à celles

sexualité de 1926 succède, en 1959, une certaine revendication de liberté. Mais les formes spectaculaires demeurent strictement jumelles.

Pour le numéro de *L'Avant-Scène Cinéma* qui fut consacré au *Tigre du Bengale*, Claude Beylie résumait ainsi cette permanence des dualités et des géométries : « *C'est la dualité fondamentale d'Éros et de Thanatos qui court à travers toute l'œuvre du cinéaste […]. Il est permis aussi de gloser sur les subtiles connotations géométriques et ésotériques dont le film regorge […]. Il n'est qu'un immense réseau de symboles […]. Le génie propre de Lang ajoute une splendeur plastique à un mouvement émotionnel.* »[7]

Les travailleurs de *Métropolis* et les lépreux du *Tombeau hindou*.

La danse de la fausse Maria dans *Métropolis* et celle de Seetha dans *Le Tombeau hindou*.

de *Métropolis*. On y retrouve en vrac le rêve architectural (un architecte allemand sollicité par un maharadjah pour construire des hôpitaux modernes) qui découvrira l'horreur cachée d'un univers souterrain, le monde de lumière (le palais d'été du potentat) opposé aux basses fosses où agonisent des lépreux emmurés, un temple interdit aux étrangers où officie une danseuses sanctifiée (Seetha) en écho des catacombes où prêchait Maria, l'une et l'autre partagées entre une apparence sacrée et un corps profane. Et les deux numéros de danse érotique naïvement sublimes, interprétés par Debra Paget, recoupent l'exhibition torride de la fausse Maria.

Reflet inversé : à la condamnation sans appel de la

Après ce dernier succès commercial, Lang sera sollicité pour d'autres remakes des fleurons de l'âge d'or : *Les Nibelungen*, *Nosferatu* et… *Métropolis*. Ce qu'il refusa : il savait, lui, que ce serait inutilement redondant. ■

JACQUES ZIMMER

7. N° 339/340, 1985.

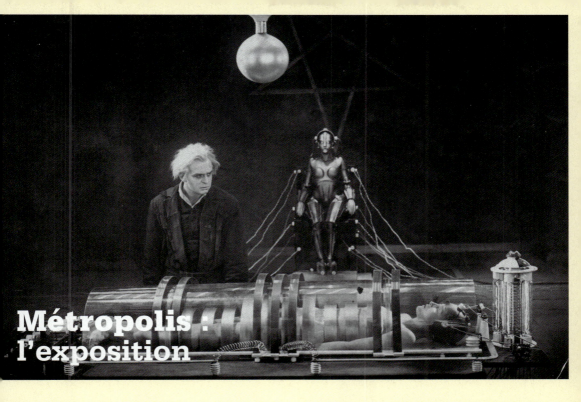

# Métropolis : l'exposition

L'exposition d'automne de la Cinémathèque française s'inscrit dans une histoire ancienne entre le film de Fritz Lang et l'institution. La Cinémathèque, grâce à Lotte Eisner, sa première conservatrice, amie de Fritz Lang et auteure d'un ouvrage sur le cinéaste qui a longtemps fait référence, possède elle-même une collection unique sur *Métropolis*. Elle se compose de 800 photos de plateau, originales, des dessins originaux des décorateurs, sans oublier le célèbre robot reconstitué, qui trône d'ordinaire au cœur du Musée du Cinéma. Cette collection a déjà donné lieu à des présentations ou des publications – dont un superbe album. Cette nouvelle exposition n'est toutefois pas une production de la Cinémathèque, mais la reprise de celle conçue en 2009 par la Deutsche Kinemathek de Berlin, les commissaires en étant Kristina Jaspers et Peter Mänz. Pour l'occasion, l'exposition est enrichie par des pièces de la Cinémathèque française. L'exposition permet de découvrir *Métropolis* à travers son propre scénario. Le parcours est jalonné par les six principales séquences ou lieux du film : Le Club des Fils, La Cité ouvrière, la Ville supérieure, le Laboratoire de Rotwang, les Catacombes et la Cathédrale. En tout, ce sont plus de 200 œuvres exposées : dessins originaux, costumes, appareils, photos de plateaux et sculptures, en particulier celles de Walter Schulze-Mittendorff, le créateur du Robot, figure emblématique du film.

En regard de l'exposition, la Cinémathèque propose également une rétrospective intégrale de l'œuvre de Fritz Lang, avec en particulier des versions restaurées de ses premiers films muets : *Harakiri* (1919), *Das wandernde Bild* (1920), *Les Araignées* (1920) ou *Kämpfende Herzen* (1921) ■

LAURENT AKNIN

**Metropolis, l'exposition**. Du 19 octobre 2011 au 29 janvier 2012, Cinémathèque Française, 51 rue de Bercy, Paris

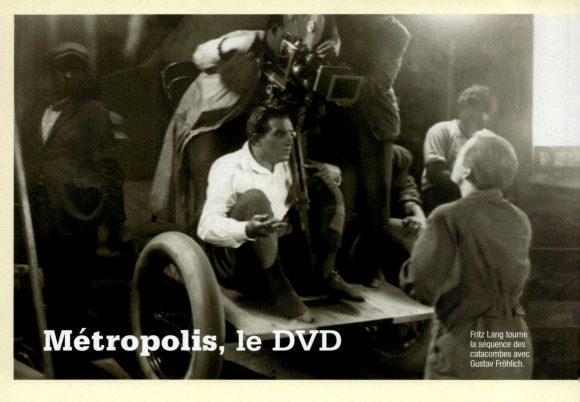

# Métropolis, le DVD

Fritz Lang tourne la séquence des catacombes avec Gustav Fröhlich.

**A**près avoir visionné pendant des décennies une version tronquée de *Métropolis*, les cinéphiles sont désormais confrontés à un film qui ne diffère qu'à la marge de celui que Lang a livré, que les différents distributeurs s'étaient empressés de charcuter pour des raisons purement commerciales (ce qui n'a pas empêché le film d'être un bide). Reconstitué, le film de Lang retrouve son ampleur, dont rend compte le découpage que nous publions. Éditer un nouveau DVD, complet celui-ci, tombait sous le sens. L'éditeur a choisi de livrer quelques bonus inédits qui rendent compte au passage de l'apport des images retrouvées. C'est ainsi que nous sommes gratifiés d'un subtile analyse de Patrick Zeyer qui, en voix off, commente certaines séquences, ajoutant que les plans supplémentaires ne sauraient changer la vision que nous avons du film et que les différentes interprétations auxquelles il se prête restent valides. Nous est également proposé un entretien avec Fritz Lang au soir de sa vie (en français)

qui revient avec pétulance et humour sur le fameux épisode qui l'a conduit à quitter l'Allemagne après que Goebbels lui a offert de devenir le cinéaste officiel du nazisme.

Mais c'est le dernier supplément, de loin le plus généreux en temps (52 minutes) qui apporte le plus. Ce *Voyage à Métropolis*, signé Artem Demenek revient de façon assez détaillée tout à la fois sur la genèse du film et sur les circonstances de sa restauration dans un format proche de l'originel. L'occasion est saisie au passage de nous régaler de nombreux documents rares, dessins préparatoires, photos de tournage ou extraits du scénario. Le documentaire insiste sur quelques aspects mal connus du travail de Lang, qui tournait à plusieurs caméras. Ce qui fait que les plans des différentes copies peuvent varier à la marge (en termes de cadrage ou de frontalité des personnages). Il revient également sur la tentative de Giorgio Modorer de lui donner une nouvelle jeunesse en le colorisant (reprenant d'ailleurs un procédé dont le cinéma muet n'était pas avare). Mais ce sont sans doute les documents apparemment anecdotiques qui nous fascinent le plus, telles ces quelques secondes de film où l'on voit Lang faire la grimace, ou encore cette photo ou le grand homme est saisi dans l'intimité avec la très controversée Théa von Harbou. Un régal. ■

YVES ALION

TF1 Vidéo

Ci-dessus, Fritz Lang fait la grimace lors de son voyage vers les États-Unis dont il photographie l'arrivée (photos ci-contre).

Ci-dessous, quelques moments de tournage : à gauche Brigitte Helm essaie un costume et sa chorégraphie et à droite dans sa tenue d'Être-Machine. Au-dessous, Fritz Lang filme les enfants groupés autour du gong lors de la séquence de l'inondation.

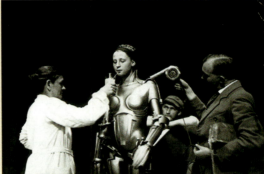

Fritz Lang, Brigitte Helm et Thea von Harbou.

# Filmographie de Fritz Lang

**Fritz Lang (Friedrich Christian Anton Lang) est né le 5 décembre 1890 à Vienne (Autriche-Hongrie). Naturalisé américain en 1935, il est mort le 2 août 1976 à l'âge de 85 ans à Beverly Hills en Californie.**

## Films tournés en Allemagne :

1919. **La Métisse** (*Halbblut*)
Avec Ressel Orla, Carl de Vogt, Carl Gerhard Schröder, Paul Morgan.

1919. **Le Maître de l'amour** (*Der Herr der Liebe*)
Avec Carl de Vogt, Gilda Langer, Erika Unruh, Max Marlinski.

1919. **Les Araignées – 1 : Le Lac d'or** (*Die Spinnen – 1 : Teil: Der Goldene See*)
Avec Carl de Vogt, Ressel Orla, Georg John, Lil Dagover.

1919. **Madame Butterfly** (*Harakiri*)
Avec Paul Biensfeldt, Lil Dagover, Georg John, Meinhardt Maur.

1920. **Les Araignées – 2 : Le Cargo de diamants** (*Die Spinnen – 2 : Teil: Das Brillantenschiff*)
Avec Reiner Steiner, Carl de Vogt, Ressel Orla, Georg John, Rudolf Lettinger.

1920. **La Statue qui marche** (ou **L'Image vagabonde**) (*Das Wandernde Bild*)
Avec Mia May, Hans Marr, Rudolf Klein-Rogge, Loni Nest.

1921. **Cœurs en lutte : 4 hommes pour une femme** (*Die Kämpfende Herzen* ou *Vier um die Frau*)
Avec Carola Toelle, Hermann Böttcher, Ludwig Hartau, Anton Edthofer, Rudolf Klein-Rogge.

1921. **Les Trois Lumières** (*Der müde Tod*) (1h40)
Avec Lil Dagover, Walter Janssen, Bernhard Goetzke, Eduard von Winterstein.

1922. **Docteur Mabuse le joueur** (*Doktor Mabuse, der Spieler*)

Première partie : **Le Joueur, une image de notre temps** (*Der Grosse Spieler, ein Bild der Zeit*)
Seconde partie : **Inferno, une pièce sur les hommes de ce temps** (*Inferno, ein Spiel von Menschen unserer Zeit*)
Avec Rudolf Klein-Rogge, Aud Egede Nissen, Gertrude Welcker, Alfred Abel.

1924. **Les Nibelungen** (*Die Nibelungen*)
Première partie : **La Mort de Siegfried** (*Siegfried*)
Seconde partie : **La Vengeance de Kriemhild** (*Kriemhilds Rache*)
Avec Gertrud Arnold, Margarete Schön, Hanna Ralph, Paul Richter.

1927. **Métropolis** (*Metropolis*)
Voir générique complet dans ce numéro.

1928. **Les Espions** (*Spione*)
Avec Rudolf Klein-Rogge, Gerda Maurus, Lien Deyers, Louis Ralph.

1929. **La Femme sur la Lune** (*Frau im Mond*)
Avec Klaus Pohl, Willy Fritsch, Gustav von Wangenheim.

**1931. M le maudit** (*M*)
Avec Peter Lorre, Ellen Widmann, Inge Landgut, Gustaf Gründgens.

**1932. Le Testament du Docteur Mabuse** (*Das Testament des Dr Mabuse*)
Avec Rudolf Klein-Rogge, Oskar Beregi, Georg John, Karl Mexner, Theodor Loos.
Une seconde version fut tournée simultanément en français, co-réalisée avec René Sti.
Avec Rudolf Klein-Rogge, Thomy Bourdelle, Karl Meixner, Jim Gérald, Monique Rolland.

## En France :

**1933. Liliom** (*id.*)
Avec Charles Boyer, Madeleine Ozeray, Florelle, Roland Toutain, Antonin Artaud, Viviane Romance.

## Aux États-Unis :

**1934. Furie** (*Fury*)
Avec Spencer Tracy, Bruce Cabot, Sylvia Sidney, Walter Apel, Walter Brennan.

**1936. J'ai le droit de vivre** (*You Only Live Once*)
Avec Henry Fonda, Sylvia Sidney, Barton McLane, Jean Dixon, William Gargan.

**1938. Casier judiciaire** (*You and Me*)
Avec George Raft, Sylvia Sidney, Barton McLane, Harry Carey, Roscoe Karns.

**1940. Le Retour de Frank James** (*The Return of Frank James*)
Avec Henry Fonda, Gene Tierney, Jackie Cooper, Henry Hull, John Carradine, Donald Meek.

**1941. Chasse à l'homme** (*Man Hunt*)
Avec Walter Pidgeon, Joan Bennett, John Carradine, George Sanders, Roddy McDowall, Heather Thatcher.

**1941. Les Pionniers de la Western Union** (*Western Union*)
Avec Robert Young, Rabdolph Scott, John Carradine, Dean Jagger, Russell Hicks.

**1943. Les bourreaux meurent aussi** (*Hangmen Also Die!*)
Avec Walter Brennan, Hans Heinz Twardowski, Brian Donlevy, Anna Lee.

**1943. Espions sur la Tamise** (*Ministry of Fear*)
Avec Ray Milland, Marjorie Reynolds, Carl Esmond, Hillary Brocke, Percy Waram.

**1944. La Femme au portrait** (*The Woman in the Window*)
Avec Edward G. Robinson, Joan Bennett, Raymond Massey, Edmond Breon, Dan Duryea.

**1945. La Rue rouge** (*Scarlet Street*)
Avec Edward G. Robinson, Joan Bennett, Dan Duryea, Margaret Lindsay.

**1946. Cape et Poignard** (*Cloak and Dagger*)
Avec Gary Cooper, Lilli Palmer, Vladimir Sokoloff, J. Edward Bromberg, Marjorie Hoshelle

**1947. Le Secret derrière la porte** (*Secret Beyond the Door*)
Avec Michael Redgrave, Joan Bennett, Anne Revere, Natalie Schafer.

**1949. House by the River** (*id.*)
Avec Louis Hayward, Jane Wyatt, Lee Bowman, Dorothy Patrick.

**1950. Guérillas** (*American Guerrilla in the Philippines*)
Avec Tyrone Power, Micheline Presle, Tom Ewell, Bob Patten, Tommy Cook.

**1951. Le démon s'éveille la nuit** (*Clash by Night*)
Avec Barbara Stanwyck, Paul Douglas, Robert Ryan, Marilyn Monroe.

**1952. L'Ange des maudits** (*Rancho Notorious*)
Avec Marlene Dietrich, Arthur Kennedy, Mel Ferrer, Lloyd Gough, Gloria Henry.

**1953. Règlement de comptes** (*The Big Heat*)
Avec Glenn Ford, Gloria Grahame, Jocelyn Brando, Lee Marvin, Alexander Scourby.

**1953. La Femme au gardénia** (*The Blue Gardenia*)
Avec Anne Baxter, Richard Conte, Ann Sothern, Raymond Burr, Jeff Donnell.

**1954. Désirs humains** (*Human Desire*)
Avec Glenn Ford, Gloria Grahame, Broderick Crawford, Edgar Buchanan.

**1954. Les Contrebandiers de Moonfleet** (*Moonfleet*)
Avec Stewart Granger, George Sanders, Joan Greenwood, Viveca Lindfors, John Whiteley.

**1955. La Cinquième Victime** (*While the City Sleeps*)
Avec Dana Andrews, Rhonda Fleming, George Sanders, Thomas Mitchell, Vincent Price.

**1956. L'Invraisemblable Vérité** (*Beyond a Reasonable Doubt*)
Avec Dana Andrews, Joan Fontaine, Sidney Blackmer, Philip Bourneuf.

## En République Fédérale Allemande :

**1958. Le Tombeau hindou** (*Das Indische Grabmal*)
Avec Debra Paget, Paul Hubschmid, Walter Reyer, Claus Holm, Sabine Bethmann.

**1958. Le Tigre du Bengale** (*Der Tiger von Eschnapur*)
Avec Debra Paget, Paul Hubschmid, Walter Reyer, Claus Holm, Sabine Bethmann.

**1960. Le Diabolique docteur Mabuse** (*Die Tausend Augen des Dr Mabuse*)
Avec Dawn Adams, Peter Van Eyck, Gert Fröbe, Wolfgang Preiss, Werner Peters. ■

## L'héritage de *Métropolis*
# Les villes continues

**P**rouesse technique en son temps, *Avatar* avant l'heure, *Métropolis* aura eu une postérité de ville-témoin pour tout le cinéma de science-fiction à venir. Car lorsqu'un film veut ériger une cité du futur, le film de Lang est le modèle à avoir en tête. Monumental, vivant, circulatoire et sombre. Le cadre est panoramique. Le diable est ensuite dans les détails, à savoir les hommes, qui habitent la ville, la font et sont (dé)faits par elle. C'est un personnage à part entière, hautain de façon vertigineuse, éternel : avec toute cité post-*Métropolis*, il convient de l'orner d'une tour toujours trop haute, réactivation du mythe de la Tour de Babel. C'est celle qui incorpore travailleurs et patrons chez Lang ; ce sera plus d'un demi-siècle plus tard, la tour de la Tyrell Corporation (700 étages) dans le *Blade Runner* de Ridley Scott, siège de la société qui fabrique les Repliquants, les robots humains trop humains que pourchasse Harrison Ford. *Métropolis* sera l'influence majeure de *Blade Runner* en termes de design et d'architecture ; *Blade Runner* reprendra le flambeau en étant cité systématiquement depuis comme un tracé de base pour anti-utopie urbaine.

À chaque époque, ses architectes : *Métropolis* condense les formes de l'époque, l'Expressionnisme, le Bauhaus ou l'Art Nouveau, dans une synthèse qui fait furieusement gothique. Malgré cette « impureté », les nazis admireront la grandeur des décors (et les athlètes blonds torse nu). *Blade Runner* en redessine les contours avec le crayon d'Edward Hopper (Scott dit avoir eu en tête la peinture *Nighthawks*, la solitude cosmique de son *diner*), du Film Noir (ce ping-pong formel entre États-Unis et Expression-

nisme) et de la contre-culture (le magazine Métal Hurlant). Le tout étant délocalisé dans l'Angleterre ouvrière enfumée où Scott a passé son enfance et à Hong Kong la nuit. De Lang à l'Asie via le Los Angeles de *Blade Runner*, il n'y a qu'un pas à faire, franchi par *Ghost in the Shell* et… *Métropolis* (le manga, puis l'anime).

La liste des films sous influence de *Métropolis* est ensuite longue, entre devoirs d'épigone et clins d'œil. La ville brinquebalante dans *Brazil* de Terry Gilliam a toujours l'air au bord de la panne générale. Plutôt que de s'élever, elle serpente avec ses multiples conduits d'aération. *Brazil* veut grincer dans tous les sens (humour, plomberie). La cité de *Dark City* d'Alex Proyas se modifie au gré des nuits, reconstruite en permanence selon le bon désir de ses créateurs non humains. À la Tour de Babel, Enki Bilal substitue une pyramide égyptienne flottant au-dessus de New York dans *Immortel*. Le *Batman* de Tim Burton se veut si langien qu'il y copie la scène de l'ascension de la cathédrale de *Métropolis* sans vraie justification scénaristique – une idée de producteur imposé au réalisateur. *Speed Racer* des frères Wachowski a l'air d'envisager les circuits de course automobile comme des villes entières sur cime, où les habitants ne seraient que des spectateurs.

Selon des perspectives moins futuristes, d'autres villes de cinéma intègrent l'héritage de *Métropolis*, mais sur un mode plus oblique, estimant que la ville contemporaine est déjà langienne,

*Blade Runner*
(Ridley Scott, 1982).

*Dark City* (Alex Proyas, 1998).

*Immortel (ad vitam)*
(Enki Bilal, 2004)

fascinante et oppressante en soi. Un fan comme Godard se contente du Paris de 1965, d'une poignée d'ordinateurs et d'Eddie Constantine pour son *Alphaville*, pourtant situé sur une autre planète.

Paris, toujours, est une pâte à modeler pour *Inception*, de Christopher Nolan, où le temps d'un rêve de démiurge, d'architecte (le rôle tenu par Ellen Page), les rues se plient pour devenir hautes comme un gratte-ciel.

Les *Matrix* des frères Wachowski, bâtis sur une même idée d'exploiteurs-exploités et de révolution à venir, figurent une grande ville américaine à la ligne d'horizon anonyme comme centre d'oppression et d'uniformité. Tandis que Zion, la cité poche de résistance des humains contre les machines, fait écho à la cité souterraine des ouvriers de Métropolis.

A la verticalité de *Métropolis*, Jacques Tati oppose l'horizontalité de sa Tativille dans *Playtime*, labyrinthique, un peu inquiétante mais source constante d'amusement. Avec monsieur Hulot comme « médiateur entre le cerveau et les mains ».

Et si New York était le modèle de *Métropolis* pour Lang (« ville debout et lunatique » pour Céline dans

*Voyage au bout de la nuit*, « le plus grand spectacle du monde » pour Fernand Léger), la grande ville américaine est depuis longtemps dépassée. Si Lang faisait *Métropolis* de nos jours, il n'aurait qu'à aller à Dubaï, où se tient Burj Khalifa, la plus haute tour du monde (828 mètres), et où la division du travail n'est pas très éloignée de celle de Métropolis. Encore peu exploitée au cinéma, elle sera visible et l'objet d'une scène d'action dans le quatrième volet de la franchise *Mission : Impossible*.

Si la ville de *Métropolis* est bien un personnage, d'autres protagonistes du film ont fait des petits. Rotwang, le créateur du robot Maria, est le prototype du savant fou de cinéma – lui et Christopher Lloyd/Doc Brown des *Retour vers le Futur* sont coiffés à l'identique, le cheveu en bataille, électrisé. Le décorum de son laboratoire sera repris par un autre

scientifique porté sur le courant alternatif et la vie artificielle, à l'origine littéraire plus ancienne, mais postérieur au cinéma : le docteur Frankenstein. Mais le descendant le plus direct de Rotwang, tout aussi allemand et muni d'un bras mécanique, est bien le Dr Folamour. Les décors du film de Kubrick, dont la mémorable Salle de guerre du Pentagone, sont de Ken Adam, autre enfant de *Métropolis* qui aura davantage retenu du film les bureaux de maître du monde de Federsen. Adam sera naturellement le responsable des repaires baroques de méchants dans les premiers *James Bond*.

La créature de Rotwang, la version robotique de Maria, aura aussi sa postérité, en tant que premier robot féminin de l'histoire du cinéma. Sa version masculine mais au design toujours rétro sera l'insupportable et bavard C3PO dans les *Star Wars*. Mais au-delà des héritières (le T-X dans *Terminator 3*, le Numéro 6 dans la série TV *Battlestar Galactica*, Olivia Wilde dans *Tron : Legacy*, autre film de cauchemar d'urbaniste), c'est l'imagerie de femme du futur, de désir d'avenir, qui essaime au-delà des films, captée par les chanteuses de musique pop : Bjork se met

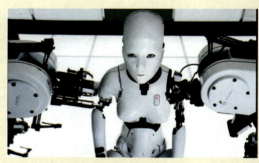

en scène en robot dans le clip de « All is Full of Love », Beyoncé apparaît sur scène dans une tenue copiée sur le robot Maria, Lady Gaga est déjà une machine sur tous les plans tandis que Janelle Monae écrit son album-concept *Metropolis*. Mais avant elles, Madonna reprit en l'esprit dans le clip d'« Express

Yourself », réalisé par un certain David Fincher : le visuel est inspiré de Lang, mais Madonna n'a pas besoin de se déguiser en androïde pour figurer l'avenir de l'homme. Un simple tailleur de cadre supérieur suffit. ■

LÉO SOESANTO

La ville de Métropolis dans le dessin animé de Rintaro (2001).

## Du film aux mangas
# Dessine-moi un robot

**Parmi les nombreuses œuvres inspirées par le film de Fritz Lang, peu l'ont été au point d'en reprendre le titre. En 1949, le (pas encore) légendaire manga-ka Osamu Tezuka dessine Métropolis, pierre de touche de la science-fiction japonaise. En 2001, Rintaro et Katsuhiro Otomo portent librement la bande-dessinée à l'écran.**

« *À l'époque, je n'avais pas visionné le film et je n'en connaissais pas le scénario. J'avais simplement vu, durant la guerre, une photo dans un magazine consacré au cinéma, probablement Kinema Junpô. Il s'agissait de la scène de la naissance du robot. Je me souvenais de cette photo et c'est de là que m'est venue l'idée. Le mot "Métropolis" sonnait bien à mes oreilles, de sorte que je choisis de le prendre aussi pour titre.* »[1]

Né en 1928, un an après la sortie du film en Allemagne, le dessinateur japonais fantasme donc *Métropolis* plus qu'il ne l'adapte et, comme tant d'autres après lui, son imaginaire se fixe sur le personnage du robot. Ne bénéficiant qu'un faible temps de présence à l'écran, cette figure iconique devient la « star » du *manga* de Tezuka et, plus tard, du film d'animation de Rintaro. La ville futuriste de la bande dessinée, plantée de hautes tours et sillonnée par des avions,

renvoie à celle de Lang mais les robots y occupent une place plus importante : le duc Rouge, méchant de l'histoire, tient les machines en esclavage et ce sont elles qui, guidées par un enfant-robot, se révoltent et détruisent Métropolis dans les dernières pages. En extrapolant, à partir de la scène la plus marquante du film de Lang, un monde où les humains cohabitent avec les robots, le *manga* semble se dérouler à une autre époque du développement de la ville, où les expériences robotiques de Rotwang seraient devenues la norme. Dans l'*anime* de Rintaro, les robots sont l'équivalent des ouvriers du film muet : les humains pauvres partagent les sous-sols de la ville avec des ouvriers robots pour qui il est interdit de remonter à la surface. Les robots sont à la fois exploités par les classes dirigeantes et haïs par les

1. Osamu Tezuka, Postface à *Métropolis*, publié en version française chez Taifu comics, 2005, p. 159.

travailleurs humains qui les accusent d'avoir volé leurs emplois : plus qu'un film sur la lutte des classes, comme chez Lang, c'est comme une allégorie du racisme que l'on peut lire le *Métropolis* de 2001.

## Du film à la BD…

La méconnaissance par Tezuka du *Métropolis* de Lang au moment de la rédaction de son *manga* ne rend que plus étonnante les similitudes entre les deux œuvres.

En dénonçant l'exploitation des ouvriers ou des robots, les deux artistes proposent une science-fiction humaniste, en phase avec son temps (la crise économique dans l'Allemagne des années 20, les dangers de la science dans le Japon d'après-guerre, hanté par Hiro-

et d'hommes de bonne volonté, renouant ainsi avec l'union utopique des différentes castes à la fin du film de Lang. Comme le film de 1927, celui de 2001 se montre sceptique envers toutes les formes de débordements violents, aussi bien le coup d'État militaire orchestré par le duc Rouge et la révolte des humains (qui tuent les robots auxquels va l'empathie du spectateur) que la rage destructrice de Tima, calquée sur celle de Mitchii dans la bande-dessinée (mais n'est pas sans évoquer celle de Tetsuo à la fin d'*Akira* de Katsuhiro Otomo, le scénariste du *Métropolis* animé).

Lang et Tezuka traitent tous deux leur univers de science-fiction à la façon d'un feuilleton du XIXᵉ siècle (Freder part à la recherche de la femme qu'il

La naissance de Tima dans le film de Rintaro…

shima). La morale de l'histoire est à chaque fois explicite. Chez Fritz Lang, le même intertitre ouvre et clôt le film (« *Le médiateur entre le cerveau et les mains doit être le cœur* ») ; au début et à la fin du *manga*, une case est reprise à l'identique qui montre un savant à la barbe blanche s'interroger : « *Les progrès outranciers de la science ne risquent-ils pas de causer la perte de l'humanité ?* ». La condamnation sans appel de l'ambition scientifique (« *Finalement, reproduire la vie, ce summum de la science, est surtout un danger pour la société* ») est compréhensible dans le Japon de 1949 mais est nuancée par une profonde empathie pour Mitchii, l'enfant-robot. Trois ans plus tard, Tezuka créera, sur le modèle de Mitchii, le personnage d'Astro le petit robot, figure intégralement positive vite devenu un héros national[2], marquant un début de réconciliation de l'imaginaire japonais avec la science. Le *Métropolis* de Rintaro s'achève, de façon plus complexe, à la fois par la destruction de la ville par Tima (l'équivalent féminin de Mitchii) et par la promesse de sa reconstruction, dans un effort commun des robots

aime, Mitchii explore le secret de ses origines) et se réfèrent à Victor Hugo. La fin du *Métropolis* muet duplique celle de *Notre-Dame de Paris* (Esmeralda/Maria sur le bûcher alors que Frolo/Rotwang est poursuivi sur le toit de la cathédrale), alors que le *manga* fait référence aux *Misérables* au travers du personnage de la petite marchande de fleurs, Cosette maltraitée par sa sœur qui la vend à un mystérieux étranger qu'elle tentera ensuite de faire chanter.

Afin d'honorer une commande qui ne doit pas dépasser les 160 pages, Tezuka coupera plusieurs passages de *Métropolis* au moment de sa publication, se retrouvant sans le savoir dans la même situation que le film de Lang qui sera mutilé lors de sa sortie américaine. À la différence du film, le *manga* ne fut pas reconstitué.

2. Héros de *manga*, adapté à plusieurs reprises à la télévision et au cinéma, Astro exerce une influence profonde sur les Japonais : les scientifiques interrogés par Marc Caro dans son documentaire *Astroboy à Roboland* (2008) révèlent avoir été influencés par l'œuvre de Tezuka dans leurs cherches en robotique !

L'intrigue du *Métropolis* dessiné s'éloigne de celle du film muet : les héros de Tezuka affrontent le duc Rouge, maître du déguisement à la tête d'une organisation criminelle qui évoque le Docteur Mabuse ou Fantomas et qui utilise des tâches solaires pour provoquer (déjà !) un réchauffement de l'atmosphère terrestre (dans l'*anime*, le duc provoque des éruptions solaires qui rendent les machines incontrôlables). Le *manga* met également en scène des animaux et des insectes géants qui annoncent l'apparition de Godzilla en 1954 et la science-fiction américaine des *fifties*. Parmi ces créatures, le *Mickeytus Disneytus*, un rat géant dont les deux oreilles rondes sont très reconnaissables, pique amusante envers la concurrence américaine, alors que Tezuka

sonnage de Rock, fils adoptif du duc à la tête d'une milice fasciste était lui absent du *manga* comme du film muet mais Rintaro et Otomo lui donnent les traits bien connus d'un jeune garçon dessiné à de nombreuses reprises par Tezuka à partir d'un *manga* de 1949 *Boy Detective Rock Holmes*. Les auteurs du film rendent ainsi hommage au « *star system* » mis au point par le dessinateur qui, comme Hayao Miyazaki aujourd'hui, utilisait pour chaque histoire les mêmes archétypes physiques, comme des acteurs passant d'un rôle à l'autre. Très différent de celui, sympathique, dessiné par Tezuka, le professeur Lawton du film est un criminel dont l'œil artificiel peut évoquer les bras mécanique de Rotwang. Le film d'animation conserve les deux lignes direc-

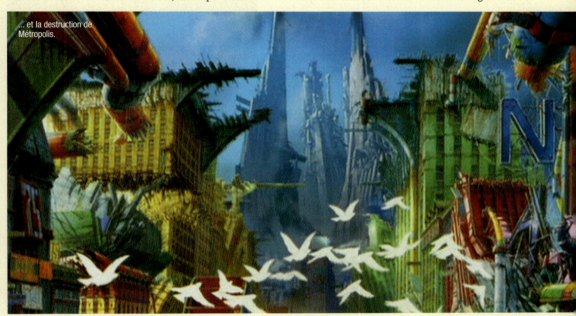

... et la destruction de Métropolis.

cherche à créer un équivalent japonais aux super-héros de *comics* : lorsque Mitchii se met à voler, la Métropolis de Tezuka se superpose à celle de Superman dont on pouvait alors lire les aventures dans le Japon occupé (même si Tezuka ne se souvient pas en avoir eu connaissance à l'époque de la rédaction de son *manga*).

### ... et de la BD au film

Le film de Rintaro conserve les principaux personnages du *manga* (le cyborg et son créateur, le savant Charles Lawton – *sic* –, l'inspecteur Moustache et son neveu Kenichi) tout en prenant des libertés : le duc Rouge n'est plus un criminel caché dans les profondeurs de la ville mais un homme d'affaires qui, comme Joh Fredersen chez Fritz Lang, vit au sommet d'une tour. Un changement de statut social tout à fait pertinent dans l'optique d'une remise à niveau du contenu politique de l'œuvre originale : du *manga* à l'*anime*, le duc Rouge vise toujours le contrôle de la ville mais change ses moyens d'action. Le per-

trices du *manga* (la quête initiatique du robot et les aventures policières de l'Inspecteur Moustache) mais les intègre dans une nouvelle intrigue, moins hétéroclite que celle de la bande-dessinée. *Métropolis* 2001 décrit de façon plus précise l'organisation de la ville, construite comme celle de Lang sur plusieurs niveaux qui traduisent spatialement la hiérarchie sociale. Représentatives de l'imaginaire futuriste de leur temps, les villes inventées par Lang et Tezuka appartiennent désormais au passé : le film de Rintaro conserve l'univers graphique de Tezuka et prend donc le contrepied des cités tentaculaires du *manga* moderne (*Ghost in the Shell*, *Gunnm*…) et met en scène une ville rétro-futuriste à la technologie surannée, vibrant au rythme du jazz, une musique particulièrement appréciée par le cinéaste[3].

3. « *J'adore le jazz. Surtout le binaire, les morceaux qui swinguent.* » Rintaro, propos recueillis par Nobuyoshi Nishida, *HK Orient Extrême Cinéma* n°2, Paris, avril 1997, p.23. La bande originale de *Métropolis* 2001 est l'œuvre du saxophoniste Toshiyuki Honda.

L'anime de 2001 opère en fait la synthèse entre le *Métropolis* de Lang, désormais bien connu, et celui de Tezuka. Rintaro et Otomo réactivent le mythe de la Tour de Babel, absent du *manga* et font tourner leur intrigue autour de la mystérieuse Ziggourat construite par le duc Rouge. La plus haute tour de Métropolis, qui cache une arme puissante, est une évidente déclinaison de la Nouvelle Tour de Babel du film muet puisque le terme de ziggourat désigne, de façon générique, les antiques tours à degrés mésopotamienne à l'origine du mythe biblique de Babel. En accord avec l'imaginaire apocalyptique de l'animation japonaise, la tour sera détruite lors de la dernière scène du film. La milice anti-robots de Rock se nomme elle « Marduk », en référence à la terrible divinité babylonienne. L'*anime* laisse de côté les autres références bibliques du film de 1927 (le jardin d'Eden, la danse de Salomé, la Bête de l'Apocalypse…) mais construit sa propre mythologie à partir des icônes révolutionnaires occidentales : le bureau du maire de Métropolis est orné d'une reproduction

de *La Liberté guidant le peuple* de Delacroix et le local des révolutionnaires humains de plusieurs portrait de Che Guevara.

## Les trois visages du robot

Chez Fritz Lang, le robot est femme, redoutable tentatrice descendant en droite ligne des femmes fatales de la Bible. Voici la transformation fondamentale apportée par le *manga* : plutôt que de décalquer le robot incarné par Brigitte Helm, Osamu Tezuka fait de son cyborg un enfant androgyne à la personnalité complexe. Mitchii, comme Tima dans le film de Rintaro, ont été conçus pour achever les plans diaboliques du duc Rouge mais, au contact d'humains aimants, ils développent une personnalité positive. Ignorant dans un premier temps leur nature mécanique, ils sont rétifs à la programmation monolithique du robot-Maria mais, face à la cruauté des hommes (les camarades de classe de Mitchii chez Tezuka), leur violence rejaillit. Le milieu dans lequel le robot évolue modèle sa personnalité : la même année que *Métropolis* de Rintaro sortait *A.I.* de Steven Spielberg dont le récit (un enfant robot abandonné par ses parents humains) évoque *Astro Boy* de Tezuka, autre variation sur *Pinocchio*. En faisant de son robot un enfant, Tezuka évacue l'érotisme du robot-Maria et fait de Mitchii un androgyne qui change de sexe lorsque l'on appuie sur un bouton : être parfait, à la fois homme et femme, et dont le corps enfantin accueille une puissance destructrice, Mitchii est la matrice de nombreux héros de *manga* aux caractères sexuels ambigus. Plus proche du modèle langien, Rintaro fait bien de Tima une jeune fille, sosie de l'enfant défunte du duc Rouge. L'idée vient d'*Astro Boy* où le petit robot était fabriqué à l'image au fils disparu de son créateur. Dans le *manga Métropolis*, l'apparence de Mitchii copiait celle d'une statue antique (un ange), sans que Tezuka

en donne la raison : la relation du robot à la statue est une autre intuition de Tezuka vis-à-vis du film de Lang puisque sa version récemment restaurée nous révèle que Rotwang conserve un monumental buste de sa défunte femme, qu'il cherche à faire revivre au travers du robot. Héroïne du *Métropolis* animé, Tima est sans aucune ambiguïté une fille mais son physique enfantin annule la tension sexuelle véhiculée par Brigitte Helm. Le film amorce par contre une romance entre le robot et son compagnon humain, belle idée de science-fiction absente de la version 1927.

La représentation-même du robot varie selon les versions. Chez Lang, le célèbre costume métallique n'est visible que durant deux scènes, après lesquelles le robot prend des traits humains (la mort de la fausse Maria lui rend son apparence mécanique). Dans le *manga*, Mitchii est créé grâce à des cellules artificielles ce qui l'apparente plus à un produit de la génétique que de la robotique et, contrairement à *Astroboy*, jamais Tezuka ne montre ses entrailles mécaniques. L'*anime* de Rintaro fusionne ces deux aspects et révèle, sous la peau arrachée de Tima, un squelette mécanique, à la façon de *Terminator*.

## Maître et disciples

Osamu Tezuka dessine *Métropolis* alors qu'il a 21 ans, aux prémisses d'une œuvre monumentale composée de plus de 150 000 pages, réparties entre des centaines de titres couvrant la science-fiction, la fable animalière, le thriller médical (*Black Jack*), le drame historique (*L'Histoire des trois Adolf* qui se déroule sous le Troisième Reich) et des biographies dessinées de Bouddha et Beethoven. Non content d'avoir donné naissance à certains des héros japonais les plus populaires du XXe siècle (Astro, le Roi Léo…), Tezuka établit dès la fin des années 40 une nouvelle norme graphique pour le *manga* dont il explore les possibilités feuilletonesques et réinvente le découpage, plus dynamique et « cinématographique » (cadrages variés, multiples effets de mouvements).

Il produit également les premières séries animées de la télévision japonaise et travaille pour le cinéma où il adapte ses mangas, réalise une fresque érotique sur Cléopâtre et de fabuleux courts métrages expérimentaux, sortis en France en 2002 sous le titre *La Légende de la forêt*. Comparé à raison avec Walt Disney en raison de l'importance industrielle et de l'impact culturel de ses création, Tezuka peut tout aussi bien être rapproché de Hergé par l'apparente simplicité de son style dont le trait rond n'a cessé de s'affiner sans jamais vraiment changer.

Le style graphique de Tezuka fait contraster la douceur du trait, le typage pittoresque des personnages (savants à la barbe fournie, enfant au visage mutin, nez aquilin du méchant…), avec des péripéties parfois violentes (la révolte anti-humains des

mettront la reconnaissance internationale de l'animation japonaise : la première série *Albator* (1979), le long métrage *Galaxy Express 999* (1979), l'*anime* apocalyptique *Harmaggeddon* (1983), le film à sketchs *Manie Manie* (1987). Ces deux derniers films avaient déjà permis à Rintaro de collaborer avec Katsuhiro Otomo qui retravaille dans le scénario de *Métropolis* ses thèmes fétiches, la relation de l'homme à la machine et la menace d'une destruction globale.

Le film de Rintaro reprend le graphisme ligne clair de Tezuka mais le complexifie discrètement : les traits des personnages sont plus fins, leur expression faciales plus marquées et leurs silhouettes, connues de tous, plus détaillées. L'emploi intensif de l'image de synthèse et de la palette graphique, qui firent de

robots de *Métropolis*, reprise dans le film ; les expériences médicales très détaillées du *manga Black Jack* ; l'apparition d'Hitler dans *La Légende de la forêt*…). Œuvre de jeunesse, *Métropolis* comporte bien quelques maladresses de découpage mais Tezuka y compose aussi des mises en page brillantes : il rend compte du foisonnement de la ville par des doubles pages remplies de petits personnages en action et invente une « case-prison » dans laquelle le duc Rouge enferme l'inspecteur Moustache, dans une superbe planche pouvant se lire aussi bien à l'horizontale qu'à la verticale.

Contrairement au *manga* du jeune Tezuka, le *Métropolis* de 2001 est l'œuvre d'un vétéran dont la carrière se confond avec celle du cinéma d'animation japonais. Rintaro débute comme coloriste en 1958 sur *Le Serpent blanc* (sortie en France en 2004), premier long métrage animé produit dans le pays du soleil levant, avant de côtoyer Tezuka sur les adaptations en série d'*Astroboy* et du *Roi Léo* (les deux hommes travailleront pour la dernière fois ensemble en 1989 au moment même de la mort du maître). Rintaro est surtout le maître d'œuvre de films cultes qui per-

*Métropolis* une avancée technique majeure dans l'industrie cinématographique japonaise[4], donne naissance à des images chamarrées et très texturées qui contrastent avec le noir et blanc du *manga* et, bien sûr, du film de Lang : à la hiérarchie spatiale s'ajoute dans l'*anime* une opposition graphique entre la surface de la ville, grouillante de vie, semblable à une fête foraine colorée, et les étages inférieurs, entre l'usine et la décharge, plongés dans la pénombre.

En 1927 comme en 1949 et en 2001, l'invention du monde du futur fait écho avec l'ambition des trois artistes de dépasser les limites de leur art : le *Métropolis* de Lang multiplie les décors gigantesques et les effets spéciaux novateurs, tout comme, à l'ère de l'ordinateur, celui de Rintaro, pendant qu'Osamu Tezuka poser les bases de son œuvre dessinée en explorant la ville-machine. ■

SYLVAIN ANGIBOUST

4. Rintaro a poursuivi son exploration de l'animation par ordinateur dans le nettement moins convaincant *Yona, la légende de l'oiseau-sans-aile* (2008), conte pour enfant entièrement en images de synthèse.

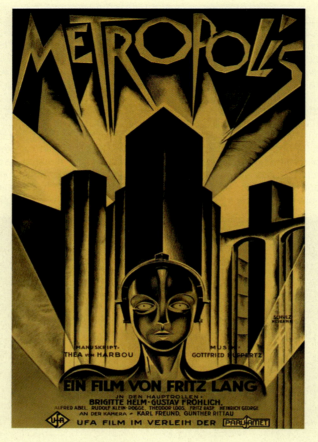

La Fondation F.W. Murnau
En coopération avec ZDF et ARTE, Transit Film

# MÉTROPOLIS
(Metropolis)

Un film de **Fritz Lang**

Scénario de **Thea von Harbou** d'après son roman éponyme (1926)

Format original : **35 mm**, **noir et blanc**, **muet avec accompagnement orchestral**

Durée du tournage : 22 mai 1925 - été 1926
Longueur originale : **4189 m (2h33)**
Versions raccourcies : **août 1927, 3241m** (Allemagne), **3100 m** (version américaine modifiée)
Avant-première (version intégrale) : **10 janvier 1927**, Ufa-Palast an Zoo (Berlin)
Première américaine (version modifiée) : **5 mars 1927** (New York)
Première allemande (version raccourcie) : **25 août 1927** (Stuttgart Munich)

# LISTE ARTISTIQUE

Joh Fredersen, le concepteur de Métropolis
**Alfred Abel**

Freder, son fils
**Gustav Fröhlich**

Maria / l'Être-Machine / la Mort
**Brigitte Helm**

Rotwang, l'inventeur
**Rudolf Klein-Rogge**

Le Mince ou L'Homme en Noir, espion de Fredersen
**Fritz Rasp**

Josaphat, le secrétaire
**Theodor Loos**

Georgy, le numéro 11811
**Erwin Biswanger**

Grot, le gardien de la machine centrale
**Heinrich George**

Le maître de cérémonie
**Heinrich Gotho**

Jan
**Olaf Storm**

Marinus
**Hans Leo Reich**

La femme dans la voiture / une femme du Jardin Éternel
**Margarete Lanner**

Ouvriers
**Max Dietze, Georg John, Walter Kurth Kuhle, Erwin Vater, Arthur Reinhardt**

Ouvrières
**Grete Berger, Olly Böheim, Ellen Frey, Lisa Gray, Rose Lichtenstein, Hélène Weigel**

Femmes dans le Jardin Éternel
**Béatrice Garga, Anny Hintze, Helen von Münchhofen, Hilde Woitscheff**

Le concepteur de la Tour de Babel
**Fritz Alberti**

## LISTE TECHNIQUE

Producteur
**Erich Pommer**

Directeur de la production
**Rudi George**

Musique originale
**Gottfried Huppertz**

Caméra
**Karl Freund, Günther Rittau**

Trucages photos
**Günther Rittau**

Effets combinés
**Eugen Schüfftan**

Décors
**Otto Hunte, Erich Kettelhut, Karl Vollbrecht**

Costumes
**Aenne Willkomm**

Photographe
**Horts von Harbou**

Sculpteur
**Walter Schulze-Mittendorff**

Production
**Universum-Film AG** (UFA), Berlin.

Distribution
**Parufamet**

## RESTAURATION

Un film de la Friedrich-Wilhelm-Murnau-Stiftung en coopération avec ZDF et ARTE. Ventes internationales : Transit Film. Restauration effectuée par la Friedrich-Wilhelm-Murnau-Stiftung, Wiesbaden avec la Deutsche Kinemathek – Museum für Film und Fernsehen, Berlin, en coopération avec le Museo del Cine Pablo C. Ducros Hicken, Buenos Aires. Éditorial : Martin Koerber, Frank Strobel, Anke Wilkening. Restauration digitale de l'image : ALPHA-OMEGA digital, München. Musique interprétée par le Rundfunk-Sinfonieorchester Berlin. Orchestre conduit par Frank Strobel. Production musicale : Deutschland Radio Kultur, ROC GmbH, ZDF en coopération avec Arte.

# Découpage

## MÉTROPOLIS

Scénario de **Thea von Harbou**
d'après son roman éponyme (1926)
Un film de **Fritz Lang**

Découpage plan par plan rédigé par **Laurent Aknin**

### Sur ce découpage

*Metropolis* est sans doute l'un des classiques du cinéma qui a connu le plus grand nombre d'altérations et de modifications. Depuis plus de vingt ans, diverses versions plus ou moins restaurées ont fait leur apparition, complétant parfois une séquence, ou rétablissant les intertitres dans leur sens originel. Pour un cinéphile ayant vu pour la première fois le film dans les années soixante-dix, *Metropolis* apparaît presque comme un « work in progress », tant le film semble évoluer et se développer au fur et à mesure des rééditions.
Le découpage présenté ici a été effectué à partir de la plus récente restauration en date, incluant donc les plans et les séquences retrouvés en 2008 dans la copie 16 mm argentine. Afin de mesurer l'importance des séquences retrouvées dans cette copie, nous les avons signalées dans un fond crème. Nous avons signalé de la même manière les séquences (définitivement ?) perdues et remplacées par du texte.
Nous avons également retraduit les intertitres allemands afin de rester le plus proche possible du texte original. Enfin, en de rares occasions, nous avons ajouté des notes destinées à préciser des points de traduction, ou des modifications importantes de sens apportées par la restauration par rapport aux versions précédentes.

Certains mots sur les cartons (toujours en lettres blanches sur fond noir) sont accentués dans leur intensité, nous les avons mis en *italiques*.
Les plans retrouvés en Argentine qui proviennent de la copie 16 mm n'ont pas tout à fait le même format que le reste du film. En projection, l'image est recadrée et calée en bas et à droite. Pour une meilleure lecture de l'image, nous avons choisi de les agrandir au format des autres videogrammes.

Générique (techniciens puis acteurs), en cartons successifs lettres blanches sur fond noir jusqu'au nom de Brigitte Helm. Puis :

Carton lettres blanches sur fond noir.

### Maxime :
### LE MÉDIATEUR ENTRE
### LE CERVEAU ET LES MAINS
### DOIT ÊTRE LE CŒUR !

### Sinnspruch :
### MITTLER ZWISCHEN
### HIRN UND HÄNDEN
### MUSS DAS HERZ SEIN !

Le titre « Metropolis » apparaît sur un fond de lignes géométriques animées, faisant place à un tableau peint de hauts gratte-ciel en pyramide de la ville. Effets de lumières sur l'image puis fondu enchaîné :

**1.** D'énormes pistons en mouvement de bas en haut. **1** Fondu enchaîné.

**2.** Surimpressions de machines et de traits lumineux. Fondu.

**3.** Gros plan sur un essieu en mouvement continu. Fondu.

**4.** Une autre machine non identifiée en mouvement rotatif. Fondu au noir.

**5.** D'énormes roues dentées en mouvement. **2** Fondu enchaîné.

**6.** Des pistons en mouvement latéral, image déformée en prisme. Fondu enchaîné.

**7.** Les roues dentées en surimpression sur d'autres machines.

**8.** Surimpression de diverses parties de machines formant une image abstraite, comme vue à travers un prisme.

**9.** Une grande horloge murale, avec des chiffres au graphisme inhabituel et n'allant que jusqu'à 10. Au-dessus d'elle, une plus petite horloge à la numérotation différente, allant elle jusqu'à 24. Les aiguilles et la trotteuse de la grande horloge se rapprochent du chiffre « 10 », en haut du cadran, son rythme régulier appuyé alternativement par deux petites lampes centrales.

**10.** Divers plans superposés d'engrenages et de pistons, en mouvement rapide.

**11 idem 9.** La trotteuse arrive sur le « 10 ». **3**

**12.** Extérieur : de grands immeubles ; on ne voit pas le ciel, mais la lumière semble indiquer le jour. Au centre, sur un toit, des sirènes lancent de forts jets de vapeur, d'abord vers le haut, puis vers les deux côtés. **4**

Carton :

### Relève.
### Schicht.

**13.** Plan large. Devant une voûte fermée par une grille. Au centre, un pilier prolongé au sol par une large ligne pleine, séparant le tunnel en deux couloirs. À gauche, derrière la grille et à l'arrière-plan, des hommes en tenue de travail attendent. Sur le couloir de droite, de dos et devant la grille, un autre groupe, portant une tenue identique. Tout le monde a le visage baissé. Sur le pilier central, un mécanisme surmonté de deux phares qui s'allument. La grille se soulève.

**14.** Plan d'ensemble. Raccord mouvement. Les deux files vues de plus loin, avec un axe légèrement décalé de deux tiers. On découvre la voûte en pierre, éclairée au plafond. Les deux groupes se mettent en marche simultanément, celui « sortant » d'un rythme parfaitement synchrone et plus lent que celui « qui entre ». **5**

**15.** Changement d'axe à 180°. Les deux files, en ligne, sur plusieurs rangs, se croisent sans se regarder, chacune dans son rythme.

**16 idem 14.** Les deux groupes se croisent à présent, les dos sont voûtés, les bras ballants, les visages inexpressifs et résignés.

**17 idem 15.** Les mêmes groupes en marche cadencée.

**18.** Retour sur la sirène en plus rapproché, soufflant sa vapeur pour signaler la relève.

**19.** Une sorte de monte-charge, numéroté 219 au-dessus. Un technicien est posté à l'intérieur. Par le bas du cadre, la file de travailleurs « sortants » arrive en cadence. **6**

**20 idem 17.** Suite sur les deux files qui se croisent dans le tunnel.

**21 idem 19.** Le monte-charge se remplit de travailleurs, de dos, tête baissée. Une barrière de sécurité se relève derrière eux.

**22.** Raccord dans l'axe, depuis le monte-charge, en plan plus rapproché. La barrière finit de se relever. L'appareil se met à descendre. Tout le monde garde la tête baissée. On distingue le mouvement par le changement du fond qui s'obscurcit.

Carton : le texte apparaît progressivement sous la forme d'un déroulant vers le bas, épousant le même mouvement que l'ascenseur des travailleurs.

Au plus profond
de la terre se trouvait
la ville des travailleurs

Tief unter
das Erde lag die
Stadt der Arbeiter

**23 idem 22.** Retour sur l'ascenseur qui continue sa descente. Le fond opaque devant les ouvriers laisse découvrir une ville souterraine : des immeubles sans âme, aux fenêtres identiques et vides, formant la ville construite sous terre, et dont la seule lumière n'est apportée que par celles de néons fixés au « plafond » de la roche. **1**

**24.** Raccord à 180°. Le monte-charge finit sa descente. On distingue les ouvriers de face, tête toujours baissée. La descente se termine. Le technicien actionne un contrôle. La barrière se baisse. Les ouvriers descendent, toujours au même pas cadencé, tête baissée.

**25.** Raccord dans l'axe, plan d'ensemble. Une vue de la même scène, de plus loin. On découvre la machinerie dans son ensemble et, de chaque côté, deux autres ascenseurs identiques d'où sortent aussi des ouvriers. **2**

**26 axe inverse.** Plan de grand ensemble de la cité ouvrière. Autour d'une place, de hauts immeubles à étages ; de nombreuses fenêtres sont éclairées. Au centre de la place, une sorte de gong disposé sur un socle. Par le bas du cadre, les groupes d'ouvriers traversent la place et se dirigent lentement du même pas vers les bâtiments d'habitation. **3** Lent fondu au noir.

Carton : le texte suivant apparaît cette fois dans un mouvement ascendant, comme invitant le spectateur à remonter vers la surface, le texte formant au final un triangle pointe en haut.

Alors
que la
ville des
travailleurs
se situait au fond
de la terre, bien
au-dessus se trouvait
une cité appelée
le « Club des Fils »,
avec ses amphithéâtres et ses bibliothèques, ses théâtres et ses stades.

So
tief
die Stadt
der Arbeiter
unter der Erde lag,
so hoch über ihr türm-
te sich der Häuserblock,
der « Klub der Söhne » hiess,
mit seinem Hörsälen und Bibli-
theken, seinen Theatern und Stadions.

## Ville supérieure, stade - Extérieur jour

**27.** Plan de très grand ensemble sur le stade, entouré d'une très haute enceinte, un dôme majestueux à l'arrière-plan gauche. L'architecture est de style à la fois futuriste et classique, avec des statues d'athlètes qui dominent les hauteurs. Sur la piste, une vingtaine de sportifs habillés de blanc, qui s'échauffent. **4**

**28.** Plan poitrine sur un jeune homme souriant, en blanc et portant une cravate. Derrière lui, deux autres jeunes gens. Le premier frappe des mains pour donner son signal.

**29 idem 27.** Des coureurs se placent sur la ligne de départ et prennent leurs marques.

**30 idem 28.** Le jeune homme lève le bras. **5**

**31.** Plan rapproché sur les coureurs sur ligne de départ, vus de profil en perspective. **6**

**32 idem 30.** Le jeune homme donne le départ.

**33 retour 27.** Les coureurs s'élancent.

**34.** Travelling arrière de suivi, en plongée, sur les coureurs, en short et torse nu. Au centre, l'un d'entre eux semble dominer la course. **7**

**35 idem 33.** Les autres spectateurs traversent rapidement le stade dans la largeur pour aller vers l'autre partie de la piste à gauche.

**36.** Plan d'ensemble symétrique au premier, mais sur la partie gauche du stade. Sur la piste, des personnages tendent un fil d'arrivée. Les spectateurs finissent d'arriver et se placent sur le bord.

**37 idem 34.** Sur le jeune coureur central qui domine la course.

**38 idem 36.** Les spectateurs font des signes d'encouragement. Les coureurs arrivent par la droite du cadre et finissent la course en emportant le fil d'arrivée.

Carton :

**Les Pères, qui gagnaient de l'or à chaque tour des machines, avaient bâti pour leurs fils de fabuleux jardins éternels.**

Väter, für die jede Umdrehung eines Maschinenrades
Gold bedeute, hatten ihren Söhnen das Wunder
der Ewigen Gärten geschenkt.

## Jardin Éternel - Extérieur jour

**39.** Plan d'ensemble, en légère plongé, sur le jardin. Il est dominé en son centre par un étrange et énorme massif d'une espèce inconnue. Au-dessous, un homme en costume fait signe à des femmes d'approcher, en battant des mains. Celles-ci arrivent de toutes les directions et se regroupent au centre. Elles portent toutes de riches robes et des tenues élaborées. **8**

**40.** Plan moyen sur le « maître de cérémonie » (HEINRICH GOTHO), portant jabot, nœud papillon et lunettes. Il est assez âgé. Il s'adresse aux femmes qui l'entourent. **9**

**41.** Plan taille d'une jeune femme, de profil, très richement parée. Derrière elle, à droite du cadre, une autre femme s'avance.

**42.** Plan d'ensemble. Les femmes, portant des costumes extravagants, entourent l'homme.

Carton :

**« Qui, Mesdames, aura aujourd'hui le privilège de tenir compagnie à Monsieur Freder, Fils de Joh Fredersen ? »**

« Wer, meine Damen, hat heute den Vorzug, Herrn Freder,
Joh Fredersens Sohn, Gesellschaft zu leisten ? »

**43.** Plan moyen. Une jeune femme au premier plan fait une révérence.

**44.** Plan épaule sur le maître de cérémonie, de profil. À la manière d'un metteur en scène, il donne des indications avec ses bras et ses mains.

**45.** Seule à l'écran, la jeune femme tourne sur elle-même en suivant les consignes. **10**

**46 idem 44.** Le maître de cérémonie continue ses directives.

**47 idem 45.** La jeune femme effectue une autre rotation.

**48.** Plan moyen. Une autre femme, de face, se désigne avec ses mains.

**49.** Plan rapproché sur le maître de cérémonie. D'un air sévère, il saisit un crayon dans une boîte de maquillage. **11**

**50.** Gros plan sur la deuxième femme. La main de l'homme apparaît et lui fait une retouche de maquillage sur les lèvres. **12**

**51 idem 49.** L'homme contemple son œuvre à la manière d'un peintre. Il prend une houppette et envoie un nuage de poudre.

**52 retour 39.** Plan d'ensemble. Une jeune femme entre en courant par la droite. Elle est poursuivie par un jeune homme vêtu de blanc, c'est Freder (GUSTAV FRÖHLICH). Par jeu, elle se dissimule derrière le massif, avec la complicité des autres femmes ; tous les jeunes gens courent ainsi.  La jeune femme s'enfuit à gauche, poursuivie de nouveau par Freder.

**53.** Plan d'ensemble vers une fontaine imposante, aux multiples jets d'eau. À ses pieds évoluent des paons majestueux. De chaque côté du cadre, se trouvent également des fontaines symétriques, en amorce. La jeune femme poursuivie entre en courant par la droite  et va se cacher derrière la fontaine centrale. Freder arrive à son tour et ne la voyant pas, commence à courir droit devant lui

**54.** Plan rapproché de la jeune femme, derrière les jets d'eau de la fontaine. Elle se redresse et agite les bras.

Carton :

« Freder ! Freder ! »

**55** Plan épaules de Freder qui se retourne vivement, en souriant.

**56 idem 54.** Sur la jeune femme qui lève les bras.

**57 idem 55.** Sur Freder qui l'aperçoit en contrechamp.

**58 même axe 53.** Plan plus rapproché sur la fontaine. Freder y court et poursuit la femme derrière les jets d'eau.

**59.** Plan taille de la femme, à droite du bassin de la fontaine.

**60.** Plan symétrique de Freder, à gauche du bassin, lui faisant face.

**61 idem 58.** Les deux jeunes gens tournent autour du bassin.

**62.** Plan épaules de Freder, de face, derrière les jets d'eau et la sculpture centrale de la fontaine. Il bouge d'un côté et de l'autre.

**63.** Contrechamp : plan identique de la jeune femme, elle aussi derrière les jets d'eau, levant toujours les bras pour faire signe à Freder.

**64 idem 62.** Sur Freder qui l'asperge.

**65 idem 61.** Le couple reprend sa ronde autour de la fontaine.

**66.** Plan rapproché sur la droite du bassin ; la jeune femme s'échappe par la gauche, poursuivie par Freder derrière elle.

**67 idem 60.** C'est maintenant la jeune femme qui est à gauche du bassin, faisant toujours de grands gestes et appelant Freder.

**68 idem 66.** Freder lui envoie de l'eau, par jeu, pour l'éclabousser.

**69 idem 67.** La femme reçoit de l'eau en éclatant de rire.

**70.** Plan taille des deux jeunes gens qui se retrouvent devant la fontaine et tombent dans les bras l'un de l'autre. Freder tente d'embrasser la femme qui se défend, par jeu, en plaçant la main devant elle.

**71.** Plan plus rapproché ; Freder est de trois quarts face et tient la femme dans ses bras. Il se penche pour l'embrasser. Le couple tourne sur lui-même. La femme se laisse aller en arrière. Freder se penche encore plus, lui parle, et est sur le point de l'embrasser.

**72.** Plan large. On voit le bout du jardin, donnant sur un mur. Au milieu de ce mur, précédé de quelques marches basses, une haute porte en métal et en verre. Des oiseaux marchent entre le jardin et la porte qui commence à s'ouvrir.

**73 idem 71.** Freder s'interrompt et son regard se dirige droit devant lui.

**74 idem 72.** La porte s'ouvre entièrement. Elle est en fait ouverte, d'un geste ample des deux bras, par une jeune femme. On distingue un groupe d'enfants derrière elle.  Un oiseau blanc achève son vol depuis le jardin et vient se poser.

**75 idem 73.** Interloqué, Freder se redresse. La jeune femme aussi, et elle tourne son regard dans la même direction.

**76 idem 74.** La jeune femme avance en direction du jardin, suivie par les enfants.

**77. Raccord dans l'axe,** l'image nimbée d'un halo brumeux : la jeune femme (Maria / BRIGITTE HELM), dans une robe gris clair, avance doucement en tenant les enfants par les épaules, en un geste protecteur, et en regardant droit devant elle et vers Freder. Derrière elle, un grand nombre d'enfants portant la tenue sombre des travailleurs la suivent, intimidés, découvrant les splendeurs du jardin. Maria s'arrête, en se tenant au centre de son groupe.

**78 contrechamp.** Plan moyen sur la fontaine. Au centre, Freder et la jeune femme sont figés par l'étonnement. Lentement, les autres femmes invitées arrivent et regardent à la fois étonnées et effrayées en direction de Maria et des enfants. **7**

**79.** Plan taille sur Maria, entourée par les enfants effrayés. Elle regarde fixement, d'un regard intense. **8**

**80 idem 78.** Freder et les femmes continuent de regarder ; une autre femme arrive, de dos, et regarde Freder et les autres en faisant un geste d'incompréhension.

**81** Plan taille, de face, de Freder et de sa compagne, derrière lui. Il amorce un geste du bras pour s'en écarter. **9**

**82 idem 79.** Maria s'adresse alternativement, en tournant le visage, aux enfants placés autour d'elle ; elle leur désigne de la main les jardins et les habitants.
Carton :

« Voyez ! Ce sont vos frères ! »
« Seht ! Das sind Eure Brüder ! »

**83 idem 82.** Maria fait un ample geste de la main droite. **10**
Carton :

« *Voyez !* »
« *Seht !* »

**84 idem 39.** Le jardin est occupé par d'autres personnages, hommes et femmes, ainsi que par le maître de cérémonie, tous figés.

**85 idem 83.** Maria regarde de nouveau droit devant elle, en direction des habitants de la cité haute. Elle tend ses bras horizontalement, montrant les enfants tout autour d'elle.
Carton :

« Ce sont vos frères ! »
« Das sind Eure Brüder ! »

**86 idem 81.** Freder regarde Maria ; sa compagne est presque entièrement derrière lui.

**87.** Gros plan sur Maria, qui esquisse un sourire à l'adresse de Freder.

**88 idem 86.** Sur Freder, intrigué.

**89 idem 85.** Les enfants accrochent leurs mains aux épaules de Maria.

**90 retour 76.** Plan d'ensemble vers la porte d'entrée. Des serviteurs, pantalon noir et chemise blanche, arrivent de chaque côté de la porte et entourent Maria et les enfants.

**91 retour 84.** Furieux, le maître de cérémonie agite les bras et avance droit devant lui. **11**

**92 idem 90.** Il arrive au bas des marches en entrant par la gauche du cadre. Il va et vient devant les marches, fait signe et donne des ordres. Il monte les marches et fait un signe du bras, indiquant de renvoyer les intrus.

**93.** Plan d'ensemble, de face, sur Maria et les enfants. Par la gauche, un serviteur vient vers elle et va pour la repousser. Elle le regarde intensément, et il suspend son geste tout en reculant légèrement. Deux autres serviteurs arrivent par la droite. Maria les regarde à leur tour, et ils baissent tous deux la tête. Maria regarde de nouveau droit devant elle.

**94 idem 87.** Sur Maria qui regarde intensément vers Freder.

**95 idem 86.** Freder a placé la main gauche sur son cœur et la droite sur la gauche. Étonnée et inquiète, sa compagne de jeu pose la main sur son bras, puis lui caresse la main en essayant de détourner son regard et de le rappeler à elle. **12**

**96 idem 93.** Maria fait demi-tour, et indique aux enfants de retourner vers la porte. Elle tient les plus proches d'elles par les épaules et les pousse doucement. Le groupe se dirige vers la porte, suivi, de dos également, pas les serviteurs.

**97 idem 95.** Malgré l'insistance de la jeune femme, Freder se détache d'elle et s'avance.

**98 idem 96.** L'endroit où se trouvait Maria et les enfants est vide ; la porte finit de se refermer.

**99 idem 53.** Freder s'éloigne de la fontaine, le regard fixe, laissant la femme derrière lui. Il tend les bras devant lui et sort du cadre par le bas, à droite. Restée seule, la femme tend les bras à son tour.

**100.** Plan large de la porte et des marches, En amorce de champ, sur la droite, une plante exotique du jardin. Freder arrive devant les marches, accueilli par le maître de cérémonie, en haut de celles-ci, très volubile, confondu en excuses.

**101.** Plan taille, de profil, du maître de cérémonie, à gauche, et de Freder, à droite, se faisant face. Freder l'interrompt.

Carton :

« Qu'est-ce que c'était ? »

« Wer war das ? »

**102 suite 101.** Plan taille sur les deux hommes, légèrement décalé de trois quarts. Le Maître de cérémonie, de trois quarts face, a un petit hoquet d'indignation. Il hausse les épaules en signe d'ignorance, sort un mouchoir de sa veste et s'essuie le front. Au premier plan, Freder, pensif, baisse les yeux en signe de réflexion, puis lève le regard et le détourne de son interlocuteur. **1**

**103.** Raccord regard. Panoramique de droite à gauche sur les jardins. **2**

**104 idem 102.** Freder n'écoute plus, bouleversé. Il redresse les bras, se détourne et sort du cadre par la gauche.

**105 idem 98.** Il court vers la porte, pousse les deux battants des deux mains, la franchit et disparaît. Fondu au noir.

Carton :

Voici ce que Freder, fils de Joh Fredersen, le maître de Metropolis, découvrit en cherchant la jeune fille :

Dies aber war das Erleben Freders, - Joh Fresersens, des Herrn über Metropolis, Sohn-auf der Suche nach dem Mädchen:

## Salles des machines - Intérieur

**106.** Plan de grand ensemble. Une salle gigantesque, découpée par des piliers métalliques obliques partant de blocs de pierre polie. Au-dessus, des ensembles métalliques circulaires, dont la base, mécanique, est en rotation horizontale. Sur des ensembles surélevés, accessibles par des escaliers, des hommes, vus de dos, habillés de la tenue sombre des ouvriers, s'activent de manière presque métronomique devant des ensembles de cadrans. Au sol, au niveau le plus bas, marche Freder, habillé en blanc. Il s'arrête et contemple l'ensemble. **3**

**107.** Plan en pied de Freder, à droit du cadre, au pied d'un des escaliers. Il regarde en hauteur. **4** Il repart droit devant lui mais s'arrête immédiatement et recule, saisi d'étonnement.

**108.** Plan de grand ensemble d'une immense machine. Au centre, un grand escalier. Au premier plan, de chaque côté, deux énormes masses métalliques, comme des chaudières, présentant chacune au premier plan un cerclage tenu par des écrous gigantesques. Au second plan, des galeries découvertes sur deux niveaux, accessibles par l'escalier. Chaque galerie est divisée en compartiments ouverts, chacun étant occupé par un travailleur. En haut de l'escalier on distingue d'énormes bielles et pistons en action. Chaque ouvrier, vu de dos, s'active devant ses commandes de manière mécanique et syncopée. De la vapeur s'échappe verticalement de plusieurs endroits. **5**

**109.** Plan plus rapproché, en contre-plongée, d'une des galeries, vue à 45° depuis le côté de l'escalier.

**110.** Plan d'ensemble de la galerie supérieure, à gauche de l'ensemble des bielles. On distingue trois des compartiments, avec les ouvriers de dos, travaillant devant leurs cadrans. Au premier plan, à gauche, un immense jet de vapeur.

**111.** Contre-plongée sur les mêmes compartiments, avec la masse de la machine et les écrous en amorce de plan, sur la gauche du cadre. Les ouvriers utilisent tout leur corps, mécaniquement, pour actionner les leviers de commande, tous dans le même rythme. **6**

**112.** Plan d'ensemble sur les trois compartiments supérieurs et sur les trois compartiments de la galerie inférieure. Le jet de vapeur, au premier plan, est au centre du cadre. Les ouvriers répètent les mêmes gestes, mécaniquement.

**113 idem 108.** Plan d'ensemble. La machine en activité.

**114.** Plan rapproché sur un ouvrier, de dos, filmé en pied. On distingue cette fois-ci nettement de nombreux cadrans circulaires, des leviers, disjoncteurs,

ainsi qu'un grand thermomètre central. L'homme, visiblement épuisé, passe en titubant d'une partie à l'autre.

**115.** Plan taille. L'ouvrier se retourne et tombe à genoux en tentant de se raccrocher à des vannes de contrôles.

**116.** Gros plan sur le thermomètre. Le liquide noir, qui indique la température, monte rapidement. En haut de la graduation, de chaque côté d'une large barre noire, figurent des éclairs, signalant la limite à ne dépasser sous aucun prétexte.

**117 idem 115** L'ouvrier, écrasé par la fatigue, tente de se relever. **7**

**118.** Plan épaules, en plongée, sur l'ouvrier accroché aux vannes. Il lève le regard d'un air effrayé vers le thermomètre au-dessus de lui à droite.

**119.** Gros plan, du point de vue de l'ouvrier, sur le thermomètre. La température continue de monter rapidement.

**120 idem 118.** En un geste désespéré, l'ouvrier lâche son appui et tente une manœuvre.

**121.** Gros plan de sa main qui tente d'atteindre une vanne. Sa main glisse.

**122 idem 116.** La température monte toujours, atteignant les 40 sur un maximum de 50.

**123 idem 108.** Plan d'ensemble. La machine marche toujours, avec toute son équipe d'ouvriers.

**124 idem 122.** Le thermomètre est à 45…

**125 idem 123.** Les ouvriers sont obligés d'accélérer leur cadence.

**126 retour 107.** Freder s'avance lentement.

**127 idem 125.** Sur la machine et les ouvriers.

**128 idem 124.** La température atteint 50 et la zone d'alarme : la barre noire et les éclairs. **8**

**129 idem 127** Au cœur de la machine, en haut de l'escalier, un fort dégagement de vapeur se produit soudain.

**130.** Plan moyen sur un compartiment. Touché de plein fouet par la vapeur brûlante, un des ouvriers se retourne, se tord et hurle de douleur. **9**

**131.** Plan large, en plongée, combiné à un travelling avant : Freder se précipite en criant, les bras tendus devant lui, **10** puis recule précipitamment en se protégeant le visage, projeté par le souffle.

**132 idem 129.** Des explosions de vapeur se produisent à divers endroits de la machine. Sur la droite, un homme est projeté et tombe sur l'escalier central. **11**

**133.** Derrière un immense nuage de vapeur, on distingue la machine. Deux hommes sont projetés dans le vide.

**134 idem 132.** Les explosions continuent, la vapeur envahit tout, des hommes sont projetés et tombent.

**135.** Plan moyen en légère plongée sur Freder, au sol, de profil. Il se redresse douloureusement et se tient les reins.

**136.** Plan d'ensemble sur le bas de l'escalier, envahi par la vapeur. Des hommes sont au sol. Un autre ouvrier, en hurlant, tente d'arracher ses vêtements, ébouillanté. Au premier plan, et dans le fond, d'autres ouvriers courent. Sortant de la vapeur, à gauche, un ouvrier se sauve en soutenant un camarade.

**137 idem 135.** Freder, toujours au sol, regarde devant lui. Léger travelling avant tandis qu'il se redresse, visage tendu vers le haut de la machine en contre-champ.

**138 idem 134.** On ne distingue pratiquement plus celle-ci, noyée sous la vapeur et la fumée. En surimpression, un immense visage apparaît alors, avec une bouche grande ouverte, infernale et terrible.

**139.** Plan taille sur Freder, regardant droit devant lui, halluciné. Il crie.

Carton. **12** Des lettres animées, lumineuses, au graphisme anguleux, se croisent et finissent par former le mot :

### Moloch ! »[1]

**140 idem 138.** Sur la machine, qu'un fondu enchaîné transforme à présent en immense représentation du dieu Moloch, entouré par la fumée et la vapeur.

---

1. Moloch est dans la tradition biblique le nom du dieu auquel les Ammonites, une ethnie cananéenne, sacrifiaient leurs premiers-nés en les jetant dans un brasier. La tradition a gardé le sens d'une divinité, et le nom désigne aussi un démon dans les traditions chrétienne et kabbalistique.

La fumée s'estompe, et l'on découvre maintenant une statue complète. Les deux immenses masses métalliques au pied de la machine se sont transformées en pattes posées au sol. L'escalier central mène à la gueule ouverte du dieu. En haut, on découvre deux prêtres, bras levés. En bas de l'escalier, des hommes sont traînés de force à coups de fouet. **1**

**141 idem 139.** Effrayé, Freder ramène les bras devant son visage.

**142.** Plan d'ensemble, devant la bouche du dieu Moloch. De chaque côté, les deux prêtres masqués baissent les bras. Par le bas du cadre, les victimes, torse nu et mains liées derrière le dos, sont hissées en haut de l'escalier par les bourreaux et jetées dans la fournaise. **2**

**143.** Plan moyen : sur l'escalier, de dos, des sacrifiés, torse nu et crâne rasé, attachés les uns aux autres, montent de force.

**144 idem 142.** Les victimes, nombreuses, sont jetées sans pitié. Les deux prêtres regardent, masque doré sur le visage. De la fumée s'échappe de la gueule du dieu Moloch, et derrière elle, le mouvement des bielles géantes de la machine.

**145 idem 141.** Freder crie, les bras devant lui.

**146 idem 140.** Le groupe des sacrifiés finit de monter l'escalier, fouettés par un bourreau derrière eux. Mais au bas de l'escalier, une nouvelle masse d'hommes commence l'ascension. Par une surimpression, la figure de Moloch se transforme de nouveau et redevient la machine ; seuls restent le visage et la bouche dans laquelle sont engloutis les hommes. Le second groupe, vêtu en costume d'ouvriers, monte au pas cadencé l'escalier en direction du brasier. **3** Un autre groupe apparaît encore au bas de l'escalier. Tous montent et sont engloutis. L'image se déforme.

**147 idem 137.** Toujours à genoux, Freder tend le bras gauche devant lui, et fait un geste pour dissiper son hallucination.

**148 idem 108.** La machine a retrouvé son aspect normal. La fumée finit de se dissiper. Les ouvriers descendent l'escalier central en se soutenant les uns les autres. Au bas de l'escalier, certains, plus gravement touchés, sont allongés et secourus par leurs collègues. Pendant l'évacuation, dans les galeries, d'autres travailleurs reprennent la place des blessés.

**149.** Plan large. Toujours au sol, contre le mur, Freder, de face, porte la main gauche à son cœur. Au premier plan passent des hommes portant une civière. Ils ne sont pas éclairés et sont vus comme en ombre chinoise. En arrière-plan, Freder les regarde passer de droite à gauche. Derrière la civière, deux hommes marchent péniblement en en soutenant un troisième qu'ils traînent. Freder se remet sur ses jambes. Un homme passe en soutenant un camarade mort ou inconscient. Puis une autre civière. Freder court et s'arrête à mi-chemin, regardant passer le blessé. Puis il regarde de nouveau devant lui.

**150 idem 148.** Au bas de l'escalier, un dernier homme est évacué par deux autres camarades. La machine a repris son activité, exactement comme avant l'« incident ».

**151 idem 149.** Freder reste un instant debout, puis sort en courant par la droite du cadre.

## Salles des machines - Extérieur jour

**152.** Plan d'ensemble en plongée vers une luxueuse voiture blanche de maître qui attend dans la rue. **4** Dans le prolongement des escaliers que descend vivement Freder premier plan gauche, et par-delà la voiture, un second bâtiment.

**153** Plan moyen, vu depuis l'arrière de la voiture. Freder, par la droite, vu par les fenêtres, ouvre la porte arrière. Sur la partie découverte, à l'avant, le chauffeur le salue en retirant sa casquette.

Carton :

> « À la Nouvelle Tour de Babel, chez mon père ! »
>
> « Zum neuen Turm Babel, zu meinem Vater ! »

**153 (suite).** Freder finit d'entrer dans la voiture, qui démarre aussitôt.

## Métropolis - Extérieur jour

**154.** Plan de très grand ensemble de la ville supérieure de Métropolis : de grands immeubles et des passerelles se croisent dans les hauteurs. Des hommes marchent en groupe, minuscules, sur une passerelle inférieure. Sur une autre, supérieure celle-là et inclinée, qui croise la première, des fais-

ceaux s'allument brièvement, comme signalant la voiture de Freder en haut de cadre à droite qui s'approche. Même effet tandis que la voiture repasse sur l'autoroute au centre du cadre, cette fois-ci de la droite vers la gauche. **5**

**155.** Plan de très grand ensemble de Métropolis. Des gratte-ciel gigantesques ; des passerelles et des ponts entre eux, avec sur l'un d'eux un train, sur l'autre, dans le fond, des voitures. De petits aéroplanes passent entre les bâtiments. **6**

**156.** Plan de très grand ensemble, en plongée. Toujours des bâtiments gigantesques et des autoroutes en hauteur allant d'immeubles en immeubles. En bas, des avenues avec une circulation automobile très dense, des voies qui se croisent et se superposent. En hauteur, des trains qui traversent l'écran de gauche à droite ou de droite à gauche. **7**

**157.** Plan de très grand ensemble. Dominant les autres constructions, une tour encore plus immense se détache derrière les bâtiments. Elle est massive et possède des protubérances acérées au sommet. Des avions circulent toujours. **8** Noir.

## Bureau de Joh Fredersen - Intérieur jour

**158.** Plan d'ensemble sur une très grande pièce, meublée avec soin. Sur la droite, des meubles et des fauteuils, ainsi que sur la partie gauche. Dans le fond, vus en profondeur de champ, une très grande porte et à sa gauche, une sorte de tableau lumineux. Dans la partie droite, un homme en noir, de dos. Au fond, d'autres personnages. Au centre, un homme, Joh Fredersen (ALFRED ABEL), marche devant lui en dictant des directives à ses secrétaires. **9**

**159.** Plan rapproché, en légère plongée. Joh Fredersen passe de profil, de gauche à droite. Derrière lui, trois employés, deux assis et un, vu précédemment, debout, prennent rapidement des notes sous sa dictée. **10** Joh fait demi-tour et repasse devant eux.

**160.** Plan d'ensemble. Joh arrive par la gauche à son propre bureau, un très grand meuble en arc de cercle, avec une tour en modèle réduit en son centre. Derrière le bureau, une large baie vitrée aux carreaux carrés découvre la ville de Métropolis en contrebas. Joh passe derrière son bureau, parlant toujours et rythmant son texte de geste de la main. **11**

**161.** Plan moyen sur Josapha, un autre employé (THEODOR LOOS), de profil. Il se tient près d'un bureau, devant le tableau du fond de la pièce. Il s'agit en fait de plusieurs bandes électriques sur lesquelles défilent, de bas en haut, une succession de chiffres et symboles. Josaphat prend rapidement des notes sur un bloc en suivant ces symboles, tout en se frottant les yeux de fatigue. **12** Il se reprend et change de bloc.

**162.** Plan large. Joh, de dos, arrive vers le fond du bureau, entre la grande porte sur sa droite et le tableau des chiffres sur sa gauche. Josaphat poursuit sa prise de notes. Joh se retourne et revient sur ses pas, de face, tout en continuant son discours, rythmé par sa main gauche. Il arrive face caméra jusqu'à un plan taille. Il s'arrête et soudain, s'interrompt dans sa dictée. Il semble hésiter, cherche ses mots. Sa main gauche a aussi un signe d'hésitation.

**163 retour 159.** Les trois employés interrompent leur prise de note et relèvent la tête. Celui assis à la gauche du cadre en profite pour s'éponger le visage, son voisin consulte discrètement sa montre.

**164 idem 162.** Joh Fredersen est toujours immobile, hésitant. Brusquement, il tourne son visage vers sa gauche.

**165.** Plan large sur une grande porte. Au premier plan, sur la droite en amorce, une machine (ou la maquette d'une machine ?) non identifiée. La porte s'ouvre brusquement et Freder entre en courant.

**166.** Plan taille sur Joh, de dos. De sa main gauche toujours levée, il fait un signe sec et impérieux.

**167.** Plan moyen sur Freder. Il s'arrête aussitôt, retient la porte qui se ferme et regarde vers son père d'un air craintif.

**168 idem 161.** Josaphat s'interrompt lui aussi et regarde vers Freder hors champ gauche, tenant toujours son bloc dans les mains. Il regarde alors vers Joh en contrechamp, interloqué.

**169 reprise 166.** Joh a un geste de la main, cherchant toujours son idée, qui arrive enfin. Il reprend son mouvement.

**170 idem 163.** Les trois secrétaires se remettent à écrire sous la dictée.

**171 idem 169.** Joh reprend sa marche ; on distingue la baie vitrée sur sa droite, en haut de trois marches en arc de cercle. Au premier plan droite, en amorce, un meuble ou une lampe de style moderne et épuré.

**172 retour 167.** Freder, la main gauche sur la poignée de la porte, s'adosse sur celle-ci, l'air fatigué. Il porte son autre main à sa poitrine.

**173 retour 168.** Josaphat pose son bloc, se retourne, éteint les commandes électriques sur son bureau et amorce sa sortie par la droite du cadre.

**174.** Plan moyen. Freder, sur la droite, adossé à la porte, les mains contre sa poitrine. Josaphat entre par la gauche du cadre et s'approche de lui, de trois quarts dos. Il s'adresse à Freder. Celui-ci ferme à moitié les yeux.

**175.** Plan taille rapproché de Josaphat et Freder. Freder prend Josaphat dans ses bras et se met à lui parler de manière presque frénétique. **1** Sous le coup de l'émotion, Freder met sa tête dans ses bras et commence à pleurer. Très inquiet, Josaphat tente de desserrer sa cravate, puis tente de soulager Freder. Ce dernier reprend Josaphat dans ses bras.

**176.** Plan taille de Joh Fredersen, de profil, marchant toujours, de la gauche vers la droite du cadre. Arrivé au milieu, il s'interrompt et tourne son regard vers le couple qui attire son attention.

**177 idem 174.** Par gestes, Freder décrit l'explosion.

**178.** Joh Fredersen reprend sa marche et sa dictée, et sort du cadre par la droite. Le cadre reste un court moment vide ; Joh rentre de nouveau par la droite, s'interrompt de nouveau et regarde son fils en contrechamp droite.

**179 idem 177.** Freder poursuit son récit à l'intention de Josaphat.

**180 idem 178.** Joh amorce un geste discret vers son fils.

**181 idem 179.** Freder s'interrompt et regarde en direction de son père. Son visage s'illumine. On le voit s'écrier « Vater ! » (« Père ! »). Il se sépare de Josaphat et s'élance.

**182 idem 180.** Freder entre dans le cadre par le bas, à droite. Il se précipite vers son père et le prend par les épaules. Il se place à gauche du cadre, de trois quarts dos, face à son père qui le regarde calmement. Freder baisse la tête et se met à sangloter. Son père regarde en direction de Josaphat. **2**

**183 idem 181.** Resté seul, Josaphat a des mouvements nerveux. Il porte les mains à ses tempes puis regarde, apeuré, vers Joh.

**184 idem 182.** Freder sanglote. Joh regarde Josaphat d'un air sévère. Freder lève brusquement les mains, poing serré. Sans le regarder, Joh lui prend le poignet, l'écarte et se dirige devant lui.

**185.** Plan large, devant la porte. Celle-ci est d'une taille au moins deux fois supérieure à celle des hommes. À gauche se tient Josaphat. Joh arrive vers lui par la droite, de profil, et se rapproche. Josaphat fait un pas en arrière. Les deux hommes sont face à face, devant l'un des deux battants de la porte. Joh met ses mains dans ses poches.

**186.** Gros plan de Joh Fredersen, le regard fixe, intense et sévère. En amorce, sur la gauche, la nuque de Josaphat. **3** Joh s'adresse à lui en parlant presque sans desserrer les lèvres.

Carton :

« Comment se fait-il, Josaphat, que je sois informé<br/>de l'explosion par mon fils, et non par vous ? »

« Wie kommt es, Josaphat, dass ich durch meinen Sohn<br/>von der Explosion erfhare, statt von Ihnen ! »

**187.** Contrechamp : Plan épaule sur Josaphat, avec l'épaule et la nuque de Joh en amorce sur la droite. Josaphat reste silencieux. **4**

**188 idem 186.** Joh lui lance un mot, accompagné d'un bref geste autoritaire de la tête.

Carton :

« Des détails ! »

« Einzelheiten ! »

**189 retour 185.** Plan d'ensemble. Josaphat hoche la tête, pousse la porte de sa main gauche et sort. Joh se retourne, fait face et avance.

**190.** Plan d'ensemble. Au fond, le bureau de Josaphat avec les tableaux lumineux, maintenant éteints. En amorce sur la gauche, les marches qui précèdent la baie vitrée. De profil, à gauche, Freder se lance à la rencontre de son père qui entre par la droite. Son père le repousse doucement et tout en lui tenant les bras, le fait reculer de quelques pas. Joh prend le bras de son fils, qui lui parle. Les deux hommes, bras dessus bras dessous, commencent à

marcher. Travelling arrière : le père et le fils marchent ensemble, Freder racontant son expérience. Joh l'interrompt en levant la main gauche et en suspendant la marche. Arrêt du travelling. Freder Prend son père par l'épaule, pour tenter d'argumenter et de lui expliquer. De nouveau, Joh le repousse doucement et, le tenant par le bras, reprend sa marche. Reprise du travelling arrière. Joh tape doucement sur l'épaule de son fils. Nouvel arrêt. Joh fait un signe du visage vers sa gauche pour congédier les secrétaires hors champ droite.

**191 retour 170.** Plongée sur les trois hommes qui se lèvent et ramassent rapidement leurs notes.

**192 suite 190.** Joh et Freder sont maintenant en plan moyen. Freder essaye toujours de parler à son père. Celui-ci le repousse toujours sans brutalité. Léger panoramique vers la gauche. Les deux hommes, de profil, se font maintenant face. Freder est de plus en plus pressant. Son père tente de le faire asseoir dans un fauteuil derrière lui en appuyant sur son épaule. Freder refuse et prend les mains de son père. Puis il le lâche et argumente en faisant de grands gestes des mains et des bras. Durant ce temps, Joh, impassible, met les mains sur ses hanches. Freder « craque », prend sa tête dans ses mains et s'assoit. Son père le regarde, toujours impassible.

**193.** Plan épaule sur Joh Fredersen, le regard baissé. **5** Il lève alors les yeux, saisi par une idée. Il se met à parler, toujours presque sans desserrer les lèvres. Carton :

« Qu'allais-tu chercher dans la salle des machines, Freder ? »

« Was hattest Du in den Maschinen-Sâlen zu suchen, Freder ? »

**194.** Plan rapproché, en plongée, sur Freder, de trois quarts face. Le regard fixe et écarquillé, il répond sans regarder son père, croisant les mains sur sa poitrine. **6** Carton :

« Je voulais voir le visage des hommes,
dont les enfants sont mes frères et mes sœurs... »

« Ich wollte den Menschen in die Gesichter sehen,
deren kleine Kinder meine Brüder, meine Schwestern sind... »

**195 idem 193.** Joh rebaisse les yeux vers son fils.

**196 idem 194.** Freder maintient les bras croisés sur lui et se recroqueville dans son fauteuil.

**197.** Plan moyen. Au premier plan, Freder, de face, assis dans son fauteuil, le visage et les épaules baissés. À droite, un peu en retrait, son père, debout, le regarde. **7** Il se tourne et se dirige vers le fond de la pièce, les mains dans le dos. Il monte les marches. Freder se redresse dans son fauteuil, se tourne le visage et l'appelle. Il se lève et se retourne à son tour. Il se dirige vers son père en tendant les bras vers lui.

**198.** Plan moyen. Les deux hommes sont de trois quarts dos. À gauche, Joh, immobile sur les marches. Freder vient derrière lui, en contrebas et le prend par les épaules. Carton :

« Ta magnifique ville, Père, et toi, le cerveau de cette ville,
et nous, tous, dans la lumière de cette ville... »

« Deine herrliche Stadt, Vater, und Du das Hirn dieser Stadt,
und wir alle im Licht dieser Stadt... »

**199 reprise 198.** Freder tend le bras, l'index pointé en direction de la baie vitrée, hors champ. **8**

**200.** Vue de Metropolis à travers l'un des carreaux de la baie vitrée. **9**

**201.** Plan en très forte plongée et en diagonale sur une partie de la ville, un grand ensemble blanc, une route le traversant de part en part et continuant au-dessus du vide vers la droite. **10** Fondu enchaîné.

**202.** Cadrée également en diagonale, une tour stupéfiante, asymétrique, présentant ses successions irrégulières de niveaux étroits et d'autres, plus larges et plus minces, empilés en strates irrégulières. **11** Fondu enchaîné.

**203.** Vue en plongée au-dessus la Nouvelle Tour de Babel. **12**

Carton :

« … où sont les hommes, Père,
dont les mains ont bâti ta ville ? »

« … und wo sie die Menschen, Vater, deren Hände
Deine Stadt erbauten ? »

**204.** Plan épaule. Freder, toujours derrière son père, a passé ses mains autour de ses épaules. Joh tourne son visage vers son fils et lui répond.
Carton :

« À leur place… »

« Wo sie hingehören… »

**205 idem 204.** Freder a un léger mouvement de recul.
Carton :

« … à leur place… ? »

« … wo sie hingehören… ? »

**206 insert 22.** Reprise du plan montrant les travailleurs, la tête baissée, descendant dans la ville souterraine par le monte-charge. Fondu enchaîné.
Carton :

« … dans les profondeurs… ?

« … in die Tiefe… ?

**207 idem 199.** Joh regarde son fils de manière inflexible. Freder se recule doucement, lâche son père et se prend la tête dans les mains. Il se retourne doucement. Joh détourne le regard à son tour et le porte en direction de la vitre.
**208.** Plan de la grande horloge murale, déjà vue lors de l'ouverture. Elle indique quatre heures et neuf minutes.
**209.** Plan taille, de face, sur Freder. Il achève son mouvement et passe la main sur son front, encore sous le choc. Une idée lui vient, et il tend les mains devant lui, le regard fixe.
Carton :

« Et si ceux des profondeurs se dressaient un jour contre toi ? »

« Und wenn die in der Tiefe einmal aufstehen gegen Dich ? »

**210.** Plan taille de Joh et Freder. À droite, regard fixe et mains tendues, Freder tourne le dos à son père. Celui-ci, toujours plus haut que lui, finit de se retourner vers lui et le regarde. Il a alors un très léger sourire ironique et compatissant.

**211.** Insert : un tableau avec une multitude d'ampoules lumineuses à côté d'étiquettes toutes en chiffres romains. L'une d'elles clignote, signe d'un appel.

**212 idem 210.** Réagissant à cet appel, Joh délaisse son fils pour aller à son bureau.
**213.** Plan d'ensemble. Joh se trouve derrière son bureau et appuie sur une touche. La lumière décline.
**214.** Plan d'ensemble. Au centre, de dos, derrière son bureau, Joh trône debout. Freder, de dos également, devant la baie vitrée, marche et monte les marches en se tenant la nuque. Joh a déclenché la fermeture du grand rideau devant la baie vitrée et la perspective sur la ville.  Puis il appuie sur un bouton d'appel et tourne son regard vers la porte hors champ à droite.
**215.** Plan large. Celle-ci s'ouvre sur Josaphat qui s'arrête. La porte se referme derrière lui.
Carton :

« Le premier contremaître de la Machine-Cœur,
Grot, avec un rapport important… »

« Der Erste Werkmeister an der Herz-Maschine,
Grot, mit wichtiger Meldung… »

**216.** Plan d'ensemble. Au centre, le bureau de Joh Fredersen. Celui-ci se trouve en amorce sur la droite, de profil, le regard tourné vers le fond. En profondeur de champ, semblant très éloigné, minuscule, se tient Josaphat. Joh fait un signe d'approbation de la tête. Semblant fatigué, Joh s'assoit dans son fauteuil. Pendant ce temps, Josaphat ouvre la porte et fait entrer Grot (HEINRICH GEORGE), qui sitôt entré se découvre. Joh lui fait signe de la main. Grot s'approche du bureau en parcourant un arc de cercle. **6**

**217.** Plan moyen. Joh, de face, assis dans son fauteuil, la main droite à l'intérieur de sa veste.

**218.** Contrechamp. Grot, debout devant le bureau, de face, tend un papier à Fredersen en contrechamp. **7** C'est un homme robuste, habillé de la tenue noire des travailleurs, et portant une ample barbe noire.

Carton :

« Encore deux de ces maudits plans, Monsieur Fredersen… »

« Da sind wieder zwei von den verdammten Plänen,
Herr Fredersen… »

**219 idem 217.** Le regard de Joh Fredersen se durcit brusquement. Il regarde en direction de Josaphat. Il sort doucement sa main de sa veste et agrippe fermement l'accoudoir de son fauteuil.

**220.** Plan moyen. Josaphat, devant la porte, s'avance puis s'arrête instantanément. Il baisse le regard.

**221.** Plan moyen. Grot, de dos, à gauche du cadre, se penche sur le bureau derrière lequel se trouve Joh Fredersen. Celui-ci continue de regarder en direction de Josaphat. Grot pose des feuilles sur le bureau et sort du cadre en se redressant. Joh se lève et regarde les feuilles, les deux poings serrés posées sur son bureau.

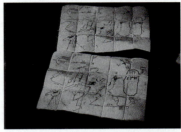

**222.** Insert : les deux mêmes plans, des dessins complexes de lignes fléchées accompagnées de mesures de distance, et qui aboutissent à droite à la représentation d'une sorte de cavité ornée de plusieurs croix. Une croix indiquant les quatre coins cardinaux est dessinée en haut à droite. **8**

**223 idem 221.** Joh redresse la tête et regarde en direction de Grot. **9**

**224.** Contrechamp : plan taille sur Grot. Celui-ci, mal à l'aise et intimidé, baisse les yeux et explique.

Carton :

« … dans les poches de deux de ceux qui ont été accidentés
aujourd'hui sur la Machine M.. »

« … in den Taschen von zweien, die heut
an der M-Maschine verunglückt sind… »

**225.** Plan moyen. À gauche, Grot, de dos, face à Joh, debout derrière son bureau. Celui-ci tourne une nouvelle fois son regard vers Josaphat.

**226 idem 220.** Josaphat s'avance de nouveau et sort du cadre par la droite, à l'appel de Fredersen.

**227.** Plan large : Freder quitte sa place derrière le fauteuil, intéressé, et amorce un mouvement pour se rapprocher de la scène.

**228.** Plan large. Joh Fredersen, fixe, est debout derrière son bureau. Derrière lui, à gauche du cadre, se tient Josaphat. Il regarde Fredersen, qui ne lui accorde pas un regard. Il exhibe les deux plans qu'il tient dans sa main droite. **10**

Carton :

« Comment se fait-il, Josaphat, que ces plans
me soient apportés par Grot, et non par vous ? »

« Wie kommt es, Josaphat, dass mir diese Pläne
von Grot gebracht werden, statt von Ihnen ? »

**229.** Plan moyen. À gauche, de trois quarts dos, Joh Fredersen exhibe toujours les plans, sans se retourner vers Josaphat, de profil à droite du cadre. Celui-ci est de plus en plus mal à l'aise, et ne sait comment réagir.

**230.** Plan poitrine sur Fredersen, de trois quarts face, tenant les plans de sa main droite, immobile, le regard fixe vers Grot hors champ droite.

**231.** Plan poitrine. Josaphat, de face, ne répond rien. Une grosse goutte de sueur perle sur son visage. Il est tétanisé par l'angoisse. **11**

**232 idem 230.** Fredersen attend encore une réponse, puis replie les plans tout en s'adressant de nouveau à Josaphat, toujours sans le regarder. **12**

Carton :

**« La banque G vous réglera le solde de votre salaire… »**

**« Die G-Bank wird Ihnen Ihr Restgehalt auszahlen… »**

**233.** Plan moyen. Freder, debout, qui a suivi la scène, a un soubresaut de surprise. **1**

**234.** Plan moyen. Josaphat, debout, au centre du cadre, semble perdre son souffle. Il a un geste du bras, qu'il ne parvient pas à lever. Fredersen est en amorce droite premier plan devant lui.

**235.** Plan moyen. Joh Fredersen, debout derrière son bureau, au centre du cadre, un compas entre les doigts, impassible. **2**

**236 idem 234.** Josaphat, anéanti, lève les deux bras lentement devant lui.

**237 idem 233.** Freder baisse le visage, très affecté lui-même.

**238 idem 236.** Accusant la nouvelle, Josaphat baisse également les bras et le visage.

**239.** Plan d'ensemble. De dos, au centre, Joh Fredersen, immobile. À sa gauche, devant lui et contre le bureau, son fils, les épaules voûtées, le regard baissé. Devant lui, Grot, immobile, le regard baissé également. Derrière lui, à sa droite, encore plus voûté, Josaphat. **3** Celui-ci se retourne et sort du cadre par la droite.

**240.** Plan moyen. Josaphat, anéanti, de dos, revient lentement vers la porte. De sa main droite, il cherche la poignée sans la regarder, le regard baissé vers le sol. Il pousse la porte et sort du bureau. La porte se referme.

**241.** Plan moyen. À droite premier plan, Fredersen, de dos. Face à lui, à gauche, Freder. Très affecté, il lui crie « Vater, Vater » (« Père, père ! ») et de la main gauche, désigne la porte par où Josaphat vient de sortir. **4** Puis il tend les mains vers son père.

Carton :

**« Père, sais-tu ce que cela veut dire d'être renvoyé par toi ? Cela veut dire : en bas ! Père, en bas ! Dans les profondeurs ! »**

**« Vater, weisst Du, was das heisst, so von Dir entlassen zu werden ? Das heisst : Hinunter ! Vater, hinunter ! In die Tiefe ! »**

**241 (suite).** Fredersen se contente de hausser les épaules, sans répondre. Choqué, Freder recule de quelques pas tout en regardant son père. Puis il regarde dans la direction de la porte et amorce un mouvement dans cette direction.

**242.** Plan d'ensemble, très bref, raccordant dans l'axe avec le plan 239, plus serré. Freder court en direction de la porte, vers la droite du cadre, en passant entre le bureau et Grot.

**243.** Plan épaule sur Fredersen, de dos. Il suit du regard la sortie de son fils.

**244.** Plan large. Freder, de dos, arrive en courant vers la porte, la pousse fortement et sort. La porte se referme.

## Escaliers des bureaux de Fredersen - Intérieur jour

**245.** Plan large. Dans l'escalier de pierre, en courbe, doté de très larges rampes, Josaphat descend doucement en faisant glisser sa main gauche sur la rampe.

**246.** Plan large en plongée. Josaphat, de dos, toujours titubant, arrive sur un palier de l'escalier. Il s'arrête, passe la main gauche sur ses cheveux, **5** recule d'un pas et porte sa main droite à une poche de son pantalon.

**247 axe inverse.** Plan large. Freder descend en courant l'escalier que vient d'emprunter Josaphat et s'arrête brusquement sur une marche.

**248 reprise 246.** Josaphat sort quelque chose de sa poche.

**249 suite 247.** Freder crie et se remet à courir sur l'escalier.

**250 idem 248.** Sur le palier, Josaphat a sorti un pistolet qu'il approche de sa tempe. Freder arrive en courant derrière lui et lui saisit le bras.

**251.** Plan épaule sur Josaphat, à gauche et Freder à droite. Freder lui tient le bras, le maîtrise et tente de le raisonner. **6**

## Bureau Fredersen - Intérieur jour

**252 idem 242.** Dans son bureau, Fredersen regarde toujours vers la porte. Grot est resté en place. **7**

**253 idem 244.** Plan sur la porte fermée.

**254.** Plan épaule. Fredersen, de trois quarts face, regarde toujours vers la porte, le visage dur et fermé. Puis il change d'expression et détourne le visage.

**255.** Gros plan sur sa main gauche qui appuie sur un interrupteur d'une autre console à son bureau. Il sonne plusieurs fois de suite. **8**

## Escaliers - Intérieur jour

**256.** Plan taille sur Josaphat et Freder, de profil. Freder, à gauche, secoue Josaphat par les épaules et lui parle.

**257.** Gros plan sur Josaphat. En amorce sur la droite, le visage de Freder, qui a posé sa main sur son épaule gauche. Josaphat lui répond, mains jointes, le regard affolé **9**

Carton :

> ### « Savez-vous ce que cela signifie d'être licencié par Joh Fredersen ? »
>
> « Wissen Sie, was das heisst, von Joh Fredersen so entlassen zu werden ? »

**257 (suite).** Josaphat lève les yeux au ciel puis porte ses deux mains sur son visage.

**258 idem 256.** Josaphat se détourne et pose les mains et le visage contre le mur pour pleurer. Freder se retourne à son tour et son regard se porte vers le haut, là où se trouve le bureau de son père. Il se retourne alors de nouveau vers Josaphat.

**259.** Plan rapproché. Freder, à gauche, pose sa main droite sur l'épaule de Josaphat, toujours la face tournée contre le mur, et lui parle en se rapprochant de lui.

Carton :

> ### « Voulez-vous vous joindre à moi, Josaphat ? »
>
> « Wollen Sie zu mir kommen, Josaphat ? »

**259 (suite).** Freder achève sa proposition et lui tend les mains.

**260.** Plan taille sur les deux hommes de profil, face à face. Freder tient ses mains tendues devant Josaphat. Ce dernier accepte et lui prend vivement les mains, avec un geste de remerciement de la tête. Freder sourit. **10**

## Bureau Fredersen - Intérieur jour

**261** Plan moyen. Fredersen, debout derrière son bureau, appuie sur un des nombreux boutons de la console à côté lui. Puis il tourne le visage vers le hors-champ gauche. **11**

**262 idem 253.** Raccord regard. La porte s'ouvre. Entre lentement un homme grand, maigre, habillé de noir et portant un haut faux col blanc (FRITZ RASP). Il regarde en direction de Fredersen et attend. **12**

## Escaliers - Intérieur jour

**263.** Plan rapproché. Freder, à droite, écrit une note contre le mur, sur une petit bloc-notes, à l'intention de Josaphat, toujours à gauche du cadre. Puis il se retourne et s'adresse à lui.

Carton :

> ### « Rentrez, Josaphat, et attendez-moi… J'ai encore un long chemin à parcourir cette nuit… »
>
> « Gehen Sie heim, Josaphat, und warten Sie auf mich… Ich habe heute nacht noch einen weiten Weg zu gehen… »

**263 (suite).** Josaphat interroge Freder. Ce dernier, lui répond, sans le regarder, mais les yeux perdus dans le vague et dans ses pensées.

Carton :

« Dans les profondeurs, chez mes frères… »

« In die Tiefe, zu meinen Brüdern… »

## Bureau Fredersen - Intérieur jour

**264.** Plan large. Fredersen à gauche, toujours derrière son bureau, debout, la main droite dans sa poche. Gort, de face, de l'autre côté du bureau, n'a pas changé de position et tient toujours son couvre-chef dans les mains. L'homme en noir entre lentement à droite, de profil, et se tient devant Fredersen, qui le regarde.

**265.** Gros plan du profil droit de Joh Fredersen. Il s'adresse à l'homme en noir, le regard fixe et autoritaire.

Carton :

« À partir de ce jour, je désire être tenu informé de chaque mouvement de mon fils… »

« Von heute an wünsche ich, über jeden Schritt meines Sohnes genau unterrichtet zu werden… »

**266.** Gros plan du profil gauche de l'homme en noir. Il s'incline légèrement en signe d'acceptation, sans montrer la moindre émotion.

**267.** Plan moyen. Fredersen à gauche, l'homme en noir à droite et Grot, regardant la scène, au milieu et au fond, derrière le bureau. L'homme en noir se détourne et sort par la droite. Fondu au noir.

## Ville souterraine / Salle des machines
## - Extérieur / Intérieur

**268.** Plan large. Freder descend un escalier métallique sur la droite et arrive face à une porte au milieu d'un mur en béton, surmontée du symbole « V ». De dos, il regarde à gauche et à droite, puis au-dessus de la porte. Il l'ouvre. Aussitôt, un nuage de fumée et de vapeur sort de l'intérieur et le fait un instant reculer. Puis il entre.

**269.** La fumée a envahi tout l'écran puis se dissipe légèrement laissant apparaître Freder qui avance, un peu perdu.

**270 contrechamp.** Plan large raccord regard. Dans l'épaisse fumée, on parvient à distinguer une rangée d'éléments métalliques massifs, avec des protubérances garnies d'ampoules faiblement lumineuses. Deux travailleurs marchent lentement, de dos, en s'éloignant et en passant derrière une échelle métallique. Du fond arrive une sorte de chariot conduit par un homme.  Il arrive au premier plan et oblique pour sortir à gauche.

**271 suite 269.** Plan moyen sur Freder. Il regarde autour de lui tout en s'essuyant le front, assommé par la chaleur. Son regard est alors attiré par quelque chose.

**272 contrechamp.** Plan d'ensemble. On découvre de nouveau cette partie de la salle des machines, différente de celle où s'était produit l'accident. Dans la brume vont et viennent de petits groupes de travailleurs. De chaque côté, de minces échelles mécaniques dont on ne voit pas le sommet. Des ampoules électriques, en hauteur, distillent une maigre lumière, et l'ensemble est toujours noyé dans la fumée. Au centre et au loin, se trouve une machine particulière, formée essentiellement d'un immense cadran circulaire, surmonté de deux autres cercles. Un homme, de dos, jambes écartées, est posté à ce cadran. De ses bras, il fait lui-même bouger les aiguilles à différentes positions.

**273 idem 271.** Freder s'avance.

**274.** Plan large. Il entre par la droite et s'approche de l'homme au cadran, en plein effort.

**275** Plan moyen. L'homme au cadran, filmé de dos et en pied. On comprend mieux la nature de sa tâche. L'écran est entouré d'ampoules numérotées de 1 à 46. Chaque fois que l'une d'elles s'allume, ce qui se produit à un rythme très rapide, il doit ramener l'une des aiguilles au niveau de cette ampoule.

**276.** Plan rapproché. Freder pose sa main sur le rebord d'une machine et regarde, étonné, l'ouvrier en action.

**277.** Plan poitrine sur le travailleur (ERWIN BISWANGER), de trois quarts. Il ramène des aiguilles, semble exténué. Il s'essuie le visage et tire à nouveau les aiguilles, ce qui semble demander un grand effort physique à chaque mouvement.

**278 idem 276.** Freder s'adresse à l'ouvrier.

Carton :

« Frère… »

« Bruder… »

**279.** Plan moyen sur le cadran. L'homme le regarde une seconde, puis lâche les aiguilles et tombe à la renverse. **7** Il est rattrapé in extremis par Freder qui entre à droite. Une des trois aiguilles du cadran se balance, seule, vers le bas. Freder soutient l'homme dans ses bras **8** et regarde au loin, à la recherche d'aide. L'homme reprend soudain ses esprits et aperçoit les lumières du cadran qui continuent de clignoter. Affolé, il cherche à reprendre sa place.

Carton :

« … la machine !… Il *faut* qu'un homme soit à la machine ! »

« … die Maschine !… Es *muss* ein Mensch
an der Maschine sein ! »[2]

**280.** Plan épaule, de profil, de Freder et de l'ouvrier qui se débat toujours, main tendue vers le cadran. **9** Freder tente de le calmer et lui parle doucement.

Carton :

« Il y *aura* un homme à la machine… »

« Es *wird* ein Mensch an der Maschine sein… »

Fondu enchaîné. Carton :

« MOI »

« ICH »

**281.** Plan épaule en contre plongée. Freder, de trois quarts face, tient toujours le travailleur et lui parle.

**282.** Plan moyen. Freder repousse doucement l'ouvrier vers la gauche et prend sa place devant le cadran. Il se met à manipuler les aiguilles.

Carton :

« Écoute-moi… je veux échanger ma vie avec la tienne… »

« Höre mich an… Ich will mein Leben mit Dir tauschen… »

**283.** Plan taille. Tout en maniant les aiguilles, Freder parle avec l'ouvrier, qui se penche vers lui. Fondu au noir.

## Rue en surface - Jour

**284.** Plan d'ensemble sur une rue, autour d'un marchand de journaux avec de nombreux passants. Une enseigne clignote en hauteur. **10**

**285.** Gros plan. Un homme, dont on ne distingue que le chapeau noir et des gants, lit un journal ouvert devant lui : le « Metropolis Courier ». Il baisse le journal et regarde au-dessus. On reconnaît l'homme en noir chargé par Fredersen de surveiller Freder.

**286.** Plan rapproché du chauffeur de Freder, endormi à l'avant de sa voiture.

**287 idem 285.** L'homme en noir ramène le journal devant lui. **11**

## Salle des machines - Intérieur

**288.** Plan moyen, devant le cadran. Les deux hommes sont à la même place, mais ils ont échangé leur tenue. Freder porte la tenue sombre des travailleurs, et l'ouvrier a mis le costume blanc. Plaqué contre le cadran, Freder parvient à déchirer un morceau de papier et le temps à l'ouvrier. **12**

2. La langue allemande possède deux termes pour le mot « Homme » » : « Mann », qui désigne un homme, masculin, par rapport à une femme, et « Mensch », qui désigne un « être humain » au sens large – ce qui est le cas ici. Cette phrase annonce ainsi la terminologie qu'emploiera Rotwang pour désigner sa créature : « Mensch-Maschine », que nous traduirons par « Être-Machine ». Le terme « robot », créé en 1924, n'était pas encore entré dans le langage courant. (NdR)

**289.** Plan taille. Le travailleur, tenant encore son couvre-chef noir, lit le papier.

**290.** Insert : on lit le papier que l'ouvrier tient dans ses doigts : « Josaphat. 99.Block. Haus 7, 7. Stock » (Josaphat, 99ème Bloc, Maison 7, 7ème étage ».

**291 idem 289.** L'ouvrier s'adresse de nouveau à Freder.

**292.** Gros plan. Freder, contre le cadran la main tenant une des aiguilles, dans la vapeur, répond à l'ouvrier.

Carton :

« Attendez-moi tous les deux… »

« Wartet auf mich beide… »

**293 idem 291.** L'ouvrier fait un signe d'approbation. Puis il se rend compte qu'il tient encore son galurin dans les mains et le tend à Freder.

**294.** Plan épaule, de dos, sur Freder au cadran. Il se tourne et récupère le couvre-chef de sa main gauche. Il le regarde. On y lit le nom et le numéro d'identification de l'ouvrier : « Georgy 11811 ». **1** Il le pose vivement sur sa tête.

**295.** Plan large. Freder, de dos, en noir, a pris sa place sur le cadran et actionne les aiguilles. À sa gauche, Georgy, libre, **2** le laisse et quitte les lieux dans un immense sourire de joie et de soulagement.

## Rue en surface - Extérieur nuit

**296.** Plan d'ensemble en plongée. 11811 (Georgy) s'approche d'une voiture en stationnement.

**297 idem 286.** Il arrive à côté du chauffeur de Freder puis monte à l'arrière de la voiture. Le chauffeur se réveille et se découvre.

**298.** Gros plan sur la main de 11811 qui montre le papier avec l'adresse.

**299 reprise 287.** Sur le trottoir, l'homme en noir baisse son journal **3** et le replie en souriant.

**300 idem 296.** La voiture démarre.

**301 idem 299.** L'homme en noir écrit une note sur son journal.

**302 idem 290.** Insert sur le papier avec l'adresse. Des lumières clignotantes se réfléchissent sur le papier.

**303.** Plan moyen. 11811 est assis sur la banquette arrière de la voiture ; les lumières de la ville clignotent. Il range le papier dans sa poche droite et, ce faisant, trouve d'autres papiers qu'il sort.

**304.** Plan taille, raccord dans l'axe. Il lit les papiers et lève le regard.

**305.** Gros plan sur la main du chauffeur qui change de vitesse.

**306 idem 304.** 11811 tient les papiers contre sa poitrine et regarde à sa droite, par la vitre. **4**

**307.** Plan rapproché sur une jeune femme élégante, de profil, assise dans une autre voiture à l'arrêt, vue à travers la vitre. Elle se maquille les lèvres et se regarde dans un miroir de poche. Elle lève les yeux et regarde à l'extérieur. **5**

**308.** Contrechamp : 11811, cadré aux épaules, à travers la vitre de sa voiture, regarde intensément la femme.

**309 idem 305.** Le chauffeur actionne de nouveau le levier ; la voiture redémarre.

**310 idem 304.** 11811 regarde de nouveau ses papiers et en direction de la vitre.

**311.** Plan large, en contre-plongée. Juché sur des poutrelles en fer, un homme lance des tracts.

**312.** Plan moyen sur la voiture. À gauche, 11811 vu à travers la vitre arrière. À droite le chauffeur. Les tracts tombent tout autour de la voiture.

**313 idem 303.** Certains entrent dans la voiture par la fenêtre. 11811 en ramasse un de la main gauche et le lit. **6**

**314.** Insert sur la publicité. Y est écrit en grands caractères : « Yoshiwara ». En haut de la feuille, à droite, une citation : « Wer seine Laster besiegen will, muss seinen Lasterns nachgehen – Oscar Wilde » (« Qui veut vaincre ses vices doit suivre ses vices. - Oscar Wilde »).

**315 idem 313.** 11811 lit la publicité.

**316.** Plan moyen sur 11811 de profil. Il se tourne vers la voiture parallèle à la sienne. En profondeur de champ, la jeune femme est visible à travers les fenêtres des deux voitures. 11811 se redresse et se colle contre la portière, comme s'il voulait atteindre la jeune femme. Entre les deux voitures, les prospectus continuent de tomber.

**317 idem 315.** 11811 tombe à genoux devant sa banquette. Une masse de prospectus envahit la voiture. Il lève les bras pour se protéger.

**318.** Fondu enchaîné : l'image est envahie par une énorme masse de prospectus qui dégringolent en avalanche. Fondu enchaîné :

**319.** Des ballons, des lanternes prennent la place des publicités pour Yoshiwara. En surimpression apparaissent des visages : une femme, un visage asiatique, un homme noir portant une perruque blonde. **7** Toujours en surimpression viennent alors des instruments : un clavier de piano barre l'image en diagonale, avec au-dessus un gros plan sur une main jouant d'un instrument à vent, et au-dessous un homme à moustache jouant du violon. En surimpression apparaissent alors des couples en train de danser. **8** Puis une roulette et des couples s'embrassant. Au centre de l'image, une jeune femme dans un immense manteau. Fondu au noir sur un des couples enlacés.

**320 idem 306.** 11811 sort de son hallucination et ramasse de nouveau un prospectus.

**321.** Gros plan. Le chauffeur, en amorce gauche, conduit toujours. Derrière lui, derrière la lunette de séparation, 11811 lui fait passer le prospectus. Le chauffeur se tourne et le prend.

**322.** Gros plan sur le volant. La main du chauffeur fait rapidement glisser le papier devant lui ; on lit « Yoshiwara ». Il tourne le volant. Fondu au noir.

## Maison de Rotwang - Extérieur puis intérieur

Carton :

### En plein centre de Métropolis se trouvait une étrange maison, que les siècles avaient oubliée.

### Mitten in Metropolis lag ein selsames Haus, das die Jahrhunderte vergessen hatten.

**323.** Plan d'ensemble. Entre des poutrelles métalliques verticales et au milieu de hauts buildings, se tient une petite maison très ancienne, sans fenêtre apparente, ni décoration. Une seule porte fermée en son centre. **9**

Carton :

### L'homme qui y habitait était Rotwang, l'inventeur.

### Der Mann, der darin wohnte, war Rotwang, der Erfinder.

**324.** Plan rapproché, en légère plongée, de face, sur Rotwang (RUDOLF KLEIN-ROGGE). Il est assis à sa table de travail, le menton dans sa main gauche, comme s'il tenait sa gorge. Sa main droite, gantée de noir, est posée devant lui, sur la table, doigts ouverts. Il examine des sortes de plans. De sa main droite, il frappe légèrement la table, en signe de réflexion.

**325.** Plan large. Au sol, une ouverture entourée d'une rampe marque l'arrivée d'un escalier en colimaçon. Un curieux personnage, apparemment un nain, apparaît dans cette ouverture, le regard vers l'inventeur.

**326 idem 324.** Rotwang a un mouvement de sourcil **10** et laisse tomber sa main gauche.

**327.** Le nain est sorti de la cage d'escalier et s'adresse à Rotwang en contre-champ. **11**

Carton :

### « Joh Fredersen… »

**328 idem 326.** Rotwang redresse légèrement la tête mais conserve le regard baissé.

**329.** Plan d'ensemble. Joh Fredersen, debout, vu de dos, se tient devant une immense tenture noire. Deux cordons pendent, de chaque côté. Fredersen se dirige vers celui de gauche et le tire. La tenture s'ouvre par le milieu, découvrant un monument : un immense visage de femme sculpté, posé sur un socle sur lequel est gravé un texte. Fredersen s'approche. **12**

**330.** Plan épaule de Fredersen, de profil droit. Il regarde vers le monument, puis baisse les yeux et le visage et soupire lentement. Il regarde de nouveau.

**331.** Insert : le socle de la sculpture. Le texte suivant y est gravé au-dessous :

# HEL
NÉE POUR MON BONHEUR ET POUR LA BÉNÉDICTION DE TOUS
LES HOMMES, DÉROBÉE PAR JOH FREDERSEN, DÉCÉDÉE
EN DONNANT LA VIE À FREDER, FILS DE JOH FREDERSEN

## HEL
GEBOREN MIR ZUM GLÜCK, ALLEN MENSCHEN ZUM SEGEN
VERLOREN AN JOHN FREDERSEN GESTORBEN
ALS SIE FREDER, JOH FREDERSENS SOHN, DAS LEBEN SCHENKTE

**332 idem 330.** Fredersen regarde le monument.

**333.** Plan moyen. Rotwang apparaît brusquement en sortant d'une tenture noire. Il remarque Fredersen et s'arrête d'un seul coup.

**334.** Plan large. Fredersen, à gauche, de profil, amorce un mouvement pour s'approcher encore du monument, en amorce à droite, en posant le pied sur une marche.

**335 idem 333.** Rotwang se précipite.

**336.** Plan large, face au mausolée. Rotwang arrive par la droite et ferme les tentures tout en bloquant l'accès à Fredersen. Il lui fait signe de la main gauche, tendue, pour lui dire de s'écarter.

**337.** Plan taille sur Rotwang, de profil, sur la droite. Furieux, Rotwang se frappe la poitrine de la main gauche et la tend agressivement vers Fredersen.

**338.** Plan épaule sur le profil droit de Fredersen. À droite, la main de Rotwang, agitée frénétiquement devant lui. Fredersen reste impassible, puis il parle calmement.

Carton :

« Un cerveau comme le tien, Rotwang,<br>
devrait pouvoir oublier… »

« Ein Hirn wie das Deine, Rotwang,<br>
müsste vergessen können… »

**338 (suite).** Fredersen reste calme.

**339.** Plan rapproché. Fredersen, de trois quarts dos. Face à lui, Rotwang, les yeux exorbités, continue à crier sa colère tout en faisant de grands gestes de son bras gauche

Carton :

« Je n'ai oublié quelque chose qu'une seule fois dans ma vie :<br>
que Hel était une femme et toi un homme… »

« Ich habe ein einziges Mal im Leben etwas vergessen :<br>
Dass Hel ein Weib war und Du ein Mann… »

**340.** Gros plan sur Fredersen. Il détourne le regard.

Carton :

« Laisse la morte reposer, Rotwang…<br>
Elle est morte pour toi comme pour moi… »

« Lass die Tote ruhen, Rotwang…<br>
Sie ist Dir wie mir gestorben… »

**341.** Gros plan sur Rotwang. De plus en plus exalté, il fait de grands signes de dénégation en riant.

**342.** Plan taille. Fredersen et Rotwang, de profil, se font face.  Au comble de l'exaltation, Rotwang brandit devant Fredersen sa main droite, celle au gant noir, et fait toujours de grands gestes en criant.

Carton :

« Pour moi, elle n'est pas morte, Joh Fredersen,<br>
*pour moi elle vit !* »

« Mir ist sie nicht gestorben, Joh Fredersen,<br>
*mir lebt sie !*

**343 idem 342.** Fredersen interrompt Rotwang et lui prend la main droite gantée.

**344.** Plan taille de profil de Rotwang. Il éclate de rire et lève très haut sa main droite devant lui. Il se retourne tout en la regardant et fait bouger ses doigts.

Dans une position tordue, il regarde de nouveau Fredersen en brandissant ses mains derrière lui. **5**

Carton :

**« Crois-tu que la perte d'une main soit un prix trop élevé
pour créer de nouveau Hel ?! »**

*« Glaubst Du, der Verlust einer Hand sei zu hoher Preis
für die Wieder-Erschaffung der Hel ?! »*

**345 idem 342.** Rotwang se calme puis regarde fixement Fredersen, d'un air de défi.

Carton :

**« Veux-tu la voir ?! »**

*« Willst Du die sehen ?! »*

**346 idem 345.** Rotwang désigne de son bras le hors-champ droite **6** et se tourne pour partir.

**347.** Plan d'ensemble sur le laboratoire de Rotwang, à l'étage au-dessus où il se trouvait précédemment. Des appareils, cornues, filaments électriques. Au centre, la rampe de l'escalier en colimaçon d'où émerge Rotwang suivi par Fredersen. **7**

**348.** Plan moyen. Rotwang, de dos, arrive devant une nouvelle tenture, suivi par Fredersen. Rotwang tire alors le rideau, qui s'ouvre par le milieu puis se place à droite, Fredersen à gauche. Au fond, se trouve exposée, assise sur un siège, une créature humanoïde métallique. Derrière et au-dessus d'elle, sur le mur du fond, est tracé un grand pentagramme. La branche inférieure épouse la tête de la créature. Le socle s'allume progressivement. **8** Rotwang s'avance et fait signe à Fredersen de s'approcher.

**349.** Plan poitrine. Fredersen, de profil, regarde, étonné. **9**

**350.** Plan moyen sur l'Être-Machine, assis, au centre. Il a des formes féminines, visage fin, poitrine.

**351.** Plan large. L'Être-Machine, assis, de face, reste immobile. À gauche, Fredersen et à droite, Rotwang. Soudain, ce dernier fait un grand geste de la main droite. L'Être-Machine lève les mains de ses genoux et les place sur les accoudoirs. Très doucement, d'un mouvement fluide, il se lève. Fredersen, étonné, fait un pas en avant. L'Être-Machine fait trois pas en avant puis tourne son visage vers Rotwang.

**352.** Plan rapproché. L'Être-Machine, sur la gauche, se tourne vers Rotwang, cadré aux épaules. De la main, Rotwang lui fait signe d'avancer. L'Être-Machine se remet en mouvement.

**353 idem 351.** L'Être-Machine fait encore quelques pas **10** et se tourne doucement en direction de Fredersen, en contrebas.

**354.** Plan moyen. L'Être-Machine tend sa main droite vers Fredersen, comme pour lui dire bonjour. **11**

**355 idem 349.** Fredersen est à la fois étonné et effrayé, et ne sait comment réagir.

**356 idem 354.** L'Être-Machine a suspendu son mouvement. Fredersen ne peut en détacher son regard. Rotwang entre vivement dans le cadre par la droite et vient devant Fredersen, d'un air triomphal. Une nouvelle fois, il brandit bien haut sa main, retrouvant son exaltation. **12**

Carton :

**« Alors, Joh Fredersen ?! Est-ce que cela ne valait pas
la peine de perdre une main, pour avoir produit l'être du futur,
l'Être-Machine ?! »** [3]

3. Cette séquence fondamentale entre Fredersen et Rotwang est une de celle qui a été le plus modifiée ou coupée dans les versions « réduites » de *Métropolis*. Au fur et à mesure des restaurations, le sens originel a été rétabli, mais, jusque dans les années 80, les copies françaises ne gardaient plus trace de la rivalité amoureuse passée entre Fredersen et Rotwang, ni du souvenir de Hel, ni des véritables motivations de Rotwang. Les dialogues étaient modifiés en conséquence et Rotwang était supposé n'avoir créé son robot que pour fournir une nouvelle force de travail. À la place de ce carton, on pouvait lire : « *Désormais, nous n'aurons plus besoin des travailleurs !* ». Ce qui, bien sûr, n'expliquait nullement pourquoi le robot avait une forme féminine ! (NdR)

« Nun, Joh Fredersen ?! Lohnt es sich nicht, eine Hand zu
verlieren, um den Menschen der Zunkunft,
den **Maschinen**-*Menschen* geschaffen zu haben ?! »

**357.** Plan épaule. Rotwang, toujours aussi agité, lève plusieurs fois les bras en
signe de triomphe (léger recadrage), l'Être-Machine en hauteur derrière lui.
Carton :

« Encore 24 heures de travail, et personne, Joh Fredersen,
ne pourra distinguer l'Être-Machine d'un être humain ! »

« Noch 24 Stunden Arbeit, und kein Mensch, Joh Fredersen,
wird den Maschinen-Menschen von einem Erdgeborenen
unterscheiden können ! »

**358 idem 356.** Rotwang pointe son index vers Fredersen, le regard fixe et impérieux. **1**

**359.** Gros plan sur Fredersen. Ébranlé, celui-ci se passe les mains sur le crâne.
En amorce, la main de Rotwang, le doigt pointé sur sa gorge. Fredersen
regarde vers l'Être-Machine. **2**

**360.** Gros plan sur le visage de l'Être-Machine. **3**

**361. idem 359.** Sur Fredersen.

**362 idem 358.** Fredersen va pour s'approcher de l'Être-Machine. Rotwang lui
barre impérieusement le chemin en écartant les bras.
Carton :

« *À moi* la femme, Joh Fredersen ! Il te reste le fils de Hel ! »

« *Mein* ist die Frau, Joh Fredersen ! Dir blieb der Sohn der Hel ! »

## Salle des machines - Intérieur

**363.** Plan large. Freder, de dos, dans la brume, manie inlassablement les
aiguilles du cadran, bras et jambes écartés.

## Atelier de Rotwang - Intérieur

**364.** Plan large. À gauche, Fredersen se tient debout, pensif, à côté des appareils de Rotwang. Ce dernier, derrière lui, a fermé les tentures qui dissimulent
l'Être-Machine et le regarde tout le tenant le tissu de sa main droite. **4**

**365.** Raccord dans l'axe ; plan taille sur Rotwang, tenant la tenture derrière lui,
et regardant fixement Fredersen.

**366.** Plan épaules de Joh Fredersen, de trois quart dos. Il prend une grande respiration en levant les épaules, comme s'il reprenait son souffle.

**367 idem 365.** Rotwang met les mains dans ses poches et s'adresse à Fredersen.
Carton :

« Et qu'est-ce qui t'amène chez moi, Joh Fredersen ? »

« Und was führt Dich zu mir, Joh Fredersen ? »

**368 idem 366.** Fredersen porte la main à son front.

**369 idem 364.** Fredersen se retourne et se dirige vers Rotwang.

**370.** Plan moyen. Fredersen, de profil à gauche, fait face à Rotwang.
Carton :

« J'ai besoin de tes conseils, comme toujours,
lorsque tous mes experts échouent… »

« Ich brauche Deinen Rat, wie stets, wenn alle meine
Sachsverständingen versagen… »

**370 (suite).** Rotwang a un léger sourire. Fredersen porte la main à sa poche, sort
les plans **5** et les tend à Rotwang.
Carton :

« Peux-tu m'expliquer ces plans, que l'on trouve depuis
des mois dans les poches de mes travailleurs ? »

« Kannst Du mir diese Pläne enträtseln, die man seit Monaten in den Taschen meiner Arbeiter findet ? ».

## Salle des machines - Intérieur

**371 idem 363.** Freder travaille toujours au cadran. Alors qu'il tient bloquées les deux aiguilles d'une seule main, presque au même endroit, il en profite pour sortir un mouchoir et s'éponger. **6** Ce faisant, il fait tomber une feuille de papier de sa poche. Il la remarque au sol en rangeant son mouchoir.

**372.** Gros plan : sa main ramasse la feuille froissée tombée au sol. Panoramique vertical. Freder, de profil, penché en avant, ramène la feuille devant ses yeux. **7**

**373.** Plan large. Un travailleur descend une échelle métallique. Son regard est attiré par Freder hors champ à gauche. Il s'arrête sur l'échelle.

**374.** Plan rapproché. Freder, tenant une aiguille derrière lui, de son bras gauche, est penché sur sa droite et lit le plan.

**375 idem 373.** Le travailleur descend doucement la fin de l'échelle.

**376 idem 374.** Freder tente de lire le plan, en le tenant devant lui, tout en maniant les aiguilles vers la gauche.

**377.** Plan taille. Freder, de dos, tient toujours la feuille entre les mains, ramenant malgré tout les aiguilles vers la droite.

**378 idem 375.** Le travailleur se dirige vers Freder et sort par la droite du cadre.

**379 idem 377.** Il rentre par la gauche du cadre, vient à la hauteur de Freder en regardant prudemment autour de lui. Il parle tout bas à Freder sans le regarder et en surveillant tout autour de lui. Surpris, Freder tourne le visage vers lui. **8**

Carton :

« … à deux heures… après le changement d'équipe !
*Elle* a appelé de nouveau… »

« … um zwei… nach dem Schichtwechsel !
*Sie* hat wieder gerufen… »

**379 (suite).** Le travailleur sort vivement par la droite du cadre. Resté seul, Freder tente de l'appeler puis replie le plan.

**380 idem 374.** Freder remet le plan dans sa poche et reprend le rythme de travail.

## Atelier de Rotwang - Intérieur

**381.** Plan large dans le bureau de Rotwang. Fredersen est assis à gauche, de profil, dans un fauteuil. Au centre, debout derrière son bureau, Rotwang est penché sur des papiers et fait des mesures avec un compas, une loupe dans la main gauche. **9** Une bibliothèque remplie de vieux livres occupe le mur du fond, tandis qu'une lampe électrique en spirale éclaire le plan de travail. Rotwang passe d'un document à un autre, se réfère à un livre posé derrière la lampe.

**382.** Plan poitrine. Fredersen, le coude posé sur le bureau, le regarde sans rien dire, toujours impassible. Il regarde tout de même sa montre.

**383.** Insert sur la montre de Fredersen (qui, elle, a un décompte normal jusqu'à 12 heures). Elle indique 1h.

## Salle des machines - Intérieur

**384.** Plan taille. Freder, de trois quarts droit, toujours posté au cadran. Il a de plus en plus de difficulté à manier les aiguilles. Il s'éponge le front. La brume le recouvre de nouveau.

**385 comme 9.** L'horloge indique 9h30 sur les 10 heures du cadran. **10**

**386 idem 380.** Freder est totalement épuisé. Il pousse les aiguilles sur sa gauche. Une ampoule s'allume en hauteur. Des deux mains, il relève l'aiguille pour la mettre à son niveau, en faisant un immense effort. **11**

**387.** Insert sur un thermomètre, similaire à celui qui se trouvait près de la machine qui a explosé. Le liquide de niveau monte rapidement vers le chiffre « 50 » signalé par une grande barre blanche et des éclairs. **12**

**388 idem 363.** Freder est arc-bouté sur le cadran. Il tord son corps pour soulever une aiguille. Le fond du cadran a pris un aspect entièrement blanc et

lumineux. Freder tombe à genoux tout en tenant l'aiguille de ses deux mains, au-dessus de sa tête. La brume envahit de nouveau l'espace. En surimpression, des chiffres apparaissent autour du cadran, qui prend ainsi l'aspect d'une horloge à 10 chiffres. La trotteuse s'approche du chiffre « 10 » au sommet. Désespéré, Freder, au sol, tente de l'atteindre et, le dos collé au cadran, de la faire monter plus vite.

**389.** Raccord dans l'axe, plan taille. Cloué au cadran, Freder grimace de souffrance et de son bras droit, donne des impulsions pour accélérer la trotteuse.

**390 idem 388.** À genoux, le dos au cadran, le corps totalement tordu, Freder tente de faire avancer les aiguilles plus rapidement.

**391 idem 389.** Freder grimace ; ses efforts sont inutiles.

**392 idem 390.** La trotteuse part en sens inverse et redescend le cadran. Freder hurle.

**393 idem 391.** La trotteuse continue à descendre. Freder ne peut l'arrêter et son bras descend en même temps. **1** Il crie.

Carton :

« Père ! Père ! Dix heures n'ont-elles donc *jamais* de fin ??!! »

« Vater ! Vater ! Nehmen zehn Stunden *niemals* ein Ende ??!! »

**393 (suite).** Freder est maintenant comme crucifié au cadran : de la main gauche il tient toujours une grande aiguille, de la droite il tente de retenir la trotteuse.

**394 comme 12.** Insert extérieur. On reconnaît les sirènes entourées par les immeubles. Mais cette fois-ci, il fait nuit noire. Les fenêtres des buildings sont en majorité éclairées. Les jets de vapeur se déclenchent. **2**

**395 idem 388.** Freder, totalement épuisé, est assis au sol, devant le cadran. Sa main gauche tient encore une aiguille. L'hallucination de l'horloge est terminée. Il se relève d'un coup et titube sitôt debout. Par la gauche du cadre, un nouveau travailleur prend immédiatement sa place et actionne les aiguilles. La brume est toujours envahissante. Freder descend du rebord du cadran. Au premier plan, entrant par la gauche du cadre, des travailleurs épuisés passent devant lui, se soutenant mutuellement. **3** Freder les suit et sort par la droite du cadre. Le remplaçant reste seul au cadran.

**396 idem 394.** Les jets de vapeur se poursuivent.

## Atelier de Rotwang - Intérieur

**397 idem 381.** Fredersen regarde toujours sa montre. **4** Penché sur son bureau, Rotwang replie un papier.

Carton :

« C'est un plan des catacombes deux fois millénaires, qui se trouvent au-dessous des profondeurs de ta Métropolis… »

« - es ist ein Plan der zweitausendjährigen Katakomben tief unter den Tiefbahnen Deiner Metropolis… »

**397 (suite).** Rotwang jette négligemment le plan sur son bureau. Fredersen s'est un peu avancé sur son siège. Il se renfonce à l'intérieur et porte sa main à son visage. Rotwang remet un livre en place dans sa bibliothèque. Fredersen ramasse le plan sur le bureau et le regarde de nouveau.

**398.** Insert : le plan, maladroitement dessiné, incompréhensible à première vue. Surimpression avec le plan suivant.

**399.** Plan large. Dans une galerie creusée dans le roc, des travailleurs descendent, **5** certains en s'éclairant au moyen d'une torche électrique. Disparition de la surimpression. Fondu enchaîné.

**400 idem 398.** Retour sur le plan des catacombes.

**401 idem 382.** Le plan à la main, Fredersen est plongé dans ses réflexions. **6**

Carton :

« Je voudrais quand même bien découvrir ce que mes travailleurs vont faire dans les catacombes… »

« Ich möchte doch herausbekommen, was meine Arbeiter in den Katakomben zu tun haben… »

**402.** Plan taille. Rotwang range un livre dans sa bibliothèque. En entendant la réflexion de Fredersen, il se retourne. Il s'arrête un instant, met le livre en place et s'adosse à la bibliothèque. Il s'adresse de nouveau à Fredersen. **7**

**403.** Plan large sur le bureau, changement d'axe. Rotwang, au fond, est debout contre sa bibliothèque. Fredersen se dresse sur son fauteuil, se lève et lui fait face. Rotwang se rapproche du bureau et en sort une lampe électrique. Il la donne à Fredersen. Il en prend une pour lui-même et fait signe à Fredersen de bien vouloir l'accompagner.

**404.** Plan large, la lampe de bureau est en amorce gauche. Au fond de la pièce, un escalier descendant que Rotwang rejoint de la gauche. Il se retourne pour voir si Fredersen le suit. Celui-ci arrive à son tour vers l'escalier et descend à sa suite.

**405.** Plan large. Une cave obscure et encombrée de débris. L'escalier poussiéreux en colimaçon y débouche du plafond. Rotwang descend, suivi par Fredersen. L'inventeur appuie sur un bouton derrière une marche et fait s'ouvrir une porte sur la droite. Il la franchit immédiatement.

**406.** Plan large. Une grande cave vide. La porte d'accès se situe au fond à droite. Au sol se trouve une grande trappe rectangulaire que Rotwang fait basculer, découvrant un nouveau passage. Il éclaire le fond de sa lampe, à l'intention de Fredersen, qui regarde et s'y engage le premier. À moitié engagé, il a un mouvement d'hésitation, s'arrête et regarde Rotwang. Celui-ci lui fait un geste de confirmation. Fredersen descend. Rotwang le suit et referme la trappe derrière lui.

## Catacombes

**407.** Plan large. Le niveau inférieur. Un passage voûté très ancien, doté d'un escalier de pierres usées et irrégulières. En haut des marches apparaissent Rotwang et Fredersen, s'éclairant avec leurs torches électriques. Rotwang descend en premier. **8**

**408 comme 399.** D'autres travailleurs descendent la galerie.

**409.** Plan large. Rotwang et Fredersen descendent également, par une autre voie, dans l'obscurité. Les marches deviennent des pierres irrégulières.

**410.** Plan large. Dans la galerie empruntée par les travailleurs apparaît, parmi d'autres, Freder, titubant de fatigue. Il est rattrapé par l'épaule par un autre homme derrière lui, qui lui évite de tomber. On remarque quelques bougies installées çà et là.

**411.** Plan large. Les travailleurs, vus de face, arrivent en bas des marches de la galerie. Certains s'assoient sur les marches. Travelling arrière. Freder, au centre, marche en titubant.

**412.** Raccord dans l'axe : plan poitrine sur Freder. Il a posé la main gauche sur sa poitrine et tient le regard baissé. Il redresse le visage et rouvre lentement les yeux. Son visage reflète alors un profond étonnement.

**413 axe inverse.** Plan d'ensemble. Les travailleurs, au premier plan, de dos, se trouvent en fait dans une sorte de cathédrale souterraine. Le mur du fond est parcouru par plusieurs niveaux de galeries. Au centre de l'espace se dresse un autel en pierre, accessible par une petite série de marches. L'autel est hérissé d'une série de croix latines, de hauteurs différentes, plantées de manière irrégulière. Une femme se tient debout au centre de l'autel. **9**

**414 idem 412.** Freder, lentement, se découvre tout en gardant le regard fixé en direction de l'autel.

**415 contrechamp.** Plan rapproché, de face, sur la femme. Il s'agit de Maria. Elle est habillée d'une robe claire. Derrière elle, au bas des croix, plusieurs cierges de tailles différentes sont allumés. Maria prêche en regardant vers le haut, d'un air extatique, **10** et en écartant les bras en croix.

**416.** Plan large, en légère plongée. Au centre, Freder écarte les bras et tombe à genoux, accompagné en léger panoramique vertical. Autour de lui, debout ou à genoux, tous les autres travailleurs ont le visage baissé. Seul Freder, comme illuminé, regarde devant lui.

**417.** Plan large. Rotwang, de dos, arrive devant un mur de roc percé par une ouverture. De son bras gauche, il fait signe à Fredersen d'avancer. Celui-ci arrive par la gauche tout en s'éclairant avec sa torche et rejoint difficilement Rotwang. Il pose sa torche sur un rebord en pierre. Les deux hommes se rapprochent de l'ouverture et regardent au travers. **11**

**418.** Plan d'ensemble, plongée, point de vue de Fredersen et Rotwang : la cathédrale des catacombes. Maria, sur l'autel, parle aux travailleurs devant elle, disposés en contrebas, en arc de cercle. **12**

**419.** Plan large, point de vue de Maria : Les travailleurs ont maintenant tous relevés le visage et l'écoutent. Au premier plan, à genoux, se trouve toujours Freder.

**420 idem 415.** Maria, les bras grand ouverts, continue son prêche. Elle ramène les bras et tend le droit vers le haut.

Carton :

> « Aujourd'hui je vais vous raconter la légende
> de LA TOUR DE BABEL... »

> « Heute will ich euch die Legende
> VOM TURMBAU ZU BABEL erzählen... »

Le graphisme du carton se modifie. Des traits obliques apparaissent sur chaque angle et les bords, formant un encadrement scintillant (scintillement qui se répétera sur toute la séquence), et le texte se simplifie pour se transformer en un simple titre :

> La légende DE LA TOUR DE BABEL
> Die Legende VOM TURMBAU ZU BABEL »

## Légende de la Tour de Babel

**421.** Plan large. Devant un ciel étoilé, un homme (FRITZ ALBERTI) vêtu d'une longue tunique, s'adresse à des disciples assis devant lui. Il se reflète en partie sur une surface lisse placée entre eux.

Carton :

> « Allons ! Bâtissons une tour dont le sommet
> atteindra les étoiles ! »

> « Auf ! Lasset uns einem Turm bauen, dessen Spitze
> bis an die Sterne reiche ! »

**421 (suite).** L'homme lève les yeux et les mains en signe de dévotion.
Carton :

> « Et au sommet de la tour nous écrirons : Grand est le
> monde et son créateur ! Et Grand est l'homme ! »

> « Und an die Spitze des Turmes wollen wir schreiben : Gross ist
> die Welt und ihr Schöpfer ! Und gross ist der Mensch ! »

**422.** La Tour de Babel, immense, vue dans son ensemble, dressée dans la plaine sur fond de ciel étoilé.  Fondu enchaîné.

**423.** Plan large : la tour, au même endroit et identique, n'est qu'une maquette. Autour d'elle, des hommes de l'Antiquité, plongés dans de profondes réflexions. Le concepteur se tient assis à gauche. Il hoche lentement la tête en signe de négation, et pose le menton sur sa main.
Carton :

> ... mais ceux qui avaient imaginé la Tour de Babel, ne
> pouvaient pas construire la Tour de Babel. Grand était aussi le
> labeur ! Alors, ils engagèrent des mains d'œuvre étrangères...

> ... aber die den Turm Babel erdachten, konnten den Turm Babel
> nicht bauen. Allzu gross war das Werk. Da warben sie fremde
> Hände um Lohn...

**424.** Plan de très grand ensemble en plongée. Cinq lignes comportant chacune plusieurs rangées de travailleurs et formant comme une étoile, se rejoignent au premier plan. Les hommes, tous le crâne rasé, marchent lentement, regard baissé. Ce sont en tout des milliers d'hommes qui sont ainsi appelés. (Effet de surimpression sur un plan plus rapproché au centre de l'étoile.)
Carton :

> Mais les *mains* qui bâtissaient la Tour de Babel ne savaient
> rien des rêves issus du *cerveau* qui l'avait imaginée.

> Aber die *Hände*, die den Turm Babel erbauten, wussten nichts
> von dem Traum, den das *Hirn*, das ihn erdacht hatte, träumte.

**425.** Plan large. Le concepteur de la tour, de dos, à genoux écarte les bras. Devant lui, au ciel, dans des cercles concentriques, se dresse la Tour de ses rêves. Il élève les bras vers elle. **6**
Carton :

BABEL

Un effet lumineux émane des lettre et introduit le plan suivant.

**426.** Plan de grand ensemble. Une masse de travailleurs indistincts traînent un gigantesque bloc de pierre. **7**

**427.** Plan rapproché, en plongée. Les hommes au crâne rasé, au pied du bloc, rivés par des cordes et des montants en bois qui les relient. Ils crient. **8**
Carton :

BABEL

Les lettres se mettent à saigner. **9** Le mot Babel disparaît puis réapparaît, avec le même effet de saignement. Puis carton :

Bénédiction pour les uns, malédiction pour les autres.
Lobgesang des Einen wurde Fluch der Andern.

**428.** Plan d'ensemble. Au premier plan, assis ou debout, de dos, dans l'ombre, des travailleurs immobiles. En face d'eux, très lointain, en haut d'un immense escalier, se tient le concepteur de la Tour, les exhortant, en écartant les bras. À gauche, un travailleur, debout, brandit le poing en sa direction, imité par celui qui se tient à sa droite. **10**
Carton :

Parlant la même langue, les hommes ne se comprenaient pas…
Gleiche Sparche sprechend, verstanden die Menschen sich nicht…

**428 (suite).** Les travailleurs se dressent tous en brandissant le poing et se mettent à courir vers le concepteur de la tour. Cachés à l'image jusque-là, des centaines d'hommes jaillissent du bas de l'escalier et montent en courant à l'assaut. **11**

**429.** Des bras et des mains se dressent devant l'image de la Tour de Babel, dans les cercles concentriques. Fondu enchaîné.

**430.** Devant le ciel étoilé, ne restent que les ruines de la Tour. Au-dessus d'elle, en arc de cercle, apparaît de nouveau le texte : **12**

Gross ist die Welt und Ihr Schöpfer und Gross ist der Mensch.
Grand est le monde et son créateur et Grand est l'homme !

Le texte disparaît, ne laissant que la tour détruite. Fondu au noir.

## Catacombes

**431.** Ouverture au noir. Plan poitrine sur Maria, de face, les mains jointes. Elle les sépare.
Carton :

« Le CERVEAU et les MAINS ont besoin d'un médiateur »
« Einen Mittler brauchen HIRN und HÄNDE »

**431 (suite).** Maria poursuit son prêche.
Carton :

« LE MÉDIATEUR ENTRE LE CERVEAU ET LES MAINS
DOIT ÊTRE LE CŒUR ! »
« MITTLER ZWISCHEN HIRN UND HÄNDEN
MUSS DAS HERZ SEIN ! »

**431 (suite).** Maria croise les mains sur son cœur.

**432.** Plan épaule, de trois quarts : un des travailleurs, le regard fixe, joint les mains contre sa poitrine et baisse le visage en fermant les yeux.

**433.** Plan moyen, plongée. Deux travailleurs, assis, baissent également le visage, en se recueillant. L'un d'eux plonge le visage dans le creux de son bras.

**434.** Plan moyen. Un travailleur, à genoux, regarde vers Maria, puis se recroqueville au sol et se met à pleurer sur son bras (suivi bas).

**435.** Plan moyen, plongée. Un petit groupe de travailleurs a le regard plongé au sol, l'air accablé. Au premier plan, l'un d'eux relève le visage et se met debout, en pleine lumière. Il s'adresse en direction de Maria.

Carton :

### « Et où est *notre* médiateur, Maria ? »
#### « Und wo ist *unser* Mittler, Maria ? »

**436.** Plan épaule. Maria regarde vivement vers le hors-champ gauche.

**437.** Plan poitrine. Freder, sans bouger, tend le regard vers elle en contrechamp droite. Derrière lui les travailleurs réagissent également. Freder regarde de nouveau en direction de Maria. Une lumière le nimbe alors. Sous l'effet d'une révélation, Freder ramène les mains sur sa poitrine en fermant les yeux.

**438 idem 436.** Maria répond en regardant au ciel, les mains levées devant sa poitrine.

Carton :

### « Attendez-le ! Sa venue est certaine ! »
#### « Wartet auf ihn ! Er kommt gewiss ! »

**438 (suite).** Maria a fermé les yeux.

**439 idem 437.** En pleine extase, Freder se frappe la poitrine de ses mains jointes,  puis baisse la tête.

**440.** Plan moyen. Le travailleur qui a interpellé Maria est entouré par les visages d'autres hommes. À sa droite, en bord gauche du cadre, un travailleur dont on ne voit que le visage en colère prend soudain le bras de son camarade et tend son propre bras vers Maria.

Carton :

### « Nous attendrons, Maria !... Mais plus longtemps ! »
#### « Wir werden warten, Maria… ! Aber nicht lange mehr »

**441.** Dans la grotte au-dessus de la salle. Plan taille. Fredersen, de profil, se recule de l'ouverture par laquelle il regardait et par où il a suivi toute la scène. Léger panoramique sur la gauche, en suivant le mouvement de Fredersen. Il regarde toujours vers le bas, le poing serré, puis son regard se détourne, sous l'effet d'une idée.

**442 comme 418.** Plongée sur la salle. La prédication de Maria est finie. Les travailleurs commencent à se relever ou à quitter les lieux.

**443 idem 441.** Fredersen se retourne, plongé dans ses réflexions.

**444.** Plan épaule depuis la salle. Rotwang, de dos, devant l'ouverture dans le roc, regarde en direction de la salle qui se vide.

**445.** Plan moyen. Le visage de Rotwang apparaît à travers l'ouverture. Il regarde de nouveau vers le bas, a un mouvement de surprise, reconnaissant Freder.

**446 idem 442.** Dans la cathédrale souterraine, ne restent que Maria, debout à l'autel, et Freder, toujours agenouillé, les poings serrés contre sa poitrine, au centre de la salle.  Maria quitte l'autel.

**447.** Plan large, plongée. Seul, de trois quarts dos, Freder redresse soudain le visage, reprenant ses esprits. Il regarde vers sa droite.

**448.** Plan large, contre-plongée. Maria quitte l'autel et se dirige vers une sortie à droite du cadre.

**449.** Plan taille. Rotwang, dans l'ombre, de trois quarts dos, regarde à travers l'ouverture.

**450 idem 447.** Freder appelle Maria et tend son bras vers elle.

**451.** Plan moyen, contre-plongée. Alors quelle allait s'engager dans un couloir devant elle, Maria, surprise, se retourne. **5**

**452.** Plan taille, plongée. Freder, de face, tend le regard et la main en direction de Maria.

**453 idem 451.** Maria le découvre et le regarde, étonnée, en souriant.

**454 idem 452.** Freder parle à Maria.

**455 idem 453.** Maria rebrousse chemin pour venir à lui.

**456 idem 454.** Freder suit Maria des yeux, l'air toujours implorant. **6**

**457.** Plan moyen. Maria, debout, le visage doux et serein, apparaît devant son autel. Elle descend doucement vers Freder. Légers travelling arrière et panoramique.

**458.** Plongée plus accentuée sur Freder, toujours à genoux. Il sourit largement.

**459 suite 457.** Plan taille : Maria vient à lui. Elle se rapproche et arrive en gros plan.

**460.** Travelling avant sur le visage de Freder, en gros plan, contemplant toujours Maria.

**461.** Plan rapproché. Maria, sur la gauche du cadre, de trois quarts face, regarde doucement Freder en face d'elle, les yeux levés vers elle. Elle tient les mains croisées sur sa poitrine et lui parle.

Carton :

« Toi, le Médiateur, Tu es enfin venu… »
« Mittler Du, bist Du endlich gekommen… »

**462.** Plan épaules, en plongée. Freder, de face, regarde Maria, vue de dos en amorce de cadre sur la droite. Il lui répond, toujours agenouillé.

Carton :

« Tu m'as appelé, je suis là ! »
« Du hast mich gerufen, da bin ich ! »

**462 (suite).** Maria pose les mains sur les épaules de Freder.

**463 idem 461.** Maria se penche vers Freder et l'embrasse sur la joue. **7**

**464 idem 462.** Maria se redresse. Freder, les yeux fermés, est au comble du bonheur.

**465 idem 463.** Maria caresse le visage de Freder.

**466 retour 445.** Rotwang assiste à toute la scène.

**467.** Plan taille. Fredersen, debout, de face, laisse tomber son bras gauche, puis met les mains dans ses poches.

Carton :

« Rotwang, donne à l'être-machine le visage<br/>de cette femme… »
« Rotwang, gib dem Maschinen – Menschen das Gesicht<br/>dieses Weibes… »

**468.** Plan taille. Rotwang se retourne vers Fredersen.

**469 idem 467.** Fredersen dresse la main droite. **8**

Carton :

« Je veux semer la discorde entre elle et eux !<br/>Je veux détruire leur foi en cette femme ! »
« Ich will Zwietracht säen zwischen ihnen und ihr !<br/>Ich will ihren Glauben an diese Frau zerstören. »

**470.** Plan large dans la cathédrale. Freder, de dos, est toujours à genoux. Maria est penchée vers lui. Freder se relève en lui tenant les bras. **9**

**471.** Plan taille ; Freder, debout, de trois quarts face, et Maria de dos. Freder tient la main de Maria contre son cœur et lui parle.

**472.** Plan rapproché. Fredersen abat fortement sa main en signe de commandement et fait face à Rotwang à droite. Celui-ci le regarde fixement, avec intensité, se plaçant devant le trou donnant sur la cathédrale pour cacher Freder et Maria. **10**

Carton :

« Laisse-moi seul, maintenant, Joh Fredersen…<br/>Tu pourras trouver le chemin de retour sans moi… »
« Lass mich nun allein, Joh Fredersen…<br/>Du wirst den Rückweg ohne mich finden… »

**472 (suite).** Fredersen lâche la main de Rotwang et part. Léger panoramique. Rotwang reste seul devant l'ouverture dans le roc. La lumière de la torche

électrique de Fredersen passe devant son visage. Une fois seul, Rotwang baisse le regard et parle pour lui-même.

Carton :

« Fou ! Tu va perdre maintenant la dernière chose<br>qui te restait de Hel… *Ton fils…* »

« Du Narr ! Nun sollst Du auch das Letzte verlieren,<br>das Du von Hel noch hattest… *Deinen Sohn…* »

**473.** Plongée, plan épaule sur Maria, à droite de face, et Freder de trois quart dos, face à elle. Maria lui parle.

**474.** Contrechamp. Freder, de face, regarde autour de lui d'un air inquiet, puis se penche de nouveau vers Maria tout en lui tenant et lui caressant la main. **1**

Carton :

« À demain, dans la cathédrale ! »

« Auf morgen, im Dom ! »

**475.** Gros plan de profil de Freder et Maria. Maria ferme les yeux. Freder l'embrasse.

**476.** Raccord dans l'axe, plan taille de Freder et Maria, de profil. Maria lui parle et l'écarte doucement. Freder recule tout en lui caressant le bras. Il lui embrasse encore la main **2** et sort du cadre par la gauche. Maria, restée seule, conserve un instant son bras tendu, puis le ramène devant elle et pose les deux mains sur son cœur en fermant les yeux.

**477.** Plan épaule. Rotwang sort de derrière un rocher contre un mur, sa main gantée posée sur une pierre, et regarde devant lui. **3**

**478 idem 476.** Maria regarde derrière elle, puis de nouveau devant elle, par où est parti Freder. Elle soupire en souriant, puis, les mains toujours sur son cœur, se retourne et commence à descendre.

**479.** Plan moyen raccord dans l'axe. Maria, de face, descend les marches. Elle tourne et va prendre une bougie fixée dans la paroi.

**480.** Plan large. Seule, dans une galerie entre des rochers, avec les marches dans le fond, Maria prend la bougie, jette un rapide coup d'œil circulaire. et marche droit devant elle.

**481 idem 477.** Tapis dans l'obscurité, Rotwang la regarde. La lumière de la bougie l'éclaire en passant devant lui. De sa main gantée, il détache un morceau de roc et le lâche tout en reculant rapidement.

**482.** Insert : la pierre tombe au sol.

**483.** Plan taille. Tenant la bougie de la main droite, Maria se retourne brusquement en entendant le bruit derrière elle. Inquiète, elle reste immobile mais agite nerveusement ses doigts contre sa poitrine.

**484 idem 481.** L'endroit où se trouvait Rotwang est vide et obscur.

**485 idem 483.** Inquiète, Maria reste sur place et déglutit avec difficulté.

**486 idem 479.** Maria reprend son chemin et sort par la gauche du cadre.

**487.** Plan moyen. Maria, de dos, suit la galerie. Soudain, une ombre apparaît dans le fond, devant elle. Elle recule, se retourne et part en sens inverse.

**488.** Plan taille. Maria, de profil, dans l'obscurité totale, éclairée seulement par sa bougie, marche tout en regardant derrière elle. **4** Elle sort par la droite du cadre.

**489.** L'obscurité est totale. Dans le fond du cadre, Maria, éclairée seulement par sa bougie, de profil.

**490 idem 488.** Maria se retourne encore, de plus en plus angoissée. Elle fait face.

**491.** Plan large. Maria est seule dans une salle obscure. Derrière elle, une anfractuosité où sont disposés des crânes de squelettes. Elle tient toujours sa bougie de la main droite, au-dessus de sa tête. Elle marche en cherchant son chemin et s'arrête. Un bras apparaît au-dessus d'elle. **5**

**492.** Gros plan : la main au gant noir de Rotwang apparaît au-dessus de la bougie **6** et l'éteint.

**493 idem 491.** Effrayée, Maria court en reculant jusqu'au fond de la salle.

**494.** Plan rapproché. Maria, effrayée, est adossée au mur. Affolée, elle tente de regarder autour d'elle dans le noir. Un rond lumineux émanant d'une lampe torche électrique vient alors l'éclairer en passant rapidement devant elle.

**495.** La lumière de la torche vient éclairer des crânes dans un mur.

**496.** Plan épaule. Maria, effrayée, regarde vers les crânes.

**497 idem 493.** Maria se tient toujours dans le fond de la salle. Un rond lumineux éclaire en bougeant le mur des crânes, puis se dirige vers elle. La lumière de la torche tourne autour d'elle.

**498.** Plan poitrine. Maria, le regard éperdu, regarde droit devant elle. Elle passe nerveusement ses mains sur sa poitrine et son cou.

**499.** La lumière passe au sol et éclaire les restes d'un squelette.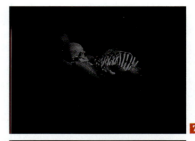

**500 idem 498.** Maria crie de terreur.

**501 idem 497.** Le rond de lumière glisse sur le sol et se dirige de nouveau vers Maria. Il atteint ses pieds et remonte.

**502 idem 500.** Maria regarde vers ses pieds. La lumière remonte et atteint sa taille et son visage. Maria hurle.

**503.** Gros plan. Rotwang, le regard fixe et intense, derrière la torche qu'il tient droit devant son visage, et qui provoque un éblouissement.

**504 idem 502.** Maria reste un instant tétanisée et a du mal à respirer. Elle fuit par sa droite.

**505.** Plan large, plongée. Maria court dans une galerie, suivie par le rond lumineux puis par Rotwang lui-même, tenant sa torche. Elle monte dans un passage.

**506.** Plan large. Le lieu est totalement noir. Le cercle lumineux éclaire Maria, loin dans le fond, à droite, qui tente de se protéger de ses bras. Elle sort du cercle lumineux. La lumière la capture de nouveau sur la droite. Elle court vers le fond.

**507.** L'ombre de Maria, gesticulant, apparaît sur un mur, cerclée par la lampe électrique. Maria elle-même entre, en plan moyen, et se cogne contre le mur. Elle se retourne et fait face à la lumière tout en tentant de se protéger les yeux. Elle se remet à courir.

**508.** Plan moyen. Maria se heurte à un nouveau mur, en briques cette fois-ci, toujours traquée par la lumière. Elle recule dans un nouveau couloir.

**509.** Plan large. Maria, de dos, court de manière désordonnée. La lumière la poursuit toujours. Travelling avant. Maria arrive dans un cul-de-sac. Elle dresse les bras au-dessus d'elle, se retourne et s'effondre.

**510.** Gros plan. Maria, les mains croisées devant elle, hurle de terreur.

**511 idem 509.** Maria se relève et en courant traverse le couloir.

**512.** Plan large. Maria entre par la gauche du cadre et arrive en bas de l'escalier emprunté précédemment par Rotwang et Fredersen, et qui mène tout droit à l'atelier de l'inventeur. En son sommet, la trappe est ouverte. Maria monte l'escalier en courant.

**513.** Plan large. Maria sort par la trappe au sol et arrive dans une cave ancienne, dotée de plusieurs portes.

**514.** Plan moyen. Maria, de dos, tente d'ouvrir une porte en frappant frénétiquement contre elle, sans succès. Panoramique vers la gauche. Maria se précipite sur l'autre porte sur laquelle un pentagramme est dessiné à la craie, et frappe également contre elle. Elle fait de même sur la troisième porte, qu'elle tente d'enfoncer. Toujours suivie en panoramique, elle arrive à une quatrième porte, toujours bloquée. Le cercle de lumière fait alors sa réapparition et l'entoure. Maria arrête de frapper. Léger travelling avant. Maria, toujours de dos, se tasse contre la porte.

**515.** Plan large. Au premier plan, Rotwang, de dos, est à moitié sorti de la trappe. Au fond, contre la porte, Maria se retourne brusquement, entourée par le cercle de lumière. Elle reste immobile. Fondu au noir.

Carton :

**Fin du prélude**

*Ende des Auftakts*

Carton :

**Intermède**

*Zwischenspiel*

## Cathédrale - Intérieur jour

**516.** Plan large. L'intérieur d'une cathédrale de style gothique. Au centre, un très large pilier orné de statues. Des fidèles, en noir, sont debout ou à genoux et sont en prière. Freder fait son apparition et déambule lentement. **1**

**517.** Plan épaule. Freder cherche du regard autour de lui.

Carton décrivant une séquence manquante :

Sur la chaire, Freder aperçoit un moine qui prédit : « En vérité, je vous le dis, proches sont les jours dont parle l'Apocalypse ! »
*Auf der Kanzel erblickt Freder einen Mönch, der predigt : « Wahrlich, ich sage Euch : Nahe sind die Tage, von denen die Apokalypse spricht ! »*

Carton décrivant une séquence manquante :

La main du moine est pointée sur la Bible, où il est écrit :
*Die Hand des Mönchs weist auf die Bibel, in der geschrieben steht :*

**518.** Insert. Une Bible illustrée, grande ouverte. **2** Sur la page de gauche, une gravure représente la Bête de l'Apocalypse. Une femme la chevauche. Le texte est extrait de l'Apocalypse de Jean. Sur la page de droite, au milieu du texte et en caractères beaucoup plus grand :

*Die grosse Babylon* (La grande Babylone).

## Laboratoire Rotwang - Intérieur

**519.** Plan taille sur l'Être-Machine, assis dans le laboratoire de Rotwang. **3**

**520.** Plan moyen, plongée. Rotwang est agenouillé devant sa créature. Il relève la tête et regarde l'Être-Machine.

**521.** Gros plan : le visage de l'Être-Machine.

**522 idem 520.** Rotwang lève son bras et s'adresse à l'Être-Machine. **4**

Carton :

« Tu vas anéantir Joh Fredersen, lui, et sa ville, et son fils ! »

« Du wirst Joh Fredersen vernichten, ihn und seine Stadt und seinen Sohn ! »

## Cathédrale - Intérieur

**523 idem 516.** Les fidèles quittent la cathédrale. Freder immobile les laisse le croiser et se dirige vers le fond.

**524.** Plan moyen. Freder arrive près d'un mur. Il croise un homme. Plus au fond, une femme se signe.

**525.** Plan épaule. Freder regarde autour de lui, déçu.

**526 idem 524.** Freder a le regard attiré. Il marche et sort du cadre par la droite.

**527.** Plan large. Freder, de dos, arrive devant un ensemble de statues disposées dans des niches individuelles, en arc de cercle. Au centre, une statue représente la Mort : un squelette, vêtu, tenant une faux. **5**

**528.** Subjectif Freder et panoramique de gauche à droite, balayant l'ensemble des statues. Chacune d'elle est surmontée, sur sa niche, d'une inscription. Il s'agit en fait d'une représentation des sept péchés capitaux : gourmandise (« Vollerei »), avarice (« Geiz »), vanité (« Eitelkeit »), volupté (« Wollust »), envie (« Neid »), colère (« Zorn »), paresse (« Trägheit »). Arrivé au bout, le panoramique reprend de droite à gauche et s'arrête sur la figure centrale : la Mort.

**529.** Plan taille. Freder la regarde, écarte les bras et s'adresse à elle. **6**

Carton :

« Serais-tu venues plus tôt, tu ne m'aurais pas effrayé… Maintenant je te prie : reste loin de moi et de ma bien-aimée… ! »

« Wärest Du früher gekommen, Du hättest mich nicht geschreckt… Jetzt bitte ich Dich : Bleibe mir und der Liebsten fern… ! »

**530 idem 527.** Freder baisse les bras, se retourne, regarde une dernière fois autour de lui et quitte les lieux.

**531.** Plan large. Freder franchit la porte massive de la cathédrale. À l'extérieur, sur le côté, des statues de saints, deux fois plus grandes que lui. Arrivé

dehors, Freder s'arrête, hésite, manipule son couvre-chef. Il le regarde soudain de plus près.

**532.** Gros plan sur le couvre-chef de l'ouvrier, avec l'inscription « Georgy » et le numéro d'identification : « 11811 ».

## Quartier de Yoshiwara - Extérieur jour

**533.** Plan d'ensemble. Un ensemble de style japonisant. Une grande porte imitant la forme d'une pagode se referme. À gauche et au-dessus, deux inscriptions : « Yoshiwara ». Un homme en blanc sort de cette porte. Un autre balaie le trottoir. **7**

**534.** Plan moyen. Depuis l'intérieur de la voiture de maître. Le chauffeur, de dos, apparaît à travers la vitre de séparation. Par la même fenêtre apparaît 11811, avançant lentement. Il ouvre la porte arrière et monte en s'adressant au chauffeur. Une main jaillit soudain du bord droit du cadre et enserre le poignet de 11811. Celui-ci recule mais est contraint de monter.

**535.** Plan moyen, de face, dans la voiture. À gauche du cadre, 11811 s'assoit brutalement. L'homme en noir employé de Fredersen est assis sur la banquette.

**536 idem 534.** La portière se referme.

**537 idem 535.** 11811 se débat, mais l'homme en noir, sans le regarder, lui maintient toujours fermement le poignet. Il a un sourire sinistre et lui parle. **8**

Carton :

« Où est celui dont vous portez les vêtements ? »

« Wo ist der, dessen Kleider Sie tragen ? »

**537 (suite).** 11811 recule et tente de se libérer, sans succès. L'homme en noir lui tord le poignet. Un papier en tombe.

**538.** Insert : il s'agit de l'adresse de Josaphat. **9**

## Chez Josaphat - Intérieur jour

**539.** Plan moyen. Freder entre dans l'appartement de Josaphat. Celui-ci le fait entrer et referme la porte derrière lui. Freder avance dans la pièce. Panoramique de la droite vers la gauche. Josaphat entre, dépasse Freder et se retourne vers lui. Il désigne d'un air étonné sa tenue de travailleur. **10** Freder s'essuie rapidement avec son galurin en souriant. Il pose sa main sur l'épaule de Josaphat. Celui-ci lui fait signe de s'asseoir. Reprise du panoramique : les deux hommes avancent et Freder se pose dans un fauteuil. Il soupire de contentement, pouvant enfin se reposer. À droite du cadre, Josaphat reste debout et le regarde, interdit. **11** Freder se redresse légèrement et s'adresse à lui.

Carton :

« Voulez-vous réveiller Georgy ? Il doit me conduire immédiatement dans la cité des travailleurs… »

« Wollen Sie bitte Georgy wecken ? Er muss mich sofort in die Arbeiterstadt führen… »

**539 (suite).** Josaphat se penche vers Freder et se redresse, en faisant un signe d'incompréhension et de dénégation. Étonné à son tour, Freder se redresse de nouveau sur son fauteuil.

## Voiture - Intérieur jour

**540 retour 537.** 11811 / Georgy se tient la tête dans les mains ; l'homme en noir lit le papier en souriant. Il referme un étui et pointe son doigt vers le travailleur.

Carton :

« N° 11811, vous retournez à la machine et vous oubliez même que vous l'avez quittée – compris ? »

« Nr. 11811, Sie kehren an die Maschinen zurück und vergessen, das Sie sie jemals verlassen haben – verstanden ? »

**540 (suite).** Anéanti, 11811 acquiesce. L'homme en noir prend le cornet acoustique qui le relie au chauffeur et lui donne la nouvelle direction. **12**

## Chez Josaphat - Intérieur et extérieur jour

**541.** Plan moyen. Josaphat se tient maintenant à droite du cadre, debout, et fait face à Freder, toujours assis. Freder lui parle.
(Noir – passage manquant)

**542.** Plan épaule Freder s'est levé et tient Josaphat par les épaules. Les deux hommes se font face ; Freder presse Josaphat et le secoue. Il tente de le convaincre.
Carton :

« Je dois avoir un homme qui me soit loyal, Josaphat,
sinon comment pourrais-je atteindre mon but ? »

« Ich muss einen Menschen haben, der mir treu ist, Josaphat,
wie soll ich sonst ans Ziel meines Weges kommen ?! »

**543 (suite 542).** Après un temps, Josaphat accepte fermement. Freder lève les yeux au ciel en signe de soulagement et de remerciement. Son regard se détourne alors de Josaphat.
Carton :

« Je dois continuer, Josaphat, et désormais chercher tout seul
celui vers qui Georgy devait me conduire… »

« Ich muss weiter, Josaphat, muss nun allein den Menschen
suchen, zu dem mir Georgy den Weg zeigen sollte… »

**543 (suite).** Josaphat tente de retenir Freder au moment où il doit partir. **1**
Carton :

« Ce soir, Josaphat, ce soir, à mon retour… »

« Heute Abend, Josaphat, heute Abend,
wenn ich wiederkomme… »

**544 idem 541.** Les deux hommes quittent la pièce en se tenant les mains.

**545.** Plan large. Freder et Josaphat, se tenant toujours en marchant, arrivent face à un mur dans lequel sont installés deux ascenseurs sans porte, à mouvement permanent, dans lesquels on doit se glisser en marche. L'ensemble porte le numéro 7. La cage de droite descend et celle de gauche monte. Josaphat accompagne Freder vers la cage de droite. Freder se glisse dans le compartiment et disparaît. Au même moment, dans la cage de gauche, apparaît l'Homme en Noir. Il sort de la cabine, toujours raide, et regarde autour de lui. Josaphat s'arrête devant lui, surpris. L'Homme en Noir lève son chapeau pour le saluer. Josaphat lui rend brièvement son salut d'un signe de tête et l'invite à venir chez lui. En arrière-plan, les cages d'ascenseur poursuivent leur mouvement et transportent d'autres personnes. **2** L'Homme en Noir accepte poliment, se retourne et se dirige vers l'appartement, suivi par Josaphat, inquiet.

**546.** Plan large dans l'appartement de Josaphat. Comme Freder, l'Homme en Noir entre à son tour, suivi par Josaphat qui referme la porte. **3**

**547.** Plan poitrine. L'Homme en Noir retire ses gants en regardant autour de lui. Son regard est attiré vers le sol. **4**

**548.** Gros plan : le galurin de 11811 est resté par terre. **5**

**549.** Plan taille. L'Homme en Noir, de dos, face à la fenêtre, se retourne en souriant.

**550.** Plan taille. Josaphat, contre la porte, lui demande ce qu'il désire.

**551 idem 549.** L'Homme en Noir sourit.

**552 idem 550.** Josaphat met une main dans sa poche.

**553 idem 551.** L'Homme en Noir plonge soudain devant lui et ramasse le couvre-chef qui se trouvait devant le bureau.

**554.** Gros plan : le galurin « 11811 » dans les mains de l'Homme en Noir.

**555 idem 553.** L'Homme en Noir brandit la preuve en direction de Josaphat et lui parle violemment. **6**

**556 idem 552.** Josaphat a un mouvement de recul et se plaque contre la porte. Puis il fait poliment un geste d'ignorance et d'incompréhension.

**557 idem 546.** L'Homme en noir tient le chapeau de la main gauche, le bras tendu vers Josaphat. Celui-ci écarte les bras en signe de dénégation. Puis, souriant et poli, il se rapproche de lui en lui parlant. Arrivé à la hauteur du

bureau, Josaphat prend une boîte à cigares, l'ouvre et la tend vers l'Homme en Noir. Ce dernier ne bouge pas. Josaphat fait mine de le regretter, et repose la boîte. L'Homme en Noir met alors la main dans sa poche intérieure. Il en sort son propre étui à cigarettes, l'ouvre et le montre à Josaphat.

**558.** Gros plan. Dans l'étui, si à gauche se trouvent des cigarettes, à droite est rangé le papier avec l'adresse, pris à 11811. **7**

**559 idem 557.** Josaphat a un mouvement de recul. Puis il vient se dresser, menaçant, vers l'Homme en Noir qui l'arrête d'un simple mouvement de tête. Toujours souriant, l'Homme en noir sort une cigarette.

**560.** Plan poitrine. L'Homme en Noir, de face, sort sa cigarette, la porte à ses lèvres en rangeant son étui, gardant toujours son sourire sinistre. Il prend des allumettes devant lui, allume sa cigarette, puis souffle la flamme en regardant autour de lui dans la pièce. Très maniéré, il se met à fumer puis regarde en direction de Josaphat. **8**

Carton :

**7**

> « Alors, quelle somme demandez-vous pour quitter
> ce logis d'ici ce soir ? »

> « Also, welchen Preis verlangen Sie dafür,
> dass Sie diese Wohnung heute Abend verlassen haben ? »

**561 idem 559.** Les mains sur les hanches, Josaphat refuse fermement. D'un air négligeant et blasé, l'Homme en Noir met la main dans son autre poche intérieure et sort une liasse de billets, qu'il pose sur le bureau. Josaphat se met en colère et répond plus fort. Tout en regardant ailleurs, l'Homme sort une autre liasse et la pose sur la première. Josaphat la prend et gifle par deux fois l'Homme en Noir avec les billets.

**8**

**562.** Plan moyen. L'Homme en Noir, de face, sourit toujours. Devant lui, en colère, Josaphat, de dos, lui désigne la porte de sa main droite, tendue à bout de bras. Au contraire, L'Homme en Noir se pose négligemment dans le fauteuil situé derrière lui. Josaphat se penche vers lui tout en criant. Il lui fait de nouveau signe de sortir immédiatement. **9**

**563.** Plan poitrine. L'Homme en Noir, assis, lit une sorte de carnet. En amorce gauche du cadre, les mains de Josaphat apparaissent, comme s'il voulait l'étrangler.

**564.** Contrechamp : gros plan en légère contre-plongée sur Josaphat, furieux, qui fait toujours signe de vider les lieux.

**565 idem 563.** D'un air sinistre, l'Homme en Noir lui répond.

**9**

Carton :

> « Vous ne semblez pas avoir encore compris
> sur ordre de qui je me trouve ici… »

> « Sie scheinen noch nicht begriffen zu haben,
> in wessen Auftrag ich hier bin… »

**565 (suite).** Il lui montre le carnet qu'il était en train de parcourir.

**566 idem 564.** Josaphat ouvre de grands yeux. **10**

**567.** Gros plan sur le carnet tenu devant lui par l'Homme en Noir. Il s'agit d'un chéquier, sur lequel on peut lire : « Zentral Bank von Metropolis » (« Banque Centrale de Métropolis »). **11**

**568 idem 566.** Josaphat se penche. En bas du cadre apparaît le chéquier, et les mains de l'Homme.

**10**

Carton :

> « Cet homme ne souhaite pas que son fils
> vous trouve encore ici ce soir ! »

> « Dieser Mann wünscht nicht, dass sein Sohn
> Sie heute abend noch hier findet ! »

**569.** Plan épaule. Josaphat recule, effrayé.

**570.** Plan poitrine. L'Homme en Noir est de nouveau debout. Il regarde le galurin et le jette.

**571 idem 569.** Josaphat suit le mouvement du regard.

**572.** Gros plan : le galurin atterrit sur le bureau, par-dessus le chéquier.

**573.** Plan moyen, plongée. Assis dans un fauteuil, Josaphat accuse le coup et cherche à reprendre sa respiration. Il lève les yeux. **12**

**11**

**12**

## Rue de Métropolis - Extérieur

**574.** Plan d'ensemble. Freder marche dans une rue, entourée de murs d'immeubles et décorée d'affiches et d'enseignes. Il cherche son chemin et continue, croisant un passant qui considère avec curiosité sa tenue inappropriée d'ouvrier. **1**

## Chez Josaphat - Intérieur jour

**575.** Plan poitrine, contre-plongée. L'Homme en Noir remet ses gants.

**576 idem 573.** Josaphat bondit hors de son fauteuil en prenant le galurin au passage.

**577.** Plan moyen, très bref. Josaphat saute sur l'Homme en Noir.

**578.** Plan large. Les deux hommes, se battant, arrivent contre la porte. L'Homme en Noir fait une clé de bras à Josaphat, lui arrache le couvre-chef et le repousse hors champ, par la droite. Il reste immobile, en se tenant en garde, jambes fléchies.

(Noir – images manquantes)

**579 idem 578.** Les deux hommes se battent de nouveau devant la porte. Josaphat est au sol.

**580.** Gros plan. La main de Josaphat tente d'ouvrir la porte. La main gantée de noir la lui tord pour la lui faire lâcher.

**581.** Gros plan : Josaphat, au sol, de profil, serré entre son bras et celui de son adversaire.

**582 idem 580.** La main gantée enserre celle de Josaphat, qui tient la poignée. Lutte.

**583.** Gros plan en plongée sur le visage de Josaphat.

**584 idem 582.** L'Homme en Noir tire les mains de Josaphat.

**585 idem 583.** Josaphat grimace.

**586 idem 584.** L'Homme en noir parvient à arracher une main de la poignée.

**587 idem 585.** Josaphat crie.

**588 idem 586.** La main gantée de noir serre le poignet de Josaphat qui tient encore la porte.

**589 idem 587.** Josaphat ne peut plus lutter.

**590 idem 588.** La main se détache.

**591 idem 589.** Josaphat crie de désespoir.

**592 idem 579.** Au sol, Josaphat, vaincu, ne peut plus réagir. L'Homme en Noir, debout, remet son second gant et lui parle.

Carton :

« Je viens vous chercher dans trois heures ! »

« In drei Stunden hole ich Sie ab ! »

**592 (suite).** Résigné, Josaphat approuve de la tête. **2**

## Maison de Rotwang - Intérieur et extérieur jour

**593.** Plan moyen. Maria, seule, se tient debout contre un mur, dans une pièce sombre. À sa droite le mur est éclairé par la lumière d'une fenêtre, dont on voit l'ombre des montants. **3**

**594.** Raccord dans l'axe. Gros plan sur Maria, le regard levé au ciel. Soudain elle tourne le visage vers sa gauche et crie.

**595 idem 593.** Maria recule vers le fond de la pièce en se collant au mur. À droite du cadre, de dos, entre Rotwang, lent et menaçant. Il avance vers elle.

**596.** Plan moyen. Maria recule contre le coin du fond de la cellule, derrière une table et cherche une issue du regard. Elle regarde alors droit vers Rotwang, se baisse et saisit la table.

**597** Plan large. Maria, à gauche, de profil, pousse la table vers Rotwang pour le repousser. Rotwang bloque la table.

Carton :

« Viens ! Il est temps de donner ton visage à l'Être-Machine ! »

« Komm ! Es ist Zeit, der Mensch-Maschine Dein Gesicht zu geben ! »

**598.** Insert. Gros plan sur le visage de l'Être-Machine.

**599 idem 596.** Maria regarde d'un air effrayé en tenant le bord de la table des deux mains. Elle la secoue.

**600 idem 597.** Maria et Rotwang luttent avec la table entre eux. Maria est bloquée dans le coin. **4**

**601.** Insert extérieur de la maison. Plan d'ensemble. Freder passe devant la maison de Rotwang. **5**

**602 idem 600.** Rotwang arrache la table des mains de Maria et se précipite sur elle.

**603.** Plan poitrine. Rotwang plaque Maria sur la table.

**604.** Plan poitrine, plongée. Rotwang maintient Maria sur la table en lui tenant les bras et en se penchant sur elle. Maria se débat frénétiquement.

**605 idem 603.** Maria se débat et tente de se dégager. Elle pousse Rotwang.

**606 idem 602.** Maria parvient à se relever et repousse Rotwang. Elle monte sur la table. Panoramique. Maria se met debout et tente d'atteindre la fenêtre grillagée dans le toit incliné. Rotwang se précipite et la saisit par la taille. Maria hurle.

**607.** Plongée depuis le toit : Maria et Rotwang, vus à travers la fenêtre du toit. **6**

**608 idem 606.** Maria se débat.

**609 idem 607.** Maria tente de s'accrocher aux barreaux. Elle hurle.

**610.** Plan moyen. Freder, dans la rue, entend les cris de Maria et regarde autour de lui.

**611.** Panoramique, plan subjectif : le regard de Freder balaye la façade de la maison de Rotwang.

**612.** Plan poitrine. Freder cherche du regard l'origine des cris.

**613.** Plongée verticale, gros plan. Maria crie en direction de l'ouverture.

**614 idem 612.** Angoissé, Freder lève le regard. Il appelle à son tour et tente d'entendre une réponse. Il crie « Maria » deux fois encore.

**615 idem 607.** Maria crie toujours en résistant à Rotwang.

**616 idem 614.** Freder cherche toujours du regard.

**617.** Plan large. Freder, de dos, se tient face à la maison de Rotwang. **7** Il court vers la porte d'entrée. Elle est bloquée. Freder pousse pour tenter de la forcer. Sans succès, il recule, prend son élan et fonce de nouveau contre la porte, et la frappe du poing.

**618.** Plan moyen, raccord dans l'axe. Freder frappe contre la porte. Sur celle-ci se trouve une étoile à cinq branches.

**619 idem 606.** Rotwang tente d'arracher Maria de la fenêtre. Elle lâche une main.

**620.** Gros plan. Freder, de dos, frappe des deux poings contre la porte.

**621 idem 619.** Rotwang tente de faire descendre Maria.

**622 idem 613.** Maria hurle. La main gantée de noir de Rotwang se plaque contre sa bouche. **8**

**623.** Plan large. Maria s'évanouit et s'effondre dans les bras de Rotwang, qui a entendu les coups de Freder sur la porte. **9**

**624.** Plan moyen, face à la porte. Freder frappe toujours de toutes ses forces. La porte s'ouvre soudain d'elle-même, d'un seul coup. Surpris, Freder recule. À l'intérieur, il peut distinguer des tubes électriques. Il hésite et avance doucement.

**625.** Contrechamp intérieur de la maison. Freder entre lentement. **10**

**626 idem 624.** Sitôt Freder entré, la porte se referme brutalement toute seule.

**627.** Plan rapproché. Freder se retourne et tente de la rouvrir, sans succès. Il se retourne de nouveau, dos plaqué à la porte.

**628.** Plan large. Un couloir, un escalier de quelques marches et une porte dans le fond. De chaque côté, des tubes d'éclairage en spirale. La porte du fond s'ouvre par elle-même.

**629.** Contrechamp, plan large. Freder fonce droit devant lui.

**630 idem 628.** Freder monte l'escalier et passe la porte. **11**

**631.** Plan large. Freder entre dans une pièce. Des bibliothèques se trouvent de chaque côté. Il s'arrête et regarde. **12**

**632.** Plan large. On reconnaît l'escalier qui mène aux catacombes depuis le bureau de Rotwang.

**633 idem 631.** Freder, toujours immobile, regarde autour de lui.

**634.** Plan large. Au milieu d'une bibliothèque, une porte ouverte donne sur une autre pièce.

**635 idem 633.** Freder se remet à courir.

**636 idem 634.** Il court vers cette nouvelle porte mais s'arrête et se retourne vivement.

**637 idem 635.** La première porte se referme toute seule.

**638 idem 636.** La porte de la bibliothèque claque à son tour. Freder se retourne à nouveau et tente de l'ouvrir sans y parvenir. Il court vers la première.

**639 idem 637.** Il examine la porte et renonce à l'ouvrir. Il se retourne, regarde dans différentes directions et prend sa décision.

**640 idem 632.** Freder rejoint l'escalier. Arrivé sur les premières marches, il s'arrête, **1** se retourne encore une fois puis descend avec précaution.

**641.** Plan large, plongée. Freder descend l'escalier en colimaçon. La porte de la cave s'ouvre automatiquement. Il s'arrête sur l'escalier, **2** hésite et avance de nouveau.

**642.** Plan large. Freder, de face, apparaît dans l'encadrement de la porte. Il hésite. Il prend un bâton parmi les empilements de bois sur le sol. Il entre doucement, bloque la porte de son épaule, regarde derrière.

**643.** Panoramique, plan subjectif. Le regard de Freder balaye la pièce. Il s'agit de la cave aux nombreuses portes dans laquelle Maria a finalement été prise au piège.

**644 idem 642.** Freder fait un pas en avant. Avec son bâton, il bloque la porte. Puis il fonce à l'intérieur.

**645.** Plan moyen. Freder arrive devant une des portes fermées. Il tente de l'ouvrir, l'examine. Il se retourne soudain.

**646 idem 644.** Sous la pression, le morceau de bois se brise et la porte d'entrée se referme d'un coup. Freder se précipite mais arrive trop tard. Il fait de nouveau le tour de la porte avec ses mains, mais elle est aussi hermétiquement fermée. Il frappe dessus, tente de l'enfoncer.

**647.** Plan taille. Freder, de dos, s'acharne contre la porte. Épuisé, il se retourne et s'adosse contre elle. Son regard est attiré vers le sol.

**648.** Gros plan. Sur le seuil d'une porte se trouve un morceau de tissu clair. Travelling avant. Le bras de Freder apparaît sur la droite et va pour saisir le tissu.

**649.** Plan taille. Devant cette autre porte, Freder examine le tissu. C'est un morceau de la robe de Maria. Épouvanté, il tente d'ouvrir cette porte en criant. Carton :

« Maria !!! »

**650.** Plan large, panoramique. Freder se met à courir d'une porte à l'autre en traversant la pièce, sans aucun succès. Il repère la trappe au sol et tente de l'ouvrir à son tour. Il tombe au sol, et, à plat ventre, **3** crie au travers de la trappe fermée. Carton :

« MARIA !!! »

**Laboratoire de Rotwang - Intérieur jour**

**651.** Plan épaule, plongée. Maria est allongée, nue et inconsciente. Sur son crâne a été fixé un casque métallique relié à des électrodes et des bobines électriques. **4**

**652.** Plan large. Au premier plan, Maria est étendu dans un caisson transparent, entourée de cerclages métalliques. Derrière le caisson, penchée sur elle, se tient Rotwang, qui l'examine. Au fond se trouve l'Être-Machine, toujours assis, mais sur lequel arrivent maintenant de nombreux fils électriques. Une ampoule est située au-dessus du caisson. Rotwang tourne un interrupteur qui allume des lampes au-dessus de la tête de Maria, **5** puis en allume d'autres à ses pieds.

**653.** Plan large, contrechamp. Le caisson est toujours au premier plan. Dans le fond du laboratoire, Rotwang vérifie des câbles dressés verticalement.

**654.** Plan moyen. Les câbles sont au premier plan. Rotwang actionne un coffre électrique. À sa gauche, un caisson lumineux vertical, rempli d'une sorte de liquide et qui s'illumine alors de l'intérieur. Rotwang vérifie un élément sur le mur et sort du cadre par l'avant droit.

**655.** Plan large. Rotwang entre par la gauche du cadre dans une autre partie du laboratoire, remplie d'instruments de toutes sortes. Sur le côté, il relève un disjoncteur, le regard vers le hors-champ droite. **6**

**656.** Raccord regard : un ensemble d'instruments – arcs électriques, cornue, caisson – disposés de manière symétrique se met en marche dans des jeux de lumière.

**657.** Gros plan sur les ampoules montées sur des pistons à gauche dans le plan précédent et qui se mettent en mouvement. Fondu enchaîné.

**658.** Un liquide dans un ballon de verre entre en ébullition.

**659. idem 655.** Rotwang tourne une manivelle vers le bas.

**660.** Gros plans. Des tubes pleins d'un liquide blanc, en ébullition. Fondu enchaîné.

**661.** Un ballon contenant un liquide noir, agité lui aussi ; des tubes électriques clignotants.

**662. idem 659.** Rotwang se rapproche en regardant ses divers instruments. Il lève un autre disjoncteur de sa main droite.

**663. idem 656.** Dans un caisson en forme de socle cubique, une lumière se met à tournoyer.

**664. idem 662.** La main toujours sur le disjoncteur, Rotwang tourne le regard vers Maria en contrechamp gauche.

**665. idem 653.** L'ampoule au-dessus du caisson de celle-ci se met à émettre un halo lumineux.

**666. idem 664.** Rotwang baisse le bras. Il se rapproche encore (plan taille) et pose les mains sur des commandes placées devant lui. Il prend sa respiration, ferme les yeux et actionne fortement les deux commandes.

**667. idem 665.** Des arcs électriques se dégagent du halo et atteignent les instruments qu'il avait actionnés à la tête et aux pieds du caisson. **7**

**668. idem 666.** Vivement, Rotwang actionne deux interrupteurs de sa main droite et reprend les commandes.

**669.** Plan moyen. Autour de l'Être-Machine, assis, deux anneaux lumineux formés de plusieurs cercles électriques apparaissent, montent et descendent autour de lui.

**670. idem 667.** Les arcs électriques sur le caisson de Maria gagnent en force et en intensité. De nouveaux arcs vont et viennent le long du caisson.

**671. idem 669.** Les anneaux se dédoublent autour de l'Être-Machine. **8**

**672. idem 668.** Rotwang se retourne vers une autre commande.

**673.** Gros plan en contre-plongée : le ballon rempli du liquide sombre en ébullition, et d'autres tubes.

**674. idem 672.** Rotwang revient rapidement aux commandes devant lui.

**675.** Gros plan. Le liquide sombre est en forte ébullition. Surimpression : les tubes au liquide blanc sont aussi en ébullition. Surimpression : des tubes électriques.

**676. idem 674.** Rotwang, le regard fixe, actionne ses commandes.

**677. comme 652.** Les arcs électriques entourent tout le caisson. Au fond, l'Être-Machine est maintenant entouré d'une demi-douzaine d'anneaux en mouvement.

**678.** Gros plan. Le ballon au liquide noir est entouré par des décharges électriques. L'ébullition est plus forte. **9**

**679. idem 676.** Rotwang saisit un câble se terminant par une tige métallique et le tient en suspens.

**680. idem 678.** Sur le ballon.

**681. idem 679.** Rotwang pose le câble et saisit d'une main deux instruments du même type.

**682. idem 670.** Un arc électrique touche un des cercles externes du caisson, qui s'illumine. **10**

**683. idem 681.** Rotwang pose les tiges et actionne à toute vitesse diverses commandes. **11**

**684. idem 671.** L'Être-Machine est entouré d'un grand nombre d'anneaux de tailles différentes. Une lumière apparaît au niveau de son cœur, puis se met à battre. **12**

**685. idem 682.** L'anneau extérieur, au niveau de la poitrine de Maria, luit de plus en plus fort. Les arcs sont à pleine puissance.

**686.** Très gros plan : le liquide noir est en pleine ébullition, éclairé par les flashs électriques.

**7**

**8**

**9**

**10**

**11**

**12**

**687 idem 684.** Le « cœur » de l'Être-Machine bat régulièrement.

**688 idem 683.** Rotwang relève une manette de sa main droite. **1**

**689 idem 687.** Le cœur bat et forme une étoile, **2** dont la lumière va progressivement se répandre et dans les artères de l'Être-Machine, lui insufflant la vie.

**690.** Gros plan. Le visage de l'Être-Machine est entouré par les anneaux lumineux en mouvement. **3** Progressivement le visage métallique se transforme et le visage de Maria apparaît, **4** qui ouvre lentement les yeux.

**691 comme 651.** Dans le caisson, Maria déglutit faiblement, puis sa tête tombe sur le côté.

**692 idem 690.** Les yeux grand ouvert, la nouvelle Maria regarde fixement devant elle. Fondu au noir.

## Maison de Rotwang - Intérieur soir

**693.** Plan moyen. Freder est toujours dans la cave. Assis sur une marche contre la porte, il tient encore le morceau de tissu. Il sort alors de sa torpeur.

**694.** Plan moyen. La porte donnant sur un escalier s'ouvre.

**695 idem 693.** Freder se redresse, le regard en alerte.

**696 idem 694.** De dos, Freder arrive devant la porte ouverte. Il hésite un instant puis la franchit et se dirige vers l'escalier.

**697.** Plan large, plongée. Freder sort de l'escalier en colimaçon au premier plan et arrive dans la pièce aux tentures. Il regarde autour de lui. Dans son dos, au fond, Rotwang fait son entrée, sortant par le milieu des tentures qu'il referme immédiatement derrière lui. Freder se retourne, lui fait face et fonce vers lui.
Carton :

### « Où est Maria ?!

« Wo ist Maria ?! »

**698 idem 691.** Maria est toujours dans le caisson du laboratoire.

**699.** Plan moyen. Rotwang, debout de face, devant les tentures, fait face à Freder, qui l'interroge en tenant le tissu.
Carton :

### « Elle est auprès de ton père… »

« Sie ist bei Deinem Vater… »

**699 (suite).** Freder recule sous le coup de l'étonnement. Il revient contre Rotwang et le menace. Rotwang reste impassible.

**700.** Plan poitrine : Rotwang et Freder, de profil, se font face. Freder lui brandit le morceau de tissu. Imperturbable, Rotwang lui répond.
Carton :

### « Je te dis qu'elle est auprès de ton père ! »

« Ich sage Dir, sie ist bei Deinem Vater ! »

## Bureau de Fredersen - Intérieur soir

**701.** Plan taille. Fredersen déplie un papier et le lit.

**702.** Insert. Le document contient le texte suivant, manuscrit :

« Elle est l'instrument le plus parfait et le plus obéissant qu'un homme ait jamais possédé ! Ce soir, tu la verras comment elle agira sous les yeux d'une centaine de membres de la haute société. Tu la verras danser. »

(« Sie ist das vollkommenste und gehorsamste Werkzeug, das ich ein Mensch besaß ! Heute abend sollst Du sehen, wie sie vor den Augen der oberen Hundert besteht. Du sollst sie tanzen sehen »)

Par la droite, la main de Fredersen ramène au-dessus de la lettre un carton d'invitation, provenant de C.A. Rotwang, et invitant Joh Fredersen.

**703.** Plan épaule. Fredersen reste pensif.

**704.** Plan taille. L'Être-Machine se tient debout. L'expression de son visage est très différente de celle de la vraie Maria. Elle paraît vicieuse et sournoise.

**705 idem 703.** Fredersen regarde dans sa direction et d'un bref geste des doigts, lui fait signe d'avancer.

**706 idem 704.** L'Être-Machine obéit et avance lentement, les mains sur les hanches.

## Maison de Rotwang - Extérieur soir

**707.** Plan large. Accompagné sur le seuil de la maison par Rotwang, Freder sort et se met à courir.

## Bureau de Fredersen - Intérieur soir

**708.** Plan taille. Fredersen, à gauche, et le « robot-Maria », de profil, face à face, les yeux dans les yeux.

**709.** Gros plan. Fredersen amène ses mains devant lui, en pliant les doigts. **5**

Carton :

> « *Je veux* que tu ailles vers ceux des profondeurs,
> afin d'y détruire l'œuvre de ton modèle ».

> « *Ich will*, dass Du zu denen in der Tiefe gehst,
> um das Werk Deines Vorbildes zu vernichten ! »

**710.** Gros plan. Le robot-Maria cligne de l'œil gauche et hoche la tête avec un léger sourire. **6**

**711 idem 708.** Fredersen pose les mains sur les épaules de la fausse Maria.

**712.** La grande porte du bureau s'ouvre et Freder fait son entrée, à bout de souffle. Il avance dans la pièce et s'arrête brusquement.

**713.** Plan large. Devant son bureau, Fredersen tient le robot-Maria par les épaules, près de lui. Celle-ci se retourne en se rapprochant encore de Fredersen. Tous deux font face vers la porte.

**714.** Plan poitrine. Freder, stupéfait, lève les mains devant lui.

**715.** Plan subjectif : des flash lumineux.

**716 idem 714.** Freder fait passer sa main devant lui, comme pour effacer une image illusoire.

**717.** Plan moyen. Fredersen et la fausse Maria, de face, le regardent en se tenant quasiment enlacés. Le robot sourit. L'image devient floue.

**718 idem 716.** Freder crie.

Carton :

> « Maria ! »

Autour du nom, des effets graphiques se mettent à tourner.

**719.** Effet de surimpressions : Fredersen et le robot, au centre, immobiles, tandis que des images indistinctes tournent autour d'eux. **7**

**720.** Plan large. Freder, de profil devant la porte, porte le bras devant ses yeux.

**721.** Plan subjectif : éblouissements et éclairs.

**722 idem 720.** Freder se tord en se masquant les yeux. Les « éclairs » subjectifs apparaissent encore à l'image. Comme pris de vertige, Freder écarte les bras et cherche à conserver son équilibre. **8**

**723 idem 719.** Sur Fredersen et Maria, au centre d'un maelström d'images.

**724 idem 722.** Freder se prend la tête dans les mains. Au sol des effets lumineux apparaissent, comme s'ils provenaient de l'effet tournoyant.

**725.** Gros plan. Le visage du robot-Maria. Autour de lui, en surimpression, le même visage, démultiplié, tournoie rapidement. **9**

Les plans suivants (726 à 736) se succèdent très rapidement (moins d'une seconde chacun) :

**726.** Effets de flash lumineux en halos.

**727.** Gros plan de Joh Fredersen.

**728.** Gros plan de Maria.

**729.** Gros plan de Rotwang, grimaçant, entouré d'arcs lumineux.

**730.** Gros plan et même effet sur la statue de la Mort de la cathédrale. **10**

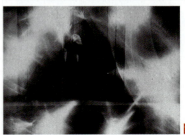

**731.** Les visages de Maria tournent à toute vitesse dans un prisme.

**732.** Effets lumineux tournoyants.

**733 idem 724.** Freder crie de désespoir, entouré par les effets lumineux. **11**

**734.** Plan subjectif : effets lumineux et cercles blancs jaillissant à toute vitesse.

**735 idem 733.** Submergé par les effets lumineux, Freder semble tomber à la verticale.

**736.** Effets visuels, flash et cercles, avec mouvement vertical.

**737.** Plan large subjectif. Freder tombe debout, verticalement, dans un abysse sans fin. **12** Fondu au noir.

## Chambre de Freder - Intérieur soir

**738.** Plan moyen. Freder, qui a retrouvé des vêtements de sa caste, est allongé dans son lit, dans une chambre luxueuse. Il respire difficilement. Il est inconscient.

**739.** Plan moyen. Au premier plan, à droite, Fredersen, en tenue de soirée, tenant son chapeau à la main. Il regarde un médecin à gauche en train d'examiner un thermomètre. À l'arrière-plan, près de la porte, un domestique en blanc, et l'Homme en Noir. Le médecin se tourne vers Fredersen, lui donne ses conclusions d'un geste rassurant de la main et range le thermomètre. Fredersen se retourne à son tour en direction du lit hors champ à droite.

**740.** Plan moyen. Freder, de profil, allongé. Au fond, entre le lit et le mur, se tient une infirmière. Fredersen entre par la gauche du cadre, au premier plan, pose son chapeau sur la table de nuit et se penche sur son fils. Il lui caresse le visage,  soupire et se redresse. Il reprend son chapeau et sort.

**741 idem 739.** Fredersen fait face au médecin. Ce dernier lui donne des consignes. Le domestique en blanc ouvre la porte. Fredersen s'y dirige, suivi par le docteur, qui sort le premier. Fredersen se retourne un instant puis sort à son tour, suivi par l'Homme en Noir. Le domestique referme la porte.

**742 idem 738.** Freder s'est réveillé et regarde autour de lui. Il tend la main gauche vers la table de nuit pour prendre un verre d'eau.

**743.** Gros plan. La main de Freder manque le verre mais atteint un papier posé à côté.

**744 idem 742.** Épuisé, Freder laisse tomber son bras, en tenant tout de même le papier. Il le ramène vers lui.

**745.** Gros plan sur la main de Freder tenant le papier. Il s'agit du carton d'invitation de Rotwang. Fondu enchaîné.

## Maison de Rotwang - Intérieur soir

**746.** Plan large, plongée, panoramique vers la droite. Dans la maison de Rotwang, près des tentures, des hommes en smoking discutent par petits groupes.

**747.** Plan d'ensemble. Dans la pièce aux tentures. L'assemblée comporte plusieurs dizaines d'invités, tous des hommes en smoking.  Fondu enchaîné.

**748.** Plan large, plongée, panoramique vers la gauche. Les invités discutent entre eux.

**749.** Plan taille. Deux invités discutent. L'un d'eux époussette son smoking.

**750.** Plan taille. Deux autres invités, plus jeunes, discutent.

**751.** Plan taille. Un petit groupe d'invités, ceux du premier plan vus de dos. Ils regardent tous vers la droite du cadre.

**752.** Une énorme vasque, que plusieurs Noirs en pagne agenouillés soutiennent sur leurs épaules. De la fumée s'échappe du couvercle lumineux.

**753.** Plan taille. Fredersen, à gauche, et légèrement en retrait se retourne vers Rotwang à droite d'un air interrogatif et lui parle. Rotwang lève sa main droite et tend l'index de sa main gantée de noir.

**754.** Plan large. Le couvercle de la vasque s'ouvre. La fumée s'échappe de plus en plus dense. De la lumière provient du fond. À l'arrière-plan, les tentures sont recouvertes de motifs circulaires ressemblant à des yeux.  Le couvercle s'abat vers le premier plan.

**755.** Insert chambre de Freder. Plan rapproché, plongée. Dans son lit, Freder, vu de face, semble agité par un cauchemar.

**756 idem 754.** Le couvercle finit de s'ouvrir et est maintenant vertical. Derrière lui, en transparence et dans la fumée, une silhouette émerge du fond de la vasque.

**757 idem 749.** Les deux hommes regardent vers leur droite, stupéfaits.

**758 idem 750.** L'un des deux hommes pose son bras sur celui de son interlocuteur, surpris.

**759.** Plan moyen. Au travers du « couvercle » circulaire, qui forme un véritable couronne solaire, apparaît le robot-Maria, portant une robe et une coiffure en forme de demi-cercle, resplendissante. La montée s'arrête lorsqu'elle arrive pile au milieu du cercle central.

**760 idem 758.** Les deux hommes, de profil, ont le visage et même le corps tendus vers l'apparition.

**761.** Plan large. Telle une déesse, la fausse Maria, les yeux fermés, se tient debout, le visage dans le rond central du dessus de la vasque, dont les motifs forment autour d'elle une magnifique parure. **5** Le « couvercle » disparaît par un effet optique. Elle reste seule, debout.

**762.** Gros plan sur une série de visages de profils, bouches bées, fixant l'apparition.

**763.** Les deux hommes sont rejoints par un troisième et tous regardent dans la même direction.

**764.** Plan moyen. La fausse Maria se tient debout. La lumière semble venir de l'intérieur de sa robe, qui l'enveloppe entièrement. Lentement elle écarte les bras. L'éclairage change et son corps apparaît en ombre à l'intérieur de la robe. Elle se met à tourner lentement sur elle-même.

**765.** Plan épaules. Un groupe d'invités, de profil, la regarde. Tous ont le regard clairement libidineux. Panoramique vers la gauche.

**766 suite 764.** Elle poursuit sa rotation sur elle-même, tout en balançant voluptueusement ses hanches.

**767.** Plan très rapproché. Une douzaine d'hommes, de face, la regardent. Les regards sont obscènes. **6**

**768 suite 766.** Elle achève sa rotation et tient maintenant écartés les pans de son vêtement. Elle balance de plus en plus le bassin, comme une « danse du ventre ». **7**

**769.** Insert chambre Freder. Plan moyen. Dans son lit, Freder respire difficilement. L'infirmière se penche sur lui et lui éponge le front, puis le recouvre.

**770.** Plan large. Le lit de Freder se situe à droite. L'infirmière finit de le couvrir. À gauche entre l'Homme en Noir qui s'arrête devant son lit. Il fait un signe. Le domestique en blanc arrive derrière lui et se dirige vers le fond de la pièce.

**771.** Plan moyen. Le domestique ramasse les vêtements d'ouvrier de Freder, posés sur une chaise. Il ramasse les souliers et en laisse tomber un.

**772 idem 755.** Alerté par le bruit, Freder se redresse d'un seul coup dans le lit.

**773.** Contrechamp, plan moyen. Au pied du lit, l'Homme en Noir dissimule son visage derrière son bras. Fondu enchaîné.

**774.** L'Homme en Noir se métamorphose en prêtre, et le pied du lit devient sa chaire. Il écarte les bras devant une bible imposante ouverte devant lui.

**775.** Plan taille. Freder, les yeux grand ouverts, regarde devant lui. **8**

**776 idem 774.** Le prêtre, un bras levé, reprend son prêche, celui qu'il tenait dans la cathédrale. **9**

Carton :

« En vérité, je vous le dis : proches sont les jours
dont parle l'Apocalypse… ! »

« Wahrlich, ich sage Euch : Nahe sind die Tage,
von denen die Apokalypse spricht… ! »

**777.** Plan épaules. Freder crie de frayeur.

**778 idem 768.** Retour chez Rotwang. La fausse Maria danse en tournoyant sur elle-même. Elle tient maintenant sa toge au-dessus d'elle. Elle a le torse nu, à l'exception d'un très léger cache sur la poitrine. Le mouvement fait également tourner sa jupe et découvre ses jambes.

**779 idem 775.** Freder a le regard halluciné.

**780 idem 778.** Le robot danse.

**781 idem 767.** Les hommes regardent…

**782.** Plan moyen, la fausse Maria tournoie encore et toujours. Elle jette son vêtement.

**782.** Plan moyen, légère contre-plongée. La fausse Maria est à genoux, et danse toujours en faisant des rotations des bras levés et du buste.

**783.** Plan moyen. Elle danse toujours, debout et de profil, en levant les jambes et en effectuant des mouvements plus saccadés. **10**

**784 idem 781.** Les hommes ont maintenant tous la bouche ouverte.

**785 idem 783.** La danse est de plus en plus provocante.

**786.** Bref gros plan sur deux visages d'hommes, totalement excités. **11**

**787 idem 785.** La fausse Maria écarte les bras et remue le bassin.

**788 idem 786.** Divers gros plans des hommes en surimpressions, tous sur le point de perdre tout contrôle.

**789.** Plan taille. La fausse Maria danse, remue la tête et le corps. **12**

7

8

9

10

11

12

**790.** Effet de surimpressions. Les visages en gros plan se transforment en une série d'yeux. **1**

**791.** Plan poitrine. La danseuse regarde droit devant elle, d'un air de défi. **2**

**792.** Gros plan. Un homme se tord les lèvres avec les doigts de ses deux mains.

**793 idem 789.** La fausse Maria, de dos, fait des mouvements de bras derrière elle.

**794 idem 790.** Les yeux, écarquillés.

**795 idem 789.** La fausse Maria danse toujours.

**796 idem 784.** Les hommes sont sur le point de crier.

**797 idem 791.** La fausse Maria a un regard de triomphe.

Les plans suivants s'enchaînent à nouveau très rapidement :

**798 idem 787.** La fausse Maria en pied, ondulant du bassin.

**799 idem 796.** La surimpression des visages des invités.

**800 idem 793.** Maria de dos, balançant les bras (plan taille).

**801 idem 794.** La multitude d'eux fixés sur elle.

**802 idem 795.** Maria danse toujours.

**803.** Très gros plan sur un œil unique. **3**

**804 idem 791.** Maria, de face.

**805 idem 779.** Insert Freder, halluciné.

**806.** Plan moyen sur la danse de la fausse Maria.

**807 idem 805.** Freder.

**808 idem 806.** À genoux, la danseuse se penche en arrière tout en gardant la tête levée et en dressant le bras. **4**

**809 idem 807.** À gauche du cadre, les mains de l'infirmière apparaissent et tendent à Freder un verre d'eau. Il boit et repose sa tête sur l'oreiller. Mais il se redresse aussitôt. **5**

**810 idem 776.** Le prêtre poursuit son prêche sur un ton véhément. Il redresse le livre posé devant lui et le lève, les pages ouvertes vers Freder.

**811.** Insert : la Bible est ouverte sur le même passage de l'Apocalypse : la Grande Babylone. **6** Fondu enchaîné.

**812.** Insert : la gravure de la Grande Prostituée chevauchant la Bête. La danseuse porte la même coiffure et la même tenue. **7**

**813.** Plan large. La fausse Maria, dans une pose similaire à celle de la gravure, émerge sur une statue qui reproduit la Bête de l'Apocalypse.

**814.** Gros plan sur deux hommes, le visage grimaçant. Celui au tout premier plan se prend la tête dans les mains.

**815 idem 813.** La statue avec la fausse Maria à son sommet achève sa montée.

**816 idem 814.** L'homme se met à crier.

Carton :

« Les 7 péchés capitaux sont en elle ! »

« Alle sieben Todsünden um ihretwillen »

**817.** Dans la cathédrale. Plan large dans la salle des statues des 7 péchés capitaux. Soudain, la statue de la Mort, au centre, prend vie et lève les bras d'un mouvement triomphal.[4]

**818.** Gros plan. La Mort joue de la flûte avec un os humain.

**819 idem 817.** Les statues des sept péchés sortent de leurs niches et avancent. **8**

**820 idem 818.** La Mort joue.

**821 idem 819.** Les statues avancent, puis s'évanouissent en surimpression.

**822.** Plan rapproché. Les esclaves noirs soutenant la vasque se transforment et deviennent les statues des péchés.

**823.** Chez Rotwang. Plan d'ensemble. La fausse Maria, immobile, tenant la pose, chevauche la Bête, à l'intérieur de la vasque soutenue par les représentations des péchés capitaux. L'ensemble continue de monter, grâce un appareil élévateur. Tous les hommes se précipitent et tendent ensemble leurs mains vers elle. Le robot-Maria lève les bras, triomphante. **9**

**824 idem 821.** Dans la cathédrale. Restée seule, la Mort, armée de sa faux, avance tout en continuant de jouer.

4. La Mort est également interprétée par Brigitte Helm.

**825 comme 18.** Les sirènes se déclenchent au milieu des buildings.

**826 idem 755.** Dans son lit, Freder se bouche les oreilles en grimaçant.

**827. Plan large.** Dans la cathédrale, la Mort se tient dans la nef. Elle prend sa faux et la brandit lentement devant elle.

**828 idem 826.** Se bouchant toujours les oreilles, Freder a un regard effrayé.

**829 idem 827.** La Mort avance en brandissant sa faux.

**830 idem 828.** Freder tend le bras devant lui.

Carton :

*« La Mort est sur la ville ! »*

*« Der Tod ist über der Stadt »*

**831 idem 829.** La Mort avance et fauche devant elle. **10**

**832 idem 830.** Un effet d'optique imite sur l'image le déchirement provoqué par la faux. Freder crie, lève le bras **11** et retombe en arrière.

Carton :

Fin de l'intermède.

Ende des Zwischenspiels

Carton :

Furioso

## Chez Freder - Intérieur jour

**833. Plan moyen.** Freder, de profil, est à moitié allongé dans un fauteuil profond. Il rêvasse en tenant un livre dans les mains.

**834. Insert** sur la page de garde du livre, écrite en caractères gothiques : « La Révélation de Saint Jean » (« Die Offenbarung Sankt Johannis »).

**835. Plan moyen.** Une porte de la pièce s'ouvre brusquement et Josaphat fait son entrée, en appelant immédiatement Freder. Il porte la tenue sombre des travailleurs. Il referme la porte en vérifiant qu'il n'a pas été suivi.

**836. Plan taille.** Assis, Freder se retourne.

**837 idem 835.** Dans la pièce, Josaphat écoute à travers la porte, par précaution.

**838 idem 836.** Freder lance une exclamation et se lève.

**839 idem 837.** Les deux hommes tombent dans les bras l'un de l'autre. Freder remarque la nouvelle tenue de Josaphat. Ce dernier a l'air sombre. **12**

Carton :

*« J'ai fui le type maigre dans ce costume…*
*Mais depuis dix jours, le chien de chasse de votre père*
*rend la cité ouvrière inquiétante… »*

« Ich flüchtete vor dem Schmalen in diese Tracht…
Aber sit zehn Tagen macht der Spürhund Ihres Vaters
auch die Arbeiterstadt unsicher… »

## Bureau de Fredersen - Intérieur

**840. Plan moyen.** Fredersen est assis à droite. Derrière lui, à sa gauche, debout, se tient l'Homme maigre en noir.

**841. Gros plan.** L'Homme en Noir lit son petit carnet de note, faisant son rapport à Fredersen en souriant.

Carton :

*« La seule chose qui retienne encore les travailleurs est*
*l'attente du Médiateur qui leur a été promis… »*

« Was allein noch die Arbeiter im Zaume hält, ist, dass sie noch
immer auf den Mittler warten, der ihnen verheissen wurde… »

**842. Plan taille.** Fredersen, assis, semble contenir sa colère.

## Chez Freder - Intérieur jour

**843. Plan large.** Freder et Josaphat, debout, se font face dans la pièce. Les fauteuils se trouvent au premier plan. Accablé par les mauvaises nouvelles,

Freder se prend la tête dans les mains. Il s'avance et se laisse tomber dans le fauteuil de droite. Josaphat, toujours sombre, se rapproche de lui.
Carton :

> « **D'autres choses étranges sont apparues, Freder…** »
>
> « Es sind noch mehr der selsamen Dinge geschehen, Freder… »

**844 idem 843.** Josaphat fait face à Freder, de dos dans son fauteuil. **1** Il s'assoit dans l'autre fauteuil pour mieux lui parler.
Carton :

> « **Le soir même où vous êtes tombé malade…** »
>
> « An jenem Abend, als Sie krank wurden… »

**845 idem 783.** Chez Rotwang. La fausse Maria danse. **2**
**846 idem 784.** Les spectateurs, la bouche ouverte.
**847 idem 814.** Gros plan sur deux hommes.
**848 idem 782.** Elle danse à genoux.
**849 idem 847.** L'homme de gauche regarde l'autre, qui, lui, regarde la danseuse de tous ses yeux. Il se retourne soudain vers son compagnon. **3**
Carton :

> « **… ceux qui étaient les meilleurs amis du monde…
> pour cette femme…** »
>
> « … die einst die besten Freunde waren… um diese Frau… »

**850.** Dans un jardin. Plan épaules. Un des deux hommes se bat en duel, à l'épée. **4**
**851.** Contrechamp. Son adversaire, son ancien compagnon, est touché et bascule. **5**
Carton :

> « **… l'autre… le même soir…** »
>
> « … der andere… am gleichen Abend… »

**852.** Appartement. Gros plan. Sur une table ou un bureau, une lettre, un verre à moitié vide et un pistolet. Une main éteint une cigarette dans un cendrier plein, **6** prend le pistolet et sort en hors-champ. Un effet de fumée évoque le coup de feu. Fondu au noir.
Carton :

> « **Les jardins éternels sont laissés à l'abandon…
> Mais nuit après nuit, à Yoshiwara…** »
>
> « Die Ewigen Gärten liegen verwaist…
> doch Nacht um Nacht, im Yoshiwara… »

## Cabaret de Yoshiwara - Intérieur nuit

**853.** Plan d'ensemble. Une grande piste de danse circulaire. Au fond, un escalier d'une demi-douzaine de marches mène à un niveau élevé tapissé par une grande tenture. De chaque côté, symétriquement, des passages découvrent des danseurs en contrebas. Du premier plan, bas de cadre, la fausse Maria entre sur la piste en reculant et en faisant signe d'avancer. Elle court vers l'escalier **7** suivie par une foule d'hommes. Elle monte.

**854.** Plan moyen. Le robot-Maria, debout, fait face, le dos aux rideaux, en levant les bras et en regardant vers le bas. Elle porte une robe sombre, à moitié transparente.
**855.** Plan large, contrechamp, plongée. Les hommes courent vers le bas de l'escalier.
**856 idem 854.** La fausse Maria relève sa robe, détache sa jarretière **8** et la lance.
**857 idem 855.** Tous les hommes reculent et se bousculent pour l'attraper.
**858.** Plan rapproché, raccord dans l'axe : la fausse Maria les regarde en souriant.
**859 idem 857.** Au pied de l'escalier, deux hommes se battent sauvagement, entourés par les autres.

**860.** Plan moyen, raccord à 180° : au pied de l'escalier, les deux hommes se battent à coups de poing. **9**

**861.** Plan taille sur un des deux hommes, décrochant des coups.

**862.** Contrechamp, plongée. Touché, l'autre tombe en arrière dans le groupe des spectateurs.

**863 idem 856.** Les mains dans le dos, la fausse Maria regarde en souriant. Elle recule vers le rideau, tout en regardant le spectacle.

**864 idem 862.** Ivre de colère, l'homme se redresse et repart à l'attaque.

**865.** Plan taille, de trois quarts. Les deux hommes se battent de nouveau en tentant de s'étrangler mutuellement.

**866.** Plan taille. Les deux hommes, de profil, accrochés l'un à l'autre. L'un étrangle fortement son adversaire. **10**

**867 idem 863.** Marchant toujours à reculons, la fausse Maria disparaît derrière le rideau.

**868 idem 865.** Sentant qu'il a le dessous, l'homme qui se fait étrangler sort un pistolet de sa poche et tire à bout portant sur son adversaire, qui s'écroule.

Carton :

« Et cette femme, qui semblent traîner
avec elle tous les péchés…

« Und diese Frau, an deren Füsse sich alle Sünden heftent….

Fondu sur un second carton :

*…se nomme* Maria… »

… heisst *auch* Maria… »

## Chez Freder - Intérieur

**869 idem 844.** Josaphat s'est relevé pour donner cette dernière information. Freder se relève d'un coup et saisit Josaphat dans ses bras.

Carton :

« La même que celle qui est considérée
comme une sainte par ceux des profondeurs ?! »

« Dieselbe, zu der die in der Tiefe aufsehen
wie zu einer Heiligen ?! »

**869 (suite).** Josaphat approuve. Freder recule légèrement.

**870 comme 394.** Les sirènes se déclenchent.

**871.** Plan taille. Freder, de trois quarts face, à droite, et face à lui, Josaphat de dos. Freder a de nouveau le regard illuminé.

Carton :

« Ils sont nombreux à aller dans la Cité des Morts,
vers celle en qui ils ont une confiance absolue. »

« Jetz gehen viele in die Stadt der Toten, zu einer,
die sie treu wie Gold befunden haben ».

**871 (suite).** Freder ouvre les bras. **11**

Carton :

« Alors le médiateur ne peut pas faire défaut… »

« Dabei darf der Mittler wohl nicht fehlen… »

**871 (suite).** Freder et Josaphat se parlent.

**872 idem 869.** Freder court vers le fond de la pièce, ouvre une porte et entre dans une autre pièce, qu'il allume. Josaphat reste un instant seul au milieu de la première chambre ; il se dirige vers la porte d'entrée et écoute au travers par précaution. Freder revient avec un manteau. Josaphat ouvre la porte et les deux hommes sortent.

## Bureau de Fredersen - Intérieur

**873 idem 840.** Fredersen se tourne vers l'Homme en noir et lui donne des instructions. **12**

Carton :

## Maison de Rotwang, cellule de Maria - Intérieur

**875.** Plan large. Dans la chambre où est détenue Maria, Rotwang, assis à gauche, parle à Maria assise à droite. Il lui parle sans la regarder, tenant sa main mutilée devant lui.

Carton :

« Joh Fredersen veut que ceux du fond se mettent
dans leur tort en utilisant la violence, afin d'avoir le droit d'user
lui-même de la violence contre eux… »

« Joh Fredersen will, dass die in der Tiefe
sich durch Gewalttat ins Unrecht setzen,
damit er das Recht zur Gewalt gegen sie bekommt… »

**875 (suite).** Maria se tord de désespoir, se prend le visage et s'effondre sur la table, en pleurs. Rotwang la regarde et se tourne vers elle. **1**

Carton :

« Quand tu prêchais à tes pauvres frères,
Maria, tu leur parlais de paix… Aujourd'hui, sur ordre
de Joh Fredersen, une voix les pousse à l'émeute… »

« Wenn Du zu Deinen armen Brüdern sprachst, hast
Du zum Frieden geredet, Maria… heute hetzt ein Mund
auf Befehl Joh Fredersens zum Aufruhr gegen ihn… »

**876.** Effet de surimpressions en prisme : le visage de la fausse Maria qui prêche intensément, des visages de travailleurs, des yeux, des travailleurs qui se lèvent. **2**

**877.** Plan épaule. Rotwang, de face, tend les mains vers Maria sur la table. Celle-ci, au bord droit du cadre, de dos, recule lentement.

Carton :

« Elle va anéantir la foi en le médiateur ! »

« Sie wird den Glauben an den Mittler zestören ! »

## Catacombes

**878 comme 415.** La fausse Maria prêche sur l'autel. Elle porte la même tenue que la vraie, mais son attitude est très différente : elle parle avec véhémence, en s'agitant et en criant. **3**

**879.** Plan large. Au premier plan, à droite du cadre, les travailleurs de dos, dans l'ombre, écoutent « Maria », dans le fond, qui tend les bras vers eux en leur parlant.

**880.** Plan taille, léger panoramique vers la droite. « Maria », de profil, se penche en avant en s'adressant à l'auditoire.

**881 idem 879.** Les travailleurs se penchent en avant. La fausse Maria utilise les mêmes procédés de séduction que dans le cabaret.

**882 idem 881.** Elle recule légèrement ; léger panoramique vers la gauche.

**883.** Plan large, légère plongée. Les travailleurs, groupés en masse, la fixent de tous leurs yeux. **4**

**884 idem 878.** La fausse Maria revient au centre de l'autel et regarde à sa droite. Elle se tourne brusquement et s'adresse à ceux situés dans l'autre partie de la salle, en tendant de nouveau largement les bras et en se penchant en avant.

**885.** Plan large, symétrique au plan 879 : les travailleurs sont en amorce sur le côté gauche, de dos, et regarde « Maria » penchée vers eux.

**886.** Plan moyen, léger panoramique vers la droite. Avec un large sourire, ramenant les bras tendue devant elle, la fausse Maria revient au centre de l'autel, devant les croix et les bougies.

**887.** Plan d'ensemble, plongée : tous les travailleurs ont le visage levé en sa direction et écoutent. Ils s'approchent lentement ; certains se relèvent.

**888.** La fausse Maria continue sa harangue en tenant les bras tendus devant elle.

Carton :

« Vous le savez, j'ai toujours prêché la paix…
Mais votre Médiateur n'est pas venu… »

« Ihr wisst, ich habe immer zum Frieden geredet…
aber Euer Mittler ist nicht gekommen… »

**889.** Plan d'ensemble, plongée. Le robot-Maria, à droite, devant l'autel, poursuit son prêche. À gauche et à ses pieds, les travailleurs, regroupés, l'écoutent. Ses paroles les font réagir. **5**

**890.** Plan large : une masse de travailleurs, de profil, tendent le visage vers elle. **6**

**891.** Plongée : des visages en gros plan. Au centre, le visage tordu par la colère, se trouve le travailleur qui avait pris Maria à parti lors de son prêche précédent.

**892 idem 878.** La fausse Maria frappe du poing dans le vide. **7**

Carton :

« Vous avez assez attendu ! Votre temps est venu ! »

« Ihr habt lange genug gewartet ! Eure Zeit ist da ! »

**893 idem 887.** Tous les travailleurs crient en brandissant le poing. **8**

## Maison de Rotwang, cellule de Maria - Intérieur

**894.** Plan moyen. Assise devant la table, Maria croise les bras sur sa poitrine, terrifiée. Sur la table sont toujours posées les mains de Rotwang.

**895.** Plan épaule, contrechamp. Rotwang continue son discours. **9**

Carton :

« … mais j'ai trompé Joh Fredersen ! Ton double n'obéit pas
à *sa* volonté, mais à la *mienne* ! »

« … aber ich habe Joh Fredersen betrogen ! Nicht *seinem* Willen
folgt Dein Ebenbild – nur *meinem* allein ! »

**896 idem 894.** Rotwang s'est penché vers Maria. **10**

## Catacombes

**897.** Plan épaule : la fausse Maria, de face, harangue les travailleurs. Soudain, elle ouvre grand le haut de sa robe, des deux mains. **11**

Carton :

« Qui est la nourriture vivante pour les machines
de Métropolis ?! »

« Wer ist das lebendige Futter für die Maschinen
für Metropolis ?! »

**898.** Plan moyen, léger panoramique vers la gauche. Des travailleurs, de profil, se frappent la poitrine pour se désigner. Parmi eux se trouvent, immobile, Georgy, le n°11811. **12**

**899.** Plan épaules. À droite du cadre, de profil, un groupe de travailleurs devant la marche de pierre de l'autel. À gauche du cadre, la fausse Maria apparaît brusquement et s'allonge pratiquement sur la pierre, pour leur faire face.

Carton :

« Qui lubrifie les rouages des machines avec sa propre moelle ?!

« Wer schmiert die Maschinen-Gelenke
mit seinem eigenen Mark ?! »

**899 (suite).** Les travailleurs crient en se désignant.

**900 idem 891.** Tous crient de colère.

**901.** Plan large. Freder et Josaphat descendent la galerie menant à la grande salle.

**902.** Plan large. Les travailleurs, de face, sur l'escalier de pierre, se frappent la poitrine. Derrière eux, Freder et Josaphat arrivent et découvrent la scène.

**903.** Plan épaule  Freder et Josaphat, un peu derrière lui, ouvrent de grands yeux devant la situation.

**904.** Plan large, point de vue de Freder. Au fond de la salle, sur le bord de l'autel, la fausse Maria s'adresse toujours aux travailleurs massés vers elle, en passant d'un bord à l'autre.

**905.** Plan épaule. La fausse Maria, de trois quarts dos, regarde droit dans les yeux des travailleurs qui se tendent vers elle, très échauffés.

Carton :

« Qui nourrit les machines de sa propre chair ?! »

« Wer füttert die Maschinen mit seinem eigenem Fleisch ?! »

**905 (suite).** Les travailleurs se désignent en criant.

**906.** Plan très rapproché. Des travailleurs, regroupés en masse, de trois quarts face, crient en réponse.

**907.** Gros plan face caméra. Elle crie de plus belle.

**908 idem 906.** Les travailleurs crient aussi de plus en plus fort.

**909 idem 907.** Elle crie tout en souriant.

Carton :

« Laissez les machines mourir de faim, idiots que vous êtes !
Laissez-les crever ! »

« Lasst die Maschinen verhungern, Ihr Narren !
Lasst sie verrecken !! »

**910 idem 904.** Tous les travailleurs lèvent le poing.

**911.** Plan large, plongée. Sur la droite, la fausse Maria quitte l'autel et monte rapidement sur une marche de pierre située sur le bord. À ses pieds, tous les travailleurs se massent et crient.

**912.** Plan poitrine, trois quarts face. Elle lève les bras.

Carton :

« À mort les machines !! »

« Schlagt sie tot die Maschinen !! »

**912 (suite).** Le robot a un regard diabolique et abaisse les bras.

**913.** Plan large, plongée. Les travailleurs lèvent le poing, crient et s'agitent.

**914 idem 912.** La fausse Maria appelle à la révolte, le regard halluciné.

**915.** Panoramique vers la gauche sur la masse des travailleurs, criant, en plan rapproché.

**916.** Plan large. La fausse Maria est debout, devant les croix, triomphante. Les travailleurs grouillent autour d'elle. L'un d'entre eux monte sur la pierre, à côté d'elle.

<mark>**917.** Plan poitrine. Le travailleur écarte les bras et, à son tour, harangue ses camarades.</mark>

<mark>**918 idem 906.** Les travailleurs hurlent.</mark>

**919.** Plan taille. Freder, effaré, se passe la main sur le front. Josaphat l'enserre du bras pour l'empêcher d'avancer plus loin.

**920 idem 897.** D'un air mauvais, la fausse Maria maintient ouvert le haut de sa robe.

**921 idem 919.** Freder tente d'avancer en criant « Maria ».

**922 idem 902.** Les travailleurs sont déchaînés. Du haut, Freder descend les marches et se place au milieu d'eux. Il regarde en direction de l'autel.

**923** Plan taille, Freder tend le bras gauche d'un air accusateur, Josaphat en retrait derrière lui, et crie.

Carton :

« Tu n'es pas Maria !!! »

« Du bist nicht Maria !!! »

**924.** Plan large, contre-plongée ; la fausse Maria regarde dans sa direction. Tous les travailleurs à ses pieds se retournent ou regardent également vers Freder.

**925 idem 922.** Sur les marches, les travailleurs s'écartent. Freder s'avance. **7**

**926 idem 923.** Il répète, d'un air encore plus ferme.

Carton :

### « TU N'ES PAS MARIA ! »
### « DU BIST NICHT MARIA ! »

**927 idem 925.** Les travailleurs l'entourent de nouveau, le regardent ainsi que la fausse Maria.

**928 idem 920.** La fausse Maria a un rictus mauvais. **8**

**929.** Plan taille, plongée. Les travailleurs, interdits, s'agitent et hésitent. Au milieu d'eux, de face, 11811 est plongé dans la réflexion. **9**

**930.** Plan large, plus éloigné : Freder, sur les marches, tend un doigt accusateur, Josaphat à côté de lui. Au premier plan, la masse des travailleurs regarde dans la direction désignée par Freder, puis s'agitent, déboussolés. **10**

**931 idem 924.** Le travailleur monté à côté de la fausse Maria reste bouche bée.

**932.** Plan large, légère plongée. Sur les marches, Freder tente de convaincre les travailleurs en parlant à ceux autour de lui.

Carton :

### « Maria parle de paix, non de mort ! Ce n'est pas Maria !! »
### « Maria redet zum Frieden, nicht zum Mord !
### Das ist nicht Maria !! »

**933 idem 928.** La fausse Maria hausse les épaules d'un air méprisant.

**934 idem 931.** Le travailleur monté sur la pierre tend le doigt et crie. **11**

Carton :

### « Le fils de Joh Fredersen !! »
### « Joh Fredersens Sohn !! »

**935 idem 927.** Les travailleurs se précipitent sur Freder. **12**

**936.** Plan moyen, raccord dans l'axe. Freder lève les mains en signe d'apaisement.

**937 idem 934.** Le travailleur crie en frappant l'air du poing.

Carton :

### « Mort à ce chien en soie blanche !!! »
### « Schlagt ihn tot, den Hund im weiss-seidenen Fell !!! »

**938 idem 930.** Les travailleurs se précipitent sur Freder et Josaphat. Ils se défendent et se battent.

**939.** Plan taille. Freder donne des coups autour de lui.

**940.** Plan moyen, légère plongée. Josaphat se bat et fait tomber un homme devant lui.

**941 idem 939.** Freder se bat à coups de poing.

**942 idem 940.** Josaphat se défend en grimaçant.

**943.** Gros plan : quelqu'un ramasse le manteau de Freder sur les marches.

**944 idem 942.** Celui qui a ramassé le manteau se jette par-derrière sur Josaphat et lui recouvre la tête du manteau. Ils sont entourés d'autres hommes vindicatifs. Josaphat est submergé.

**945.** Plan moyen. Freder combat plusieurs hommes à la fois.

**946.** Plan moyen. Freder recule contre la paroi. Un homme se jette contre lui.

**947 idem 929.** 11811 tente de s'extraire de la masse.

**948 idem 938.** Les hommes se battent toujours, Freder et Josaphat sont seuls contre tous.

**949 idem 946.** Un homme plaque Freder contre la paroi. Il grimace de douleur. D'autres hommes se précipitent.

**950 idem 941.** Freder se défend toujours.

**951 idem 949.** Freder se dégage.

**952.** Plan moyen, plongée. Dans la foule, 11811 se fraye un chemin et se rapproche.

**953 idem 951.** Freder est de nouveau acculé contre la paroi.

**954.** Gros plan : une main sort un couteau d'une poche.

**955 idem 953.** 11811 surgit et se place devant Freder, face à ses agresseurs ; il lève les bras. L'homme au couteau bondit sur la gauche et le poignarde.  11811 reste debout, soutenu par Freder, derrière lui. Les deux hommes basculent en arrière.

**956 idem 937.** La fausse Maria ricane dans ses mains, toujours debout, entourée par les travailleurs à ses pieds. Le travailleur appelant à l'émeute est maintenant en contrebas, mais il lève les bras et crie de nouveau.

Carton :

« Allez chercher vos femmes et vos fils dans la cité ouvrière !<br>Personne ne doit rester en arrière! Mort aux machines !!!

« Holt Eure Weiber, Eure Söhne aus der Arbeiterstadt !<br>Keiner bleibe zurück ! Tod den Maschinen !!! »

**956 (suite).** Tous applaudissent frénétiquement. La fausse Maria lève les bras en signe de triomphe.  Un homme s'approche pour lui prendre les jambes.

**957.** Plan large. Le robot se fait porter en triomphe par l'homme qui la soutient par les jambes. Travelling arrière. Ils traversent toute la salle au milieu de la foule. La fausse Maria exulte, ouvre de nouveau son corsage et écarte les bras.

Cartons : séquences manquantes

Dans la mansarde de sa maison, Rotwang exulte devant Maria, ivre de son triomphe contre Fredersen :

« J'ai même doublement trompé Joh Fredersen : je lui ai caché que son fils veut être le médiateur de tes frères, et qu'il t'aime ! »

Maria n'est pas la seule à écouter. Sous la fenêtre de la mansarde, Joh Fredersen a tout entendu.

Joh Fredersen pénètre dans la mansarde de Rotwang. Il se bat contre son ancien rival et le terrasse. Maria est libre.

*In der Dachkammer seines Hauses steigert sich Rotwang Maria gegenüber in den Rausch seines Triumphs über Fredersen hinein :*

*«… und zweifach habe ich Joh Fredersen betrogen ! Denn ich verschwieg ihm, dass sein Sohn der Mittler Deiner Brüder sein will – und Dich liebt ! »*

*Maria ist nicht Rotwangs einzige Zuhörin. Hinter dem Fenster der Dachkammer hat Joh Fredersen gelauscht…*

*Joh Fredersen dringt in Rotwangs Dachkammer ein. Er ringt mit seinem alten Rivalen und schlägt ihn nieder. Maria ist frei.*

## Catacombes

**958.** Plan moyen. Josaphat se relève doucement de derrière un rocher. Il appelle.

**959.** Plan taille. Josaphat, de dos, regarde vers la grande salle, maintenant vide. Il se retourne.

**960.** Plan moyen. Freder, au sol, tient dans ses bras 11811, allongé. Il lui soutient la tête et tente de panser sa blessure.

**961 idem 959.** Josaphat le découvre et s'avance.

**962.** Gros plan, plongée. Josaphat, de dos, se penche vers Freder qui le regarde.

**963.** Plan taille. Josaphat et Freder entourent 11811 agonisant. L'autel et ses croix apparaissent en profondeur de champ. Le blessé se redresse légèrement.

**964.** Gros plan sur les trois visages. 11811 se tourne vers Freder et sourit.

Carton :

« … *fidèle* malgré tout… »

« … *doch* treu gewesen… »

**964 (suite).** Il s'effondre et meurt. Fondu au noir.

## Maison de Rotwang - Intérieur et extérieur nuit

**965.** Plan moyen. Dans la mansarde, des ombres s'agitent, vues sur l'ombre

des barreaux de la fenêtre, réfléchie sur le mur. Effrayée, Maria glisse le long de ce mur.

**966.** Plan d'ensemble. La porte de la maison de Rotwang s'ouvre. Dans la lumière émanant de l'intérieur, Maria apparaît sur le seuil **4** et sort en courant.

## Catacombes

**967.** Plan moyen. Freder et Josaphat se relèvent, devant la grande salle. Carton :

« Venez, Freder ! Nous devons nous rendre à la cité des travailleurs ».

« Kommen Sie, Freder ! Wie müssen noch durch die Arbeiterstadt. »

## Cité des travailleurs

**968 comme 26.** La grande place est noire de monde. Au centre, sur le socle du gong, se tient la fausse Maria. La foule est agitée, et dresse les bras et les mains dans sa direction. **5**

**969.** Plan épaule. La fausse Maria regarde la foule. Son allure s'est encore dégradée : elle a des mouvements saccadés du visage, ses lèvres forment un rictus cruel et méprisant. **6**

**970.** Plan large, légère plongée. Dans une rue, les habitants, hommes et femmes, sortent des immeubles et courent devant eux.

**971.** Plan épaule sur le travailleur « meneur », qui fait signe à tous d'approcher. Derrière lui, au-dessus, se tient Maria, près du gong. **7**

**972 idem 970.** Tous arrivent et dressent le poing.

**973 idem 969.** Sur le robot-Maria.

**974.** Plongée. Au premier plan, de dos, le meneur harangue la foule massée devant lui, qui emplit complètement le cadre. Puis il lève les bras, imité par tous. **8**

**975.** Contrechamp, contre-plongée. Au premier plan, les mains et les bras se dressent, devant le meneur. Au-dessus, la fausse Maria, dominante, les regarde.

**976 idem 973.** Sur le robot-Maria.

**977 idem 972.** Sur la foule. **9**

**978 idem 976.** Sur le robot-Maria.

**979 idem 974.** Tous les travailleurs exultent.

**980 idem 971.** Le meneur triomphe.

**981.** Plan épaule sur un travailleur au premier plan droite. Il s'exclame soudain. Derrière lui, la fausse Maria regarde derrière elle ; un autre homme est à ses pieds.

**982.** Plan large. Agenouillé devant la fausse Maria, le travailleur saisit des deux mains le levier posé devant le gong. À droite, l'autre homme dresse la main en la désignant. **10** Plan très bref.

**983 idem 978.** La fausse Maria, le visage pratiquement tordu, fait face, lève les bras et lance un nouvel appel. Carton :

« Femmes, hommes, aujourd'hui, personne ne doit faire défaut ! Mort aux machines !! »

« Frauen und Männer, keiner darf heute fehlen ! Tod den Maschinen !! »

**983 (suite).** La fausse Maria termine son appel.

**984.** Plan large, légère plongée. La fausse Maria, de trois quarts, trône sur le socle du gong. **11** Elle en descend précipitamment et fonce dans la foule. Panoramique vers la gauche.

**985.** Plan large, plongée. La fausse Maria court à travers la foule et l'entraîne à sa suite. **12**

**986.** Plan large. La fausse Maria, de dos, arrive devant les marches conduisant aux élévateurs. Elle court vers celui du centre, suivie soudain par toute la foule.

**987.** Plongée verticale. Par-dessus un des élévateurs, à travers la vitre et les câbles, la fausse Maria entre dans la cabine suivie par les travailleurs qui se précipitent.

**988 idem 985.** Une foule immense se précipite, dans le même mouvement.

**989 idem 986.** La foule, de dos, se précipite vers les ascenseurs.

**990.** Plan large. Au milieu de la foule, de face, la fausse Maria, dans un élévateur rempli, fait signe des bras à ceux qui se précipitent vers elle d'aller vers les autres monte-charges. **1**

**991.** Plan moyen. Un groupe, de trois quarts dos, se précipite dans une autre cabine.

**992.** Plan large. Les travailleurs, de profil, remplissent en courant une autre cabine.

**993.** Plan d'ensemble sur la cage d'ascenseur n°326. L'élévateur se met à monter. La fausse Maria, au centre, maintient les bras en l'air.

**994.** Plan large. Dans le même mouvement, les travailleurs, en courant, remplissent encore d'autres élévateurs.

**995.** Plan moyen, plongée. Des travailleurs entrent dans une cabine.

**996.** Plan moyen, plongée. Un travailleur s'installe près des commandes, tandis que la cabine se remplit.

**997.** Plan large, contre-plongée. La cabine où se trouve la fausse Maria monte et disparaît progressivement.

**998 idem 992.** L'ascenseur monte, complet, laissant en bas un grand nombre de travailleurs déchaînés. **2**

**999 idem 996.** La cabine démarre. En arrière-plan, les hommes n'ayant pas trouvé de place se déplacent à la recherche d'un autre monte-charge.

**1000.** Plan large de face. Dans une cabine, derrière la barrière de sécurité, les occupants, hommes et femmes, font des signes vers le bas.

**1001.** Plan rapproché. Dans l'intérieur d'une cabine, les occupants, de dos, se bousculent. Au fond, à l'extérieur, la foule les regarde en se bousculant également. **3**

**1002.** Plan large. La cabine 125 disparaît à son tour en montant. Jusqu'au bout les occupants font signe, à travers la grille, pour qu'on les suive.

**1003.** La fausse Maria arrive en courant dans le tunnel voûté vu dans la première séquence, avec les grilles dans le fond. Elle fait signe derrière elle. La foule des travailleurs la suit, dans l'allée de droite, et tous courent vers les grilles. **4** Un autre groupe envahit alors l'allée de gauche.

**1004.** Plan large, contrechamp, derrière les grilles. La foule conduite par la fausse Maria se heurte contre la grille.

**1005.** Plan moyen, de face, derrière la grille. Ils secouent la grille. Maria se retourne vers eux.

**1006 idem 1004.** L'autre groupe, sur la seconde allée, arrive à son tour contre la grille. Des hommes commencent à grimper dessus.

**1007.** Plan d'ensemble, de trois quarts. Des cabines d'ascenseur redescendent dans la cité.

**1008.** Plan large. La foule, de dos, prend d'assaut une cabine vide alors qu'elle n'est pas encore arrêtée.

**1009.** Plan large : la même scène, de trois quarts dos. Les hommes montent pratiquement les uns sur les autres. **5**

**1010.** Plan large. La foule, de profil, se masse vers une cage d'ascenseur.

**1011.** Plan moyen. Un groupe, de dos, voit une cage devant lui se remplir à ras bord.

**1012 idem 1003.** La foule court vers les grilles.

**1013 idem 1008.** La cabine remonte, archi-comble. Certains s'accrochent encore à la grille alors qu'elle monte. Ceux restés en bas protestent.

**1014 idem 1011.** C'est le chaos devant un monte-charge : les travailleurs se bousculent, la grille de sécurité se tord.

**1015** Plan d'ensemble, de trois quarts, sur les batteries des élévateurs. Un monte, plein, tandis qu'un autre redescend à vide. **6**

**1016** Plan plus rapproché sur les élévateurs, raccord dans l'axe.

**1017 idem 1005.** Derrière la grille, les travailleurs l'attaquent à coup de hache et de masse.

**1018 idem 1016.**

**1019 idem 1002.** La cabine 125 disparaît vers le haut.

**1020.** Plan large. Sur la place, autour du gong, quelques personnes courent encore en direction des élévateurs. **7**

**1021.** Plan d'ensemble sur une cage d'élévateur. La cabine se remplit à ras bord. Une femme retardataire entre au moment où la grille de sécurité se lève.

**1022.** Plan large, raccord dans l'axe. Dans la cabine, une femme regarde vers la ville et lève triomphalement les bras. **8**

Carton :

« Personne – personne n'est resté ! »

« Keiner – keine ist zurückgeblieben ! »

**1023.** Plan large. Le bas de l'immeuble « 241 », déserté, au pied de l'escalier éclairé. Sur les murs à gauche et à droite, des panneaux avec des listes de numéros correspondant aux travailleurs habitant dans l'immeuble. Du haut de l'escalier apparaissent alors deux petits enfants, descendant craintivement les marches. **9**

**1024.** Plan de grand ensemble. Dans le fond de la place, le dernier monte-charge s'élève lentement.

**1025 idem 1006.** Les travailleurs s'acharnent sur la grille et tentent de l'abattre.

**1026.** Plan moyen. Les barreaux commencent à céder et à se déceler. La fausse Maria se glisse à travers la grille et se retourne vers les hommes, en levant les bras pour les encourager.

**1027 idem 1025.** La fausse Maria franchit la grille, suivie par les travailleurs.

## Salle des machines - Intérieur

**1028 idem 106.** Menée par la fausse Maria, la foule envahit la salle que Freder avait découverte au début du film, où des travailleurs sont encore à leur poste. Certains montent l'escalier à gauche menant aux postes de travail. **10**

**1029 idem 108.** La fausse Maria monte en courant le grand escalier de la machine géante, qui avait causé la grande explosion. Elle est suivie par la foule des révoltés.

**1030.** Plan large, plongée. Sur l'escalier, Maria s'adresse aux ouvriers en poste, en tendant les mains.

Carton :

« Quittez la machine ! Laissez-la mourir ! »

« Weg von den Maschinen ! Lasst sie sich zu Tode rasen ! »

**1030 (suite).** La fausse Maria se tourne vers la foule et lui fait signe. Les travailleurs montent à l'assaut.

**1031 idem 1029.** La machine est envahie par les travailleurs révoltés, qui grimpent l'escalier.

**1032 idem 1028.** La foule envahit la salle des machines en courant.

**1033.** Plan moyen, contre-plongée. En haut de l'escalier, devant les bielles géantes, la fausse Maria se retourne en souriant, lève très haut les bras et crie.

Carton :

« À la Machine-Cœur ! »

« Zu Herz – Maschine ! »

**1040.** Plan d'ensemble : la Machine-Cœur, centre énergétique de Métropolis. Il s'agit d'un nouvel ensemble symétrique composé de deux parties en haut d'un escalier central. La machine est entièrement électrique, à la différence de la précédente. En son sommet, un grand cadran lumineux en arc de cercle. Au centre de la machine, en haut de l'escalier central, un tableau de contrôle. Un homme, de dos, y est affecté et parcourt le tableau en marchant sur la plateforme.

**1041.** Plan taille, sur l'homme, de profil devant le panneau de contrôle. C'est Grot. Il essuie soigneusement l'un des cadrans. Soudain son regard est attiré derrière lui.

**1042.** Gros plan. Un panneau lumineux se met à clignoter, portant le mot : « Gefahr » (« Danger »).

**1043.** Plan moyen. Grot se précipite sur un levier au sol **11** et le tire fortement vers lui.

**1044.** Plan de grand ensemble. Par le haut et le bas, deux énormes plaques glissent et ferment l'accès à la Machine-Cœur. **12**

**1045 idem 1043.** Grot surveille la fermeture.

**1046.** Plan de grand ensemble, plus éloigné : en haut d'un grand escalier, l'accès à la Machine-Cœur est condamné par la fermeture des plaques blindées, qui glissent l'une derrière l'autre.

**1047.** Plan rapproché sur une plaque qui glisse.

## Maison de Rotwang - Intérieur

**1048.** Plan large. Dans la mansarde, Fredersen, encore un peu sonné, regarde vers le sol (sans doute vers Rotwang, après leur combat dans la séquence manquante, voir entre les plans 957 et 958). **1** Il sort.

## Salle des machines - Intérieur

**1049.** Plan moyen. Grot, devant l'escalier de la Machine-Cœur, va et vient sur place, très angoissé.

**1050.** Plan d'ensemble. Devant la porte , la foule, de dos, s'est amassée et en lève le poing. La fausse Maria est parmi elle et attise la colère. **2**

**1051 idem 1049.** Grot ne sait pas quoi faire. Il se passe la main sur le front, très agité.

## Bureau de Joh Fredersen / Salle des machines

**1052.** Plan large. Fredersen entre dans son bureau par la grande porte. À droite, contre le mur, un grand appareil, avec une corbeille à papier. Fredersen s'y dirige et ramasse les rubans de papier dans la corbeille : des lignes de télex qui sortent de la machine. Il s'approche encore, vers un écran vide au centre de l'appareil.

**1053.** Plan taille. Fredersen, de dos face à la machine, règle l'appareil, actionne des interrupteurs. Sur l'écran, apparaît « HM2 » (pour « Herz-Maschine »). Puis, en dessous, des images floues. Fredersen fait un nouveau réglage. Sur l'écran, l'image se stabilise : c'est Grot, dans la salle de la Machine-Cœur. Fredersen appuie de nouveau sur un interrupteur, sur sa droite.

**1054 idem 1051.** Salle des machines. Grot va et vient sur place. Au fond, sur le mur, une machine de communication se met à clignoter.

**1055 idem 1053.** Bureau Fredersen. Sur l'écran, Grot se rapproche en courant et décroche le combiné. Fredersen lui parle au moyen d'un combiné identique. Grot est affolé. **3**

**1056.** Plan poitrine. Fredersen, de trois quarts face, reste calme et s'adresse à Grot.

Carton :

« Ouvrez les portes ! »

« Öffnen Sie die Tore ! »

**1057.** Plan taille. Grot, de profil, est collé contre l'écran de la machine, sursaute d'étonnement.

**1058 idem 1055.** Sur l'écran Grot est au bord de la panique.

**1059 idem 1050.** La foule est toujours derrière la porte.

**1060 idem 1056.** Fredersen répète son ordre en haussant le ton.

Carton :

« Ouvre les portes ! »

« Du sollst die Tore öffnen ! »

**1061 idem 1057.** Grot brandit le poing contre l'écran. **4**

Carton :

« Si la Machine-Cœur est abattue, il n'y aura plus une pierre
l'une sur l'autre dans le quartier des machines !! »

« Wenn die Herz – Maschine zugrunde geht, bleibt im Maschinen
– Viertel kein Stein auf dem andern !! »

**1062 idem 1055.** Fredersen brandit à son tour le poing face à l'écran.

**1063 idem 1060.** Fredersen répète encore son ordre.

**1064 idem 1062.** Fredersen raccroche brutalement et coupe l'image.

**1065.** Plan moyen. Grot reste interdit, devant la machine de communication, et crie encore devant l'écran éteint.

**1066.** Plan large, légère plongée. Face à la porte, la foule est déchaînée. De dos, la fausse Maria, émergeant du groupe, l'encourage toujours.

**1067 idem 1065.** Grot met ses mains dans les poches tout en déambulant, en colère. Il s'approche du levier des portes, crache dessus et, furieux, l'actionne d'un grand coup de pied.

**1068 idem 1047.** Les plaques glissent de nouveau, dans l'autre sens.

**1069.** Plan rapproché, raccord dans l'axe du 1066. Les travailleurs crient de triomphe, la fausse Maria, de dos, a toujours les bras haut levés. Elle se retourne et, de la main, désigne la porte.

**1070.** Plan d'ensemble : la foule, de dos, voit les plaques glisser.

**1071 idem 1068.** Les plaques s'ouvrent.

**1072.** Plan moyen. Grot, devant le grand tableau de contrôle, tourne en rond, les mains dans les poches. Il décroche un coup de pied dans le vide.

**1073 idem 1071.** L'ouverture apparaît entre les plaques. Immédiatement, des hommes bondissent par le milieu sans attendre l'ouverture complète. **5**

**1074 idem 1072.** Grot écarte les bras et tente de les appeler au calme, tout en reculant vers le tableau de contrôle. Soudain il court sur le côté et disparaît.

**1075.** Plan d'ensemble. Surgissant des portes blindées qui s'ouvrent, la foule dévale un grand escalier.

**1076 idem 1074.** Grot revient, brandissant une clé dans sa main.

**1077 idem 1075.** Les ouvriers arrivés au bas de l'escalier s'arrêtent. Le reste de la foule dévale toujours les marches, la fausse Maria est au milieu d'eux, levant les bras.

**1078.** Plan taille, contre-plongée. Grot écarte largement les bras et s'adresse à la foule.

**1079.** Plan moyen. La foule, brandissant le poing, arrive toujours en courant en haut des marches. La fausse Maria se trouve au milieu.

**1080 idem 1078.** Grot crie sur la foule, se frappe le front, en colère. **6**

Carton :

« Vous êtes devenus fous ?? Si la Machine-Cœur est détruite, toute la cité ouvrière sera noyée !! »

« Seid Ihr verrückt geworden ?? Wenn die Herz-Maschine zugrunde geht, versäuft die ganze Arbeiterstadt !! »

**1081 idem 1077.** La foule a envahi à présent l'escalier et toute la salle. **7**

**1082.** Plan moyen, plongée. Au milieu de la foule la fausse Maria jubile, et s'arrête sur place.

**1083.** Insert. Aux niveaux supérieurs. Plan large. Maria (la vraie cette fois-ci), seule, arrive en courant face à la cage d'ascenseur n°717. Interdite, elle va d'abord de droite et de gauche, puis entre dans la cabine et actionne les leviers. La cabine se met à descendre.

**1084 idem 1082.** Au milieu des ouvriers, la fausse Maria rit en tordant son corps de manière désarticulée. Puis elle tend le bras dans la direction de Grot.

**1085 idem 1081.** Grot se tient maintenant au premier plan, de dos, brandissant sa clé. **8**

**1086 idem 1080.** Il crie face à la foule.

**1087 idem 1084.** La fausse Maria crie à son tour en le désignant. **9**

**1088 idem 1085.** La foule avance ; les premiers arrivés se jettent sur Grot qui se débat. **10**

**1089.** Plan moyen, contrechamp. Grot est submergé par ses agresseurs.

**1090.** Plan taille. Le regard diabolique, la fausse Maria arrive près d'un grand thermomètre mural, similaire aux précédents qui indiquaient les niveaux d'alarme. Elle regarde rapidement autour d'elle **11** et abaisse un grand levier.

**1091.** Plan moyen. Le cadran en arc de cercle, situé au-dessus de la Machine-Cœur, se met à clignoter en tournant.

**1092.** Plan d'ensemble, contre-plongée. La cabine 717, avec Maria à l'intérieur, achève sa descente.

**1093.** Plan taille. Dans la cabine, Maria se penche et regarde en bas.

**1094.** Plan d'ensemble, subjectif Maria panoramique vers le haut. La cité des travailleurs est totalement déserte. **12**

**1095 idem 1093.** Inquiète, elle porte la main à son cœur.

**1096 idem 1090.** Retour salle de la Machine-Cœur. Tordue en avant, de plus en plus mécanique, la fausse Maria regarde autour d'elle.

**1097.** Plan moyen, contre-plongée. Des travailleurs s'arrêtent net puis, voyant la machine atteinte, éclatent de rire et de joie.

**1098 idem 1091.** Le cadran tourne de plus en plus vite. Des arcs électriques s'en dégagent.

**1099.** Plan d'ensemble, contre-plongée. Dans la salle, la foule des travailleurs hurle sa joie.

**1100 idem 1098.** Le cadran s'affole.

**1101.** Plan d'ensemble. Dans la salle, sur l'escalier et au fond, près de la porte, tous expriment leur joie et leur triomphe.

**1102 idem 1096.** La fausse Maria contemple la scène puis s'éclipse vivement. Le thermomètre monte rapidement.

**1103.** Plan large. Son ombre grimpe sur une échelle de fer. Panoramique vertical. La fausse Maria arrive près d'une porte, en haut d'une passerelle. Elle se retourne et regarde.

**1104.** Plan d'ensemble de la Machine-Cœur. Elle est hors contrôle. Des arcs électriques jaillissent dans toutes les directions.

**1105 idem 1103.** La fausse Maria disparaît derrière la porte en haut de la passerelle.

**1106 idem 1104.** De nouveaux arcs électriques apparaissent horizontalement, d'un bord à l'autre de la machine.

**1107 idem 1028.** Dans la salle des machines déserte, des lumières se mettent à clignoter de plus en plus rapidement et intensément.

**1108.** Plan d'ensemble. Un immense bassin – réservoir, surmonté de poutrelles métalliques. Dans le fond, l'eau s'agite et se met à jaillir en geyser.

**1109 idem 1107.** Les lumières clignotent dans la salle des machines.

**1110 idem 1106.** Les arcs électriques sont encore plus violents.

**1111 idem 1101.** Les travailleurs se sont reculés, mais encouragent toujours la destruction de la machine. **1**

**1112 idem 1040.** La machine lance des éclairs. **2**

**1113 idem 1108.** L'eau déborde de tous les bassins du réservoir. **3**

**1114 idem 1112.** La Machine-Cœur explose. **4**

**1115 idem 1109.** Des explosions et de la fumée dans la salle des machines.

**1116 idem 1114.** Au bord inférieur du cadre, les silhouettes des travailleurs applaudissent à la destruction de la machine.

**1117.** Plan large. Une immense flamme envahit la salle des machines. **5**

**1118 idem 1116.** La Machine-Cœur s'écroule dans une dernière explosion électrique. Le cadran tombe. Du plafond, des poutrelles s'effondrent dans un nuage de fumée. **6**

## Cité des travailleurs

**1119.** Plan large. Maria sort de la cage d'ascenseur et regarde autour d'elle. Elle avance, désorientée.

**1120.** Plan d'ensemble. Dans une des cages d'ascenseur, une cabine s'écroule.

**1121.** Plan poitrine. Maria se retourne brusquement, crie et se prend la tête dans les mains.

**1122.** Plan de grand ensemble sur trois cages d'ascenseur. Celle du centre est détruite.

**1123 idem 1121.** Maria est terrifiée.

**1124 idem 1122.** La cage d'ascenseur explose.

**1125.** Plan poitrine, de face. Maria, tétanisée, est recouverte de la fumée de l'explosion.

**1126 idem 1124.** Maria court vers les ascenseurs. **7**

**1127 idem 1125.** Elle lève le regard, terrifiée.

**1128 idem 1126.** La cabine de gauche s'écroule dans une nouvelle explosion. Maria recule devant la fumée.

**1129 idem 1127.** Elle regarde dans l'autre direction et crie.

**1130 idem 1120.** Une nouvelle cabine s'effondre et explose.

**1131.** Plan large. Dans un souterrain, Josaphat et Freder passent à travers l'ouverture dans un mur détruit. Ils lèvent le regard.

**1132.** Plan d'ensemble. Nouvelle chute d'une cabine.

**1133.** Plan rapproché. Une cabine explose.

**1134 idem 1129.** Maria, terrifiée et tremblante, regarde lentement autour d'elle. Son regard s'affole de nouveau.

**1135.** Plongée. Sur le sol, de l'eau s'infiltre, remonte et commence à former une flaque. Soudain l'infiltration s'accélère.

**1136 idem 1134.** Maria hurle.

**1137.** Plan d'ensemble. Dans une rue, au milieu des immeubles, un geyser crève soudain le bitume et monte à une hauteur impressionnante. **8**

**1138 idem 1131.** Josaphat et Freder sont restés sur place. Josaphat tend le bras. Panoramique vers la droite. Il désigne une immense cheminée intérieure, pourvue de deux rangées de barreaux. Josaphat grimpe sur ceux de droite et Freder l'imite sur ceux de gauche.

**1139.** Plan large, plongée. Les deux hommes grimpent le plus vite possible. **9**

**1140 idem 1113.** Le grand réservoir se vide sous la pression d'un immense geyser.

**1141.** Plan large. L'eau envahit la rue devant un immeuble. **10**

**1142.** Plan large. Maria court dans une rue et s'arrête brusquement.

**1143 contrechamp.** Plan moyen. Une entrée d'immeuble. Un petit enfant court dans l'escalier, suivi par de l'eau qui dévale en torrent derrière lui depuis les étages.

**1144 idem 1142.** Maria se précipite.

**1145.** Plan large. Maria court à l'entrée de l'immeuble. C'est une véritable cascade qui coule maintenant dans l'entrée. Des enfants sortent en courant. Maria en prend un dans ses bras et s'enfuit.

**1146.** Plan d'ensemble. Tout en portant l'enfant, Maria arrive au centre de la place, là où se trouve le gong sur le socle. Elle dépose l'enfant.

**1147.** Plan large. Puis monte sur le socle, disposé en trois niveaux, et arrive au sommet, près du gong.

**1148.** Plan moyen. Maria se penche sur l'un des leviers disposés devant le gong et parvient à le redresser vers elle.

**1149 idem 1146.** Un enfant court vers le gong, suivi par un autre.

**1150 idem 1148.** Maria a redressé à moitié le levier, mais le laisse retomber. Elle fait une nouvelle tentative. Elle se met à genoux et pousse de toutes ses forces.

**1151.** Plan moyen, plongée. Maria se laisse tomber sur le levier de tout son corps. Au premier plan à droite, le gong se déclenche et se met à sonner régulièrement.

**1152.** Plan large. Dans une rue, les enfants courent en sortant de chez eux.

**1153.** Gros plan du maillet du gong, qui cogne sans interruption.

**1154.** Plan d'ensemble. À un angle de rue, les enfants sortent précipitamment des immeubles.

**1155.** Plan rapproché, plongée. Des enfants courent – cadrage sur le bas du corps. Ils sont immédiatement suivis par l'eau qui avance à grande vitesse.

**1156 idem 1149.** Les enfants se regroupent autour du socle du gong. Au fond de la place, un nouveau geyser apparaît.

**1157.** Plan large, plongée. Des enfants courent en passant devant le geyser.

**1158.** Plan large. Depuis l'encadrement d'une porte, des enfants sortent, de dos, et courent en évitant le geyser devant l'immeuble.

**1159.** Plan large. Des enfants sortent de deux cages d'escalier transformées en cascade.

**1160.** Plan de grand ensemble, plongée. La place de la cité des travailleurs commence à être envahie par les eaux de toutes parts. Au centre, les enfants se regroupent autour du gong. **11**

**1161 idem 1153.** Le gong sonne l'alarme.

**1162.** Plan large, plongée. Freder et Josaphat grimpe toujours à l'intérieur du conduit.

**1163.** Plan taille. Freder s'arrête et écoute vers le haut, inquiet. Il tourne le visage en dessous de lui.

**1164.** Plan taille, plongée. Josaphat est également alarmé.

**1165 idem 1162.** Les deux hommes reprennent leur ascension en augmentant l'allure.

**1166.** En marchant dans l'eau, les enfants se regroupent en masse autour du gong. **12**

**1167.** Plan large. Des enfants courent dans une rue, en pataugeant dans l'eau.

**1168.** Plan d'ensemble autour du gong. Les enfants arrivent, l'eau monte. **1**

**1169.** Plan moyen, contre-plongée. Maria, de face, tire un second levier vers elle.

**1170.** Plan d'ensemble. Des enfants fuient les immeubles. L'eau arrive à leurs chevilles. **2** Au premier plan, un geyser se déclenche.

**1171.** Plan large. La façade d'un immeuble est emportée par l'eau.

**1172.** Plan large, contre-plongée. En hauteur, une façade s'écroule. **3**

**1173.** Plan large. Des enfants sortent et courent dans l'eau. Au premier plan, l'eau coule en cascade dans la rue.

**1174.** Plan moyen, plongée. De l'eau jusqu'aux cuisses, des enfants courent en traînant les plus petits derrière eux.

**1175.** Gros plan. Un enfant court, trempé. Il crie : « Hilfe ! » (« Au secours ! »).

**1176.** Plan moyen, plongée. Des enfants courent en passant à travers une cascade.

**1177.** Plan d'ensemble. Autour du gong, les enfants forment une sorte de pyramide, en tendant tous les mains. Maria est agenouillée au sommet. **4**

**1178.** Plan de très grand ensemble, plongée verticale. Le gong et les enfants forment une île au milieu de la place submergée. De toutes les directions, les enfants s'y dirigent et se regroupent. **5**

**1179.** Plan moyen. Assise sur le socle, les mains des enfants tendues vers elle, Maria tente d'atteindre un nouveau levier tout en tenant le précédant.

**1180.** Plan large, plongée. Les enfants, en masse, tendent leurs mains.

**1181 idem 1179.** Maria redresse le levier.

**1182.** Plan moyen, plongée. Le gong, vu de côté, sonne toujours. En contrebas, les enfants se débattent dans l'eau.

**1183.** Plan rapproché. Des jambes d'enfant courent dans l'eau.

**1184 idem 1161.** Le gong sonne.

**1185.** Plan rapproché, plongée. Des enfants affolés tendent les mains.

**1186.** Plan taille. Maria, appuyée au levier, leur parle.

Carton :

**« Où sont vos pères, vos mères ? »**

**« Wo sind Eure Väter, Eure Mütter ? »**

**1187.** Insert salle des ùachines. Plan d'ensemble. Dans les ruines fumantes de la salle des machines, les travailleurs dansent en formant une ronde. **6**

## Métropolis, ville supérieure et bureau de Fredersen - Nuit

**1188.** Plan large. Joh Fredersen est assis seul, à son bureau, de profil. Il regarde en direction de la baie vitrée, pensif. Les lumières de la ville se reflètent sur lui et dans toute la pièce.

**1189.** Plan de très grand ensemble, contre-plongée. La Nouvelle Tour de Babel se dresse au milieu de la ville. Tout est illuminé.

**1190.** Plan de très grand ensemble, plongée. Métropolis, brillante de tous ses feux

**1191 idem 1118.** Insert des ruines de la Machine-Cœur, des arcs électriques se déclenchent, provoquant un court-circuit.

**1192 idem 1188.** Fredersen se redresse sur son siège.

**1193 idem 1190.** Les lumières des rues, des immeubles et des enseignes se mettent à clignoter puis finissent par s'éteindre tout à fait. **7**

**1194 idem 1192.** Fredersen se lève. Plus aucune lumière ne vient de l'extérieur. Il reste debout, fixe, puis se tourne brusquement vers la porte du fond qu'il éclaire à l'aide d'une lampe torche.

**1195.** Plan moyen. Par la grande porte du bureau entre l'Homme en Noir, éclairé par le halo de la lampe. Il a cette fois perdu son calme.

**1196.** Plan moyen. L'Homme en Noir, à gauche, fait face à Fredersen qui tient sa torche braquée sur lui.

Carton :

**« Vous savez que votre fils est parmi les travailleurs ?! »**

**« Wissen Sie, dass Ihr Sohn unter den Arbeitern ist ?! »**

114

**1196 (suite).** Fredersen empoigne l'Homme en Noir par la veste **8** puis, anéanti, s'effondre sur son bureau.

## Cité des travailleurs

**1197.** Plan large. Au fond, Freder et Josaphat arrivent en haut de l'échelle, qui débouche dans un autre tunnel garni par de grosses tuyauteries. Un mur est en partie détruit et l'eau coule abondamment. **9** Ils entrent dans la conduite.

**1198 idem 1184.** Le gong sonne toujours.

**1199 idem 1197.** Les deux hommes passent sous une trombe d'eau, par l'ouverture.

**1200.** Plan large. Freder apparaît en hauteur, sous une trombe d'eau, accroché entre deux large tuyauteries collées contre un mur.

**1201.** Plan d'ensemble, plongée. Les rues de la cité sont envahies par les eaux, les enfants courent toujours.

**1202.** Plan d'ensemble, plongée. Les enfants forment un très large cercle, amassés autour du gong. D'autres arrivent encore à la nage ou en courant.

**1203 idem 1198.** Coups de gong.

**1204.** Plan moyen, raccord dans l'axe du plan 1200. Freder appelle, accroché entre les tuyaux. Il entreprend de descendre par celui situé sur sa gauche.

**1205.** Plan d'ensemble sur le « plafond » de roc de la Cité. Par les grilles, l'eau commence à se déverser.

**1206.** Plan moyen. Freder poursuit sa descente, suivi sur l'autre tuyau par Josaphat.

**1207 idem 1205.** L'eau se déverse plus fort. **10**

**1208.** Plan large. Des enfants sortent en courant d'un immeuble et se précipitent dans la rue. Certains courent à contresens. L'eau tombe en cascade au premier plan.

**1209.** Gros plan : des pieds et des jambes d'enfants courant dans l'eau tourbillonnante.

**1210.** Gros plan. Un enfant, de face, reçoit un paquet d'eau sur lui et secoue la tête pour retrouver son souffle.

**1211 idem 1203.** Coups de gong.

**1212.** Plan large. Dans une rue désormais déserte et inondée, Freder et Josaphat courent en pataugeant dans l'eau.

**1213.** Plan large. Vu de dos, Freder court, entre des cascades et des geysers. Il est suivi par Josaphat. Arrivé devant un immeuble, au fond du cadre, Freder fait signe à son compagnon de poursuivre sur la droite.

**1214 idem 1211.** Coups de gong.

**1215.** Plan taille. Maria est toujours agrippée au levier du gong. Elle parle aux enfants.

**1216.** Plan moyen, plongée. Une masse d'enfants, compressés les uns contre les autres, s'agite, en proie à la panique.

**1217.** Plan d'ensemble, plongée. Freder court dans les rues remplies d'eau.

**1218.** Plan large, légère plongée. Freder arrive derrière les enfants qui se massent en agitant frénétiquement les mains.

**1219.** Plan moyen, plongée. Freder se fraye un chemin parmi les enfants. **11**

**1220.** Plan moyen, légère contre-plongée. Maria se tient toujours contre le levier du gong ; les mains des enfants, au premier plan, se tendent vers elle. À gauche du cadre, derrière le gong, Freder parvient à se hisser sur le socle. Maria se retourne et le découvre. Ils tombent dans les bras l'un de l'autre et restent un moment enlacés. Freder regarde Maria dans les yeux.

Carton :

« Oui, c'est toi ! Tu es Maria ! »

« Ja – Du ! Du bist Maria ! »

**1221.** Plan poitrine. Freder et Maria sont enlacés et se regardent. **12** Les mains des enfants se tendent vers eux. Ils s'embrassent.

**1222.** Plan de grand ensemble. L'inondation prend d'immenses proportions : la cité est submergée par l'eau tombant des hauteurs.

**1223.** Plan large. Josaphat, seul, de face, au milieu du déluge, appelle en faisant signe des bras.

7

8

9

10

11

12

**1224 idem 1221.** Freder et Maria se redressent en entendant l'appel.

**1225 idem 1223.** Josaphat crie dans leur direction en utilisant ses mains comme porte-voix.

Carton :

« Aux conduits d'aération, vite ! Vite !
Les réservoirs ont explosé ! La ville va être engloutie ! »

« Zu den Luftschächten, schnell ! Schnell !
Die Staubecken sind explodiert ! Die Stadt ersäuft ! »

**1226 idem 1220.** Freder fait de larges signes aux enfants pour les diriger. De son côté, Maria a pris plusieurs enfants près d'elle.

**1227 idem 1225.** Josaphat appelle toujours. Des enfants arrivent près de lui. Il en ramasse un dans ses bras. **1**

**1228 idem 1226.** Des enfants montent sur le socle, près de Freder et Maria. **2**

**1229 idem 1227.** Les enfants se dirigent en diagonale, de dos, devant Josaphat qui les dirige.

**1230 idem 1228.** Freder se lève, portant plusieurs enfants. Maria est terrifiée.

**1231 idem 1213.** Josaphat conduit les enfants à travers l'inondation.

**1232.** Plan large, plongée. Josaphat, au centre, immobile, dirige les enfants dans la bonne direction. Ils ont maintenant de l'eau jusqu'à la taille.

**1233.** Plan large. Les enfants, de profil, courent de gauche à droite du cadre, en passant devant un escalier métallique en arrière-plan. Josaphat arrive derrière eux, s'arrête et les rappelle.

**1234.** Plan moyen. Les enfants et Josaphat, de dos, se dirigent vers l'escalier métallique.

**1235.** Plan large, plongée. Les enfants courent vers l'escalier métallique, déjà atteint par l'eau

**1236 idem 1234.** Les enfants arrivent en masse, Josaphat, au milieu, tente de les canaliser et de les diriger. **3**

**1237.** Plan large plongée. Des enfants, dans l'eau, de profil, marchent de droite à gauche du cadre.

**1238.** Plan taille, légère plongée, travelling arrière. Freder, portant deux enfants, et Maria, portant aussi un enfant dans les bras, marchent péniblement au milieu de l'inondation. **4**

**1239 idem 1236.** Josaphat fait de grands gestes des bras pour guider les enfants.

**1240.** Plan large. Des enfants, de profil, montent l'escalier, derrière une large poutrelle de fer.

**1241.** Plan large. Sur le même escalier, d'autres enfants montent rapidement.

**1242.** Plan large, contre-plongée. Les premiers enfants arrivent en haut de l'escalier, sur une plateforme donnant sur une porte fermée par une grille.

**1243.** Plan moyen, raccord dans l'axe. Sur la plateforme, les enfants se massent contre la grille. **5**

**1244.** Plan moyen. Un enfant, de face, grimpe sur la grille et s'acharne sur elle, sans parvenir à l'ouvrir.

**1245 idem 1240.** D'autres enfants montent. Ils sont bloqués.

**1246.** Plan moyen, changement d'axe sur l'escalier. Les enfants, de profil, sont bloqués et se massent en se tenant à la rampe. **6**

**1247.** Plan moyen, légère plongée. L'enfant secoue toujours la grille, sans succès. **7**

**1248 idem 1246.** Sur l'escalier, les enfants appellent à l'aide.

**1249.** Plan large, plongée. En contrebas, derrière les montants de fer, les enfants se massent dans l'eau et s'agitent.

**1250 idem 1243.** Sur la plateforme, la situation devient critique en raison de la masse des enfants.

**1251.** Plan moyen, plongée. Josaphat, de face, fait signe de la main devant lui. Freder et Maria, de dos, le rejoignent. Josaphat leur montre la difficulté.

**1252 idem 1249.** Maria, Freder et Josaphat regardent vers le haut de l'escalier, dans la masse grouillante des enfants.

**1253.** Plan moyen. Au milieu des enfants qui lèvent tous les bras, le trio tente de calmer la situation. Josaphat s'écarte le premier et se dirige vers le fond, suivi par Freder. Maria écarte les bras et essaie de rassurer les enfants.

**1254.** Plan large, travelling vertical. Josaphat et Freder escaladent chacun une poutrelle. En contrebas, Maria reste au milieu des enfants affolés. **8**

**1255.** Plan moyen. Les deux hommes grimpent sur les poutrelles.

**1256 idem 1253.** Maria est au milieu des enfants, bras écartés. **9**

**1257.** Plan large. Les deux hommes, de dos, poursuivent l'escalade. Freder, à droite, rejoint alors Josaphat en passant sur la poutrelle de gauche.

**1258 idem 1250.** Sur la plateforme, les enfants les ont vus et les appellent.

**1259.** Plan large, contre-plongée. Freder arrive au niveau de la plateforme et tente de l'atteindre. Il manque son saut et s'accroche aux barreaux, le reste du corps dans le vide.

**1260.** Plan moyen, raccord dans l'axe. Freder se hisse à la force des bras, se rétablit et monte sur la plateforme. Josaphat arrive en haut de la poutrelle.

**1261 idem 1244.** Freder arrive derrière la grille. Il tente de toutes ses forces de l'ouvrir.

**1262 idem 1256.** Maria crie dans sa direction : la situation devient désespérée.

**1263.** Plan taille. Derrière la grille, Freder pousse de toutes ses forces. Josaphat arrive derrière lui.

**1264 idem 1222.** L'engloutissement de la cité se précipite.

**1265.** Plan moyen, plongée. Maria, de dos, a désormais de l'eau jusqu'aux épaules. Les mains de enfants s'agitent autour d'elle. Elle se retourne, mais est aveuglée par l'eau.

**1266 idem 1263.** Freder et les enfants secouent la grille.

**1267 idem 1264.** L'engloutissement est toujours plus rapide.

**1268 idem 1261.** En poussant une dernière fois, Freder parvient à desceller la grille. **10** Il la pousse péniblement sur le côté. Derrière lui, Josaphat sort à son tour et fait passer les enfants qui se précipitent.

**1269.** Plan moyen. À droite du cadre, les enfants, de dos, sortent par la porte devant eux.

**1270 idem 1248.** Les enfants se bousculent pour monter. Certains passent par l'autre côté de la rampe

**1271 idem 1260.** Freder revient en arrière sur la plateforme et passe de nouveau par-dessus.

**1272 idem 1259.** Il passe de nouveau sur la poutrelle et redescend, pendant qu'au-dessus de lui les enfants courent vers l'extérieur.

**1273.** Plan moyen, plongée. Maria guide les enfants en direction de l'escalier. Elle en prend un dans ses bras et le fait passer au-dessus d'elle.

**1274.** Plan moyen, légère plongée. Les enfants, de face, arrivent en courant en haut de l'escalier. Josaphat est parmi eux.

**1275.** Plan large. Tandis que les enfants montent toujours, Freder arrive au bas de la poutrelle et saute dans l'eau. Il ramasse un petit et retourne vers la poutrelle.

**1276 idem 1274.** Les enfants courent vers la sortie.

**1277 idem 1275.** Derniers restés en bas, Maria et Freder, qui la soutient, se dirigent à leur tour vers l'escalier. Ils montent péniblement.

**1278 idem 1267.** La cité s'effondre. **11**

**1279.** Plan moyen, mouvement rapide de caméra. Sur la plateforme, Freder et Maria son déséquilibrés par l'onde de choc.

**1280 idem 1278.** Des trombes d'eau finissent de recouvrir la Cité des travailleurs.

**1281.** Plan taille, contre-plongée. Josaphat accourt vers une rampe et crie en appelant ses amis.

**1282.** Plan large, légère contre-plongée. Sur la plateforme, Freder reprend ses esprits ; Maria est toujours au sol, assise contre le mur. Freder l'aide à se relever.

**1283 idem 1281.** Soulagé, Josaphat descend dans leur direction.

**1284.** Plan moyen. Freder et Josaphat, soutenant tous deux Maria, arrivent en haut de l'escalier, de face. Maria regarde autour d'elle, Josaphat lui montre la direction en la rassurant. Travelling arrière. Le trio avance, dans la direction désignée par Josaphat. Les enfants, de dos, se précipitent vers eux et les enlacent. Maria, soulagée, s'adresse cependant à Freder d'un ton inquiet et désemparé. **12** Freder lui répond.

Carton :

« **Emmenons les enfants au Club des Fils !** »

« Wir bringen die Kinder in den Klub der Söhne ! »

**1284 (suite).** En arrière-plan, Josaphat approuve l'idée. Maria s'avance (plan poitrine) et regarde autour d'elle. **1**

Carton :

« Pourquoi n'y a-t-il de lumière nulle part ? »

« Warum brennt nirgends Licht ? »

## Salle des machines

**1285 idem 1187.** Les travailleurs dansent toujours au milieu des ruines de la machine.

**1286.** Plan rapproché, plongée. Derrière des tiges de fer tordu, au sol, blessé, Gort jette un regard affolé sur le spectacle.

**1287 idem 1285.** La ronde se poursuit.

## Bureau de Joh Fredersen

**1288.** Plan moyen. Joh Fredersen, de face, est assis à son bureau, l'air accablé. Derrière lui, à gauche du cadre, debout, se tient l'Homme en noir qui le regarde d'un air dur. Fredersen se lève et lui fait face.

**1289.** Plan taille, légère plongée. Fredersen, de face, s'adresse à son homme de main, de dos en bord cadre droit. **2**

Carton :

« Il me faut une certitude ! Où est mon fils ?!!! »

« Gewissheit muss ich haben ! Wo ist mein Sohn ?!!! »

**1290.** Plan poitrine. L'Homme en noir, de face, lève la main droite et s'adresse à Fredersen à la manière d'un prêcheur, sévère et inflexible. **3**

Carton :

« Demain, ils seront des milliers, dans la fureur et le désespoir, à vous demander : Joh Fredersen, où est mon fils ! »

« Tausende werden morgen in Wut und Verzweiflung fragen : Joh Fredersen, wo ist mein Sohn ! »

**1291 idem 1289.** Joh Fredersen recule, agite les mains devant lui en signe de dénégation, puis se prend la tête dans les mains et se tord de douleur.

## Salle des machines

**1292.** Plan large. Les travailleurs continuent leur ronde devant les ruines de la machine. Derrière eux apparaît Grot. Panoramique vers la droite, accompagnant la ronde. Grot lève les bras et tente de les appeler ou de les arrêter, sans succès. Il monte sur les marches derrière lui, et se retourne.

**1293.** Plan taille. Grot, de face sur les marches, entouré de fumée, lève de nouveau les poings, le regard halluciné. Il crie sans plus de succès. Il remonte quelques marches et met ses doigts à sa bouche pour siffler.

**1294.** Gros plan. Grot siffle, sans succès. Il recommence en s'aidant cette fois des deux mains.

**1295.** Plan large, plongée. Grot, à gauche du cadre, siffle en direction des travailleurs en contrebas. Ceux-ci s'arrêtent enfin et le regardent. Grot lève les bras.

**1296.** Plan d'ensemble sur la machine en ruine ; les travailleurs, de dos, regardent Grot sur les marches, les bras levés, criant en leur direction.

**1297.** Plan poitrine. Grot, hors de lui, crie en brandissant les bras.

**1298 idem 1296.** Les travailleurs se rassemblent doucement devant les marches. **4**

**1299.** Plan large, plongée. Au pied de l'escalier, les travailleurs et les femmes se rassemblent et regardent tous en direction de Grot.

**1300 idem 1297.** Grot se frappe le front et assène un coup dans le vide. **5**

Carton :

« Où sont vos enfants ??! »

« Wo sind Eure Kinder ??! »

**1300 (suite).** Grot tend les bras devant lui.

**1301.** Plan moyen, légère plongée. Un groupe de travailleurs, hommes et femmes, serrés les uns contre les autres, semblent interloqués. Au premier plan, une femme est presque couchée sur l'escalier, et lance un regard inquiet. Tous regardent alors Grot. **6**

**1302.** Plan taille, contre-plongée. Grot, furieux, crie de nouveau en frappant des deux bras dans le vide.

Carton :

**« La ville est inondée, les puits sont entièrement remplis d'eau !! »**

*« Die Stadt ist ersoffen, die Schächte voll Wasser bis an den Rand !! »*

**1303 idem 1301.** À cette nouvelle, tous crient de désespoir. Les femmes s'effondrent, les hommes se prennent la tête dans leurs mains.

**1304 idem 1302.** Grot poursuit sa harangue.

Carton :

**« Qui vous a dit de vous attaquer aux machines, sans lesquelles vous allez tous périr ? Idiots ! »**

*« Wer hat Euch geheissen, Euch an den Maschinen zu vergreifen, ohne die Ihr alle verrecken müsst, Ihr Idioten ??! »*

**1305 idem 1300.** Grot se frappe la tête des deux poings. **7**

**1306 idem 1303.** Les travailleurs relèvent la tête, ivres de colère. Les femmes hurlent de haine. **8**

Carton :

**« C'est la sorcière, la coupable ! »**

*« Die Hexe ist schuld ! »*

## Cabaret Yoshiwara - Intérieur et extérieur nuit

**1307.** Plan large. Dans une salle de bal, un foule compacte danse en brandissant des lampions. L'orchestre joue au fond. Au centre, la fausse Maria tourne, juchée sur des épaules.

**1308.** Plan moyen, raccord dans l'axe. La fausse Maria domine les danseurs, écarte grand les bras et s'adresse à eux.

Carton :

**« Allons voir le monde aller vers le Diable ! »**

*« Wir wollen zusehen, wie die Welt zum Teufel geht ! »*

**1308 (suite).** La fausse Maria entraîne la foule. Portée par un homme, elle se dirige vers le fond de la salle.

**1309 idem 1307.** La fausse Maria et son porteur montent l'escalier de la scène. **9** La tenture du fond s'ouvre pour les laisser passer. La foule des danseurs les suit.

**1310.** Plan d'ensemble. La fausse Maria et ses serviteurs apparaissent à la porte.

**1311.** Plan moyen. La fausse Maria, de profil, toujours juchée sur un homme, tournoie en avançant.

**1312.** Plan moyen, contre-plongée. Elle avance, triomphante, sur les épaules de l'homme. **10**

**1313.** Plan taille. Des fêtards costumés dansent.

**1314.** Plan d'ensemble. La foule des fêtards descend le grand escalier du Yoshiwara. **11**

**1315.** Plan moyen. Les danseurs se massent dans un groupe informe et frénétique.

**1316.** Plan taille. Des danseurs passent en levant les bras.

**1317.** Plan taille. Au milieu des danseurs, une femme rit en tournant sur elle-même.

**1318.** Plan taille. Des couples dansent, une femme rit en basculant en arrière. **12**

**1319.** Plan moyen, contre-plongée sur un groupe de fêtards.

**1320.** Plan moyen. La fausse Maria, au centre toujours sur les épaules d'un homme, entraîne la foule à la danse.

## Salle des machines

**1321.** Plan d'ensemble. Dans les ruines des machines, la foule s'est rassemblée et écoute Grot, dans le fond, au milieu de la fumée et de l'obscurité. Tous lèvent les bras.

**1322 idem 1304.** Grot, ivre de colère, poursuit son discours.
Carton :

« Cherchez la sorcière, tout est de sa faute !
Mettez-la à mort !! »

« Sucht die Hexe, die schuld ist an allem ! Schlagt sie tot !! »

**1323 idem 1295.** Grot redescend les marches ; une foule immense est maintenant massée devant lui. Il la traverse et l'entraîne à sa suite.

**1324.** Plan d'ensemble. Devant la machine, la foule des travailleurs se retourne et suit Grot.

## Ville supérieure - Nuit

**1325.** Plan large, légère plongée. Les enfants, de dos, se dirigent vers les portes du Club des Fils. À l'entrée, un domestique tient un candélabre. Au centre, Freder prend un enfant dans ses bras.

**1326.** Plan moyen. Au milieu des enfants, Freder se retourne et cherche du regard. Il appelle : « Maria ».

**1327.** Plan moyen. Assise au sol, de profil, Maria prend soin de petits enfants. Elle fait signe à Freder.

**1328 idem 1326.** Freder sourit en direction de Maria.

**1329 idem 1327.** Maria lui fait signe et lui fait comprendre qu'elle reste avec les enfants.

**1330 idem 1328.** Freder lui fait signe qu'il avance avec le groupe.

**1331.** Plan d'ensemble. Une rue déserte, avec des voitures garées au premier plan. Par les marches du fond, les travailleurs dévalent soudain dans la rue, menés par Grot.  Ils contournent les voitures et se dirigent vers la gauche du cadre.

## Maison de Rotwang - Nuit

**1332.** Plan moyen, légère plongée. Rotwang est au sol, inconscient, dans la mansarde éclairée seulement par la fenêtre du toit. Il revient à lui et se redresse brusquement, les yeux hagards. Il se met debout. Panoramique vertical. Il avance péniblement en se tenant au mur.

**1333.** Plan large. Rotwang, de dos, arrive devant le mausolée de Hel. Il élève les bras.

**1334.** Plan poitrine, plongée. Le regard fou, Rotwang s'adresse à la statue.
Carton :

« Maintenant, je vais te ramener, ma Hel »

« Jetzt gehe ich, Dich heimzuholen, meine Hel ! »

**1335.** Insert extérieur. Plan d'ensemble. Dans une rue, les fêtards menés par la fausse Maria défilent en dansant.

**1336.** Plan moyen. Rotwang, de face, sort de sa maison et marche droit devant lui à la manière d'un somnambule.

## Ville supérieure - Nuit

**1337.** Plan d'ensemble, plongée. Les derniers enfants entrent dans le Club des Fils. À la porte, le domestique tient toujours les bougies allumées et entre à son tour. Seule Maria reste à l'extérieur et se tient contre le montant de la porte.

**1338.** Plan rapproché. Épuisée, Maria s'appuie contre le mur extérieur et soupire en fermant les yeux. Elle tente de faire un pas mais s'appuie de nouveau.

**1339.** Plan d'ensemble. Les travailleurs envahissent une rue encombrée par des voitures abandonnées.

**1340 idem 1338.** Maria rouvre les yeux en entendant leur approche.

**1341.** Plan d'ensemble, plongée. Les travailleurs arrivent en masse dans la rue, contournant les voitures.

**1342 idem 1340.** Maria tourne le visage en leur direction et sort du cadre par la droite.

**1343.** Plan moyen. Grot, en tête, avance d'un pas décidé entre les voitures, suivi par les travailleurs.

**1344.** Plan large, plongée. Grot arrive en bas d'un escalier, orné de colonnes de verre, des voitures en contrebas.

**1345.** Contreplongée. Maria apparaît en haut de l'escalier.

**1346.** Plan moyen, plongée. Grot s'arrête brusquement en la découvrant, arrête également les autres des bras, recule légèrement, puis se précipite en avant en la désignant.

Carton :

« La sorcière ! La sorcière ! C'est elle ! C'est elle ! »

« Die Hexe ! Die Hexe ! Da ist sie ! Da ist sie ! »

**1347.** Plan taille. Maria, les bras tendus devant elle, interrompt son geste, interdite.

**1348.** Plan taille, plongée. Grot, hurlant, la désigne du bras.

Carton :

« Où sont nos enfants, sorcière ??! »

« Wo sind unsere Kinder, Hexe, Du ??! »

**1349 idem 1347.** Maria tente de leur répondre.

**1350 idem 1346.** Grot monte à l'assaut de l'escalier, suivi par la foule.

Carton :

« Brûlez la sorcière. Mettez-la au bûcher !!! »

« Verbrennt die Hexe. Auf den Scheiterhaufen mit ihr !!! »

**1351 idem 1349.** Désemparée et terrifiée, Maria prend sa tête dans ses mains.

**1352 idem 1344.** Grot et la foule montent l'escalier en courant. Certains brandissent des armes blanches ou des outils.

**1353 idem 1351.** Maria recule.

**1354.** Plan moyen. Maria recule en se tenant toujours la tête.

**1355.** Plan large. Les travailleurs envahissent la terrasse en courant.

**1356 idem 1354.** Maria se heurte à la porte close.

**1357.** Plan d'ensemble, plongée. Maria s'enfuit. Elle évite de justesse des projectiles lancés par les travailleurs qui la poursuivent.

**1358.** Plan large. Les travailleurs dévalent la rue, de droite à gauche du cadre. Ils passent devant la porte du Club.

**1359.** Plan moyen. Les travailleurs courent au premier plan. Derrière eux, la porte s'ouvre et Josaphat apparaît sur le seuil.

**1360.** Plan moyen, légère plongée, contrechamp. Depuis le seuil, Josaphat voit la foule courir. Il rentre précipitamment.

**1361.** Plan de très grand ensemble. Dans une des rues suspendues de Métropolis, la foule court à toute vitesse.

**1362.** Plan d'ensemble. Maria, de face, descend un grand escalier et tourne vers sa gauche. Elle est talonnée par la foule qui dévale à son tour l'escalier.

**1363.** Plan d'ensemble, plongée. Maria, seule, tourne dans un angle de rue et sort du cadre. La foule, menée par Grot, arrive à son tour et s'arrête à l'angle, ne sachant quelle direction prendre.

**1364 idem 1358.** Freder et Josaphat sortent par la porte du Club et se mettent à courir en suivant la direction de la foule des travailleurs.

**1365 idem 1363.** Les travailleurs prennent la direction suivie par Maria.

**1366.** Plan large. Dans les rues, sur deux niveaux, les fêtards poursuivent leur défilé dansant. La fausse Maria est toujours sur les épaules d'un homme. Travelling arrière, suivant le défilé conduit par le robot.

**1367.** Plan moyen, travelling arrière. Maria court en hurlant de terreur. La foule apparaît derrière elle.

**1368 idem fin 1366.** La fausse Maria éclate de rire et descend au sol.

**1369.** Plan d'ensemble, plongée. Le défilé des danseurs arrive par le fond du cadre, de face. Par la gauche du cadre arrive soudain Maria, courant à toute vitesse, et qui occupe la route des danseurs. Ceux-ci avancent toujours, mais la foule des travailleurs, qui suit Maria, se heurte soudain à eux. Les deux groupes se mélangent de manière chaotique.

## Cathédrale - Extérieur et intérieur nuit

**1370.** Plan large. Marchant toujours comme un somnambule, les bras tendus devant lui, Rotwang arrive devant le parvis de la cathédrale.

**1371.** Plan large, plongée. Les danseurs et les travailleurs se mélangent dans un désordre total.

**1372.** Plan large. Rotwang, de face, recule vers la porte de la cathédrale. **1**
Il se dissimule derrière une des statues.

Maria, de dos, arrive alors en courant vers la porte.

**1373.** Plan moyen. Des danseurs continuent leur fête, malgré la bousculade des travailleurs.

**1374.** Plan moyen, plongée. Grot tente de s'extraire de la cohue.

**1375.** Plan rapproché. Grot, se fraye un chemin dans la foule.

**1376.** Plan large, plongée. Dans la confusion générale, Grot arrive, plonge dans un groupe. On s'écarte de lui. Grot arrache soudain la fausse Maria de la foule et la maintient en lui tordant les bras derrière elle. La foule se met en cercle et la désigne.

**1377 idem 1365.** Freder et Josaphat tournent à leur tour dans le carrefour.

**1378.** Plan moyen. Grot, de face, maintient la fausse Maria qui se débat en riant. Derrière eux, toute la foule fait cercle et crie. **2** Grot s'adresse aux travailleurs en la désignant.

Carton :

« Au bûcher !! »

« Auf den Scheiterhaufen mit ihr !! »

**1378 (suite).** Grot la traîne en avançant droit devant lui.

**1379.** Plan d'ensemble, plongée. Dans un ensemble totalement obscur, Freder et Josaphat arrivent devant un escalier descendant, éclairé à moitié en diagonale. Alors qu'ils ont descendu quelques marches en courant, Freder fait signe à Josaphat de partir dans une autre direction. Ce dernier rebrousse chemin et Freder descend.

**1380.** Plan large. Un bûcher a été dressé, constitué de divers débris et mobiliers. Les travailleurs, en bas, continuent à le bâtir. Au sommet, d'autres hommes finissent le travail.

**1381.** Plan moyen, raccord dans l'axe. L'un des hommes du sommet tient une corde en riant méchamment. **3**

**1382.** Plan large, plongée. Venant du fond, Grot traverse la foule qui s'écarte pour lui laisser le passage. Triomphant, il traîne la fausse Maria d'un seul bras. Celle-ci continue à rire.

**1383 idem 1380.** La foule arrive devant le bûcher, tout en y jetant divers objets.

**1384.** Plan moyen. Grot soulève la fausse Maria pour la faire monter sur le bûcher. Au-dessus de lui, l'homme ricanant la prend par les cheveux. Panoramique vertical. Deux autres hommes la récupèrent ; les trois travailleurs l'entourent et l'attachent à un pilier en lui écartant les bras. La fausse Maria rit toujours à gorge déployée.

**1385.** Plan d'ensemble, plongée. Freder court et tourne à un coin de rue.

**1386 idem 1384.** Grot aide à attacher la fausse Maria au bûcher.

**1387.** Plan d'ensemble. La foule se tient au pied du bûcher et manifeste en brandissant les mains. La fausse Maria est attachée au pilier. Grot harangue les travailleurs. En arrière-plan se dresse la porte de la cathédrale. Les travailleurs descendent du bûcher.

**1388.** Plan moyen. Resté seul, Grot dresse le poing devant la fausse Maria, attachée, hurlant toujours de rire. **4** Il se tourne vers la foule.

**1389 idem 1387.** Dans la foule, quelqu'un fait tournoyer une torche.

**1390.** Plan moyen. Les travailleurs s'écartent. Une femme fait tourner une torche en souriant.

**1391.** Plan poitrine. Attachée au pilier, la fausse Maria rit en regardant à gauche et à droite.

**1392 idem 1390.** La femme lance la torche.

**1393 idem 1389.** La torche atteint le bûcher, qui prend feu.

**1394.** Plan moyen, plongée. Grot, bras écartés, commence à danser en se balançant puis en sautant d'une jambe à l'autre. Derrière lui, la foule exulte et l'imite.

**1395 idem 1393.** Le bûcher flambe plus fort et la fumée envahit les lieux. Au pied, les travailleurs sautent et dansent de joie. **5**

**1396.** Plan large. Au premier plan, des travailleurs, massés, regardent en direction du bûcher en riant. En arrière-plan, derrière eux, Freder arrive en courant. Il fonce dans la masse et tente d'avancer en les bousculant. Il est bientôt ceinturé par les travailleurs.

**1397.** Plan d'ensemble. Josaphat court dans une rue aérienne, formant un coude, encombrée par les voitures abandonnées.

**1398.** Plan d'ensemble, plongée. Freder est maintenu au centre de la foule déchaînée. **6**

**1399 idem 1397.** Josaphat est bloqué par les voitures enchevêtrées. Il fait demi-tour en courant. **7**

**1400.** Plan large, légère plongée. Freder est à son tour traîné au milieu de la foule en direction du bûcher. Il résiste de toutes ses forces.

**1401.** Plan taille. Freder résiste. Les hommes qui le tiennent lui crient dessus en désignant le bûcher du regard.

**1402.** Plan large, légère contre-plongée. La fausse Maria est au centre, attachée au pilier du bûcher, entourée par les flammes. Elle rit et regarde vers le bas.

**1403 idem 1401.** Freder se redresse, et tend le bras en criant. Il tente de s'avancer. **8**

Carton :

« Maria !!! »

**1403 (suite).** Freder est rattrapé et tiré en arrière.

**1404 idem 1402.** Les flammes et la fumée masquent le pilier.

**1405.** Plan moyen, plongée. Freder est maintenu par les hommes qui rient. L'un d'eux lui plaque la main sur la bouche.

**1406.** Plan moyen. Dissimulée entre deux piliers de la cathédrale, éclairés par les flammes, la vraie Maria tente craintivement de sortir.

**1407.** Plan taille. Caché lui aussi derrière une statue, Rotwang épie Maria. **9**

**1408 idem 1406.** Maria fait un pas en avant et regarde, étonnée, en direction de la scène du bûcher. **10**

**1409.** Plan large. Freder et la foule des travailleurs sont vus au travers des flammes.

**1410 idem 1405.** Freder se débat, la main d'un homme toujours plaquée sur lui. Un autre lui désigne le bûcher en riant. Freder se débat encore plus fort et parvient à crier de nouveau.

Carton :

« Maria !!! »

**1411 idem 1408.** La vraie Maria, à ce cri, sort de sa cachette et tend les bras. Elle se met à courir mais au même instant, Rotwang entre par la gauche du cadre et se place devant elle en lui coupant la route. **11** Elle recule, terrifiée. Rotwang, de trois quarts dos, lui fait face.

Carton :

« Hel ! Ma Hel !! »

« Hel ! Meine Hel !! »

**1412.** Plan moyen. Maria, de trois quarts face, se tient devant la porte de la cathédrale. Devant elle, Rotwang, bras écartés, lui barre le passage. Maria court de droite à gauche en reculant vers la porte. Rotwang se rapproche. En reculant, Maria pousse la porte de son dos et l'ouvre. Elle entre en courant dans la cathédrale, suivie par Rotwang.

**1413.** Plan poitrine. La fausse Maria, attachée, rit en regardant devant elle, au travers des flammes. **12**

**1414.** Plan large. Maria traverse la nef de la cathédrale en courant, poursuivie par Rotwang.

**1415.** Plan large  Maria entre en courant par la droite du cadre, suivie par Rotwang. Elle passe par une porte ogivale, Rotwang à ses trousses, et monte un escalier dans le fond.

**1416.** Plan d'ensemble. La foule a formé un cercle autour du bûcher enflammé sur le parvis ; tous les travailleurs sautent sur place.

**1417 idem 1402.** La fausse Maria est entièrement entourée par les flammes. Elle bouge et rit toujours.

**1418 idem 1413.** Elle rit de manière presque diabolique.

**1419.** Plan moyen, plongée. Freder est à genoux ; il tente toujours de se libérer. Il crie.

**1420 idem 1418.** La fausse Maria regarde vers le bas, en direction de Freder. Elle éclate à nouveau de rire.

**1421.** Plan large. Maria, en arrière-plan, de profil,  monte l'escalier du clocher, poursuivie par Rotwang. Au premier plan, en haut, se trouve une énorme cloche. Au milieu de l'escalier, une ouverture donne sur l'extérieur. Maria atteint une porte en haut de l'escalier, devant un palier, mais celle-ci est fermée. Maria se retourne et fait face à Rotwang.

**1422.** Plan moyen, contre-plongée. En haut de l'escalier, derrière la rampe, Maria se tient contre la porte. Rotwang monte lentement vers elle. Maria recule le plus possible contre la rambarde puis tente de forcer le passage. Rotwang la saisit sur le palier. Ils luttent en redescendant quelques marches. Maria frappe Rotwang puis, en se débattant, saisit derrière elle la corde de la cloche qui pend dans le vide. Elle s'y agrippe en repoussant Rotwang.

**1423.** Plan moyen, plongée. Déséquilibré, Rotwang tombe en arrière se retient contre le mur.

**1424 idem 1422.** Maria, dans le vide, se tient à la corde de la cloche et se balance.

**1425 idem 1421.** Suspendue à la corde, Maria fait sonner la cloche, sous les yeux de Rotwang.

**1426 idem 1394.** Grot danse sur place, tournant sur lui-même, imité par la foule derrière lui. Soudain il s'interrompt et tourne la tête vers sa gauche, regardant en hauteur.

**1427 idem 1425.** Maria, en péril, suspendue dans le vide, fait sonner la cloche.

**1428 idem 1419.** Tout le groupe qui maintient Freder au sol regarde également vers le haut.

**1429 idem 1426.** Grot et la foule derrière lui se sont tournés et regardent vers la droite du cadre, en hauteur.

**1430 idem 1427.** Suspendue à la corde, Maria monte et descend sans aucun contrôle.

**1431.** Plan moyen. Sur la gauche, Maria poursuit son mouvement, accrochée à la corde. À droite, sur l'escalier, Rotwang s'approche. Lorsque Maria est à sa hauteur, il attrape la corde et la tire vers lui. Celle-ci est projetée sur l'escalier ; Rotwang la saisit.

**1432.** Plan moyen. Rotwang tente de maîtriser Maria sur l'escalier. Une ouverture, dans le mur derrière eux, permet de distinguer une galerie extérieure ornée de gargouilles. Maria se débat, se dégage et s'y précipite. Rotwang la suit en courant.

**1433 idem 1429.** Interloqué, Grot regarde toujours en hauteur, ainsi que la foule. Puis son regard se dirige de nouveau en face de lui, vers le bûcher.

**1434 idem 1409.** Freder se débat toujours.

**1435 idem 1419.** Freder est de nouveau debout, mais on lui plaque de nouveau une main devant la bouche. Tous les travailleurs rient.

**1436 idem 1402.** La fausse Maria rit en brûlant, et tourne encore le visage. Elle reste soudain immobile.  Une métamorphose s'opère. La forme de Maria s'évanouit et l'Être-Machine reprend sa forme originale.

**1437 idem 1433.** Stupéfait, Grot contemple le bûcher. Derrière lui, tous ont un mouvement de terreur et reculent de quelques pas. **6**

**1438 idem 1416.** Le bûcher flambe. En son centre se tient le robot. Affolée, la foule s'éloigne en courant. **7**

**1439 idem 1435.** Les travailleurs effrayés lâchent Freder qui tombe au sol. Il se relève et au moment de courir vers le bûcher, s'arrête net sur place en découvrant la scène.

**1440.** Plan moyen. Le robot, attaché au pilier du bûcher, est entouré par les flammes.

**1441 idem 1439.** Freder recule, affolé, puis dirige son regard en hauteur, en direction de la cathédrale. Il tend le bras et fait signe de regarder dans cette direction.

**1442.** Plan d'ensemble. La façade de la cathédrale est surmontée de la galerie extérieure, avec les gargouilles. Presque minuscule, Maria court sur cette galerie, poursuivie par Rotwang. **8**

**1443 idem 1441.** Freder bondit et court.

**1444.** Plan d'ensemble. Freder, seul, arrive devant la façade de l'immense cathédrale, monte les marches en courant **9** et y entre.

**1445 idem 1414.** Freder court à travers la nef.

**1446.** Plan large, plongée. Maria court en hurlant, montant un escalier bordé de gargouilles, poursuivie par Rotwang.

**1447 idem 1415.** Freder franchit la porte ogivale.

**1448.** Plan large. Maria, de dos, court sur la galerie supérieure, suivie par Rotwang. Au fond, aboutissant devant un mur, elle est finalement rattrapée. Elle lutte et se débat.

**1449 idem 1421.** Freder monte l'escalier du clocher et passe par l'ouverture donnant sur la galerie.

**1450.** Plan large. Sur la galerie, entre deux énormes gargouilles, Maria lutte contre Rotwang.

**1451.** Plan large. Par le fond, Freder arrive en courant sur la galerie des gargouilles.

**1452.** Plan large. Maria et Rotwang luttent toujours. Rotwang jette un regard devant lui, ceinture Maria et la projette vers l'angle du fond.

**1453.** Plan moyen. En tournant sur elle-même, Maria tombe au sol.

**1454 idem 1452.** Freder, de dos, arrive face à Rotwang. **10** Les deux hommes restent un instant immobiles, puis, Freder se jette sur son adversaire.

**1455.** Plan poitrine. Sur la droite, de profil, Josaphat arrive brusquement devant Joh Fredersen, derrière lequel se tient l'Homme en noir. Josaphat est à bout de souffle et Fredersen mort d'inquiétude. Josaphat lui donne précipitamment des explications. **11** Fredersen le repousse et se précipite, suivi par Josaphat et l'Homme en noir.

**1456 idem 1454.** Freder lutte contre Rotwang.

**1457 idem 1438.** Le bûcher flambe entièrement, le robot a disparu dans les flammes.

**1458 idem 1456.** Rotwang et Freder se battent.

**1459.** Plan large, contre-plongée. Les deux hommes se battent contre une gargouille. La galerie, vue de l'extérieur, est en mauvais état et s'est écroulée par endroits.

**1460.** Plan poitrine. Un couple de travailleurs regarde la scène, terrifiés. Derrière eux, les autres ont également le regard levé vers la cathédrale.

**1461 idem 1459.** Rotwang pousse Freder contre la rambarde. Ce dernier a la moitié du corps dans le vide et tente de se raccrocher. **12**

**1462 idem 1460.** Les travailleurs ont un mouvement de terreur, puis ils s'écartent. Derrière eux arrive en courant Joh Fredersen. Il s'arrête brusquement et lève à son tour le regard.

**1463 idem 1461.** Freder se débat et tente de repousser Rotwang.

**1464.** Plan moyen, sur la galerie. Freder se dégage et repousse son adversaire.

**1465.** Plan taille. Rotwang est violemment projeté contre le mur. Il se redresse aussitôt.

**1466.** Plan taille. Les deux hommes, de profil, sont de nouveau agrippés l'un à l'autre et luttent férocement.

**1467.** Plan moyen. L'ombre des deux hommes en lutte est projetée contre le mur.

**1468.** Plan moyen, plongée. Rotwang donne un coup violent à Freder. Sous le choc, celui-ci recule contre le mur. Rotwang se jette sur lui et monte sur ses épaules. Freder se débat et le jette au sol. Panoramique. Les deux hommes roulent au sol tout en se battant. Rotwang prend le dessus. Freder le repousse avec ses pieds.

**1469.** Plan large, raccord dans l'axe. Freder repousse Rotwang.

**1470 idem 1459.** Les deux hommes sont de nouveau contre le bord de la galerie, à l'endroit où elle est le plus détériorée. Sous leur lutte, des morceaux de pierre tombent.

7

8

9

10

11

12

**1471.** Plan moyen. Au premier plan, Fredersen regarde la scène. Derrière lui, à gauche du cadre, se tient Josaphat et de l'autre côté, l'Homme en noir. Fredersen lève lentement les mains pour se prendre la tête.

**1472 idem 1470.** La lutte se poursuit sur la galerie en ruine.

**1473.** Plan large, plongée. Tout en se tenant la tête, Fredersen tombe lentement à genoux, les yeux braqués sur la galerie. À sa droite se tient Josaphat, qui le regarde, stupéfait, et à sa gauche l'Homme en noir, toujours impassible. **1**

**1474.** Plan moyen, plongée. Les travailleurs, ayant reculé, observent, craintifs et étonnés.

**1475 idem 1473.** Derrière le trio, les travailleurs se rapprochent lentement, de plus en plus vindicatifs. Josaphat se retourne et leur fait face. L'Homme en noir se met aussi en position de protection.

**1476 idem 1474.** Les femmes en tête, les travailleurs avancent, menaçants.

**1477.** Plan rapproché. Au milieu des travailleurs qui regardent vers la cathédrale, Grot se retourne et découvre la scène. Il pousse un cri et se dirige dans cette direction.

**1478 idem 1475.** La foule entoure le trio. Fredersen reste immobile.

**1479.** Plan poitrine. Le regard fixe, immobile, tout en se tenant la tête, Fredersen regarde en direction de son fils. Derrière lui la foule hurle.

**1480.** Plan taille. Dans la foule, ivre de colère, Grot, à gauche, a saisi Josaphat et le malmène tout en désignant Fredersen au sol, hors champ. Josaphat saisit à son tour Grot par le col.

Carton :

« Vos enfants… sauvés !!! »

« Eure Kinder… gerettet !!! »

**1480 (suite).** Josaphat explique la situation. **2** Incrédule, Grot le secoue puis après un instant lève les bras en éclatant de joie. Josaphat va parler aux travailleurs.

**1481.** Plan moyen. Les travailleurs tombent dans les bras les uns des autres.

**1481bis.** Deux femmes tombent à genoux. **3** Panoramique vers le bas, suivant leur mouvement.

**1482.** Plan moyen, légère plongée. D'autres femmes tombent au sol.

**1483 idem 1479.** Fredersen n'a pas bougé. Il prononce quelques paroles.

**1484 idem 1475.** Tous regardent de nouveau en direction de la cathédrale.

**1485.** Plan moyen. Sur la galerie, contre le mur, Rotwang et Freder sont toujours à la lutte. **4** Rotwang décoche un nouveau coup violent qui fait tomber Freder.

**1486.** Plan moyen. Freder, au sol, roule contre la rambarde de la galerie. À demi assommé, il tente de se relever. En se mettant à genoux, il relève la tête et lance un regard effrayé.

**1487.** Plan large. Rotwang est en train d'escalader le toit en pente en portant Maria, inanimée, sur son dos.

**1488 idem 1486.** Freder se relève en criant.

**1489.** Plan moyen. Freder, de dos, court vers une échelle métallique fixée au mur du fond et l'escalade.

**1490.** Plan d'ensemble, plongée verticale. Au centre d'un cercle formé par la foule, Fredersen, à genoux, se tient la tête et regarde. Grot arrive à son tour. **5**

**1491.** Plan d'ensemble sur le sommet du toit de la cathédrale. Rotwang, de dos, monte l'échelle.

**1492 idem 1487.** Freder escalade le toit à toute vitesse.

**1493 idem 1491.** Rotwang apparaît sur le toit, portant Maria sur son dos. Il court le long d'une barre très étroite qui est posée au sommet. **6** Freder arrive au sommet par l'échelle. Rotwang se retourne et lâche Maria.

**1494.** Plan large. Fredersen et tous les autres regardent vers le haut gauche du cadre, en direction du sommet de la cathédrale. La foule a un mouvement de frayeur.

**1495.** Plan moyen. Maria se retient à la barre et tente de remonter. **7**

**1496 idem 1493.** Rotwang et Freder se battent en équilibre sur le toit.

**1497 idem 1483.** Fredersen regarde toujours, de plus en plus effrayé.

**1498.** Plan large. Les deux hommes se battent sur le toit.

**1499 idem 1490.** La foule réagit en suivant le combat.

**1500 idem 1498.** Les deux hommes tombent et dévalent le toit en pente.

**1501.** Plan large. Freder et Rotwang glissent le long du toit.

**1502.** Plan moyen. Les deux hommes tombent sur la galerie. Freder repousse Rotwang d'un coup de pied. **8**

**1503 idem 1478.** La foule est paniquée, Fredersen reste immobile.

**1504.** Plan d'ensemble. Rotwang, de dos, bascule par-dessus la rambarde délabrée et tombe finalement dans le vide.

**1505 idem 1503.** Les travailleurs courent vers la cathédrale, en passant devant Fredersen.

**1506 idem 1490.** La foule court.

**1507 idem 1505.** Seuls restent sur place Josaphat, l'Homme en noir et Fredersen, toujours au sol dans la même position. Josaphat s'approche de lui. Fredersen s'affaisse légèrement sur ses talons.

**1508.** Plan taille. Fredersen, de trois quarts, laisse lourdement retomber ses bras et baisse la tête. Derrière lui, de chaque côté, apparaissent la main de Josaphat et celle de l'Homme en noir. Fredersen relève les yeux et tend les bras de chaque côté.

**1509.** Plan large. Seuls sur la place, Josaphat et l'Homme en noir aident Fredersen à se relever. Ce dernier court alors droit devant lui. **9**

**1510 idem 1444.** Fredersen entre en courant dans la cathédrale.

**1511 idem 1489.** Freder aide Maria à descendre sur la galerie et la prend dans ses bras. Maria se serre contre lui. **10**

**1512.** Gros plan. Maria et Freder, de profil, se font face. Freder l'embrasse doucement sur chaque joue puis sur les lèvres. Fondu au noir.

## Parvis de la catéhdrale - Extérieur jour

**1513.** Plan d'ensemble. Le parvis de la cathédrale est vide et désert. L'immense édifice est vu de face. Par le bas du cadre, les travailleurs avancent en direction de marches du parvis, en formant un triangle parfait, pointe en haut, et en marchant au pas. Ils montent les marches. **11**

**1514.** Plan large, raccord dans l'axe. Grot, de dos, à la pointe du triangle, arrive en haut des marches, devant la porte ouverte de la cathédrale, d'où sort Fredersen, entouré à sa droite par Maria et à sa gauche par Freder. Grot écarte les bras avec autorité pour arrêter la marche des travailleurs. Seul, il achève de monter les marches et se place fermement devant le trio. Freder parle à l'oreille de son père.

**1515.** Plan moyen. Fredersen avance d'un pas, laissant le couple derrière lui, qui le regarde.

**1516 idem 1514.** Après une hésitation, Grot avance fermement de quelques pas en direction de Fredersen.

**1517 idem 1515.** Fredersen avance difficilement d'un pas. Maria le regarde en joignant les mains.

**1518.** Plan taille. Grot, de face, se dandine, esquisse un sourire et tente de tendre la main en direction de Fredersen.

**1519.** Plan rapproché, contrechamp. Fredersen avance légèrement à son tour et tend la main. Derrière lui, Maria et Freder observent la scène, et les encouragent en tendant les mains. Mais Fredersen se reprend, serre le poing et ramène son bras vers lui.

**1520 idem 1518.** Grot ramène à son tour la main, serre le poing et le frotte contre lui en signe de colère et de frustration.

**1521.** Plan moyen. Grot et Fredersen, de profil, se font face. Entre eux, Maria les regarde alternativement, impuissante. **12** Elle sort par la droite du cadre, derrière Fredersen, en tendant les mains.

**1522.** Plan taille. Freder, de profil, les vêtements déchirés, regarde également la scène. Maria arrive près de lui et lui parle en lui montrant la situation.

Carton :

**« Le cerveau et les mains veulent se rejoindre,
mais le cœur leur fait défaut… Médiateur, montre-leur
le chemin qui les mènera l'un à l'autre… »**

« Hirn und Hände wollen zusammenkommen,
aber es fehlt ihnen das Herz dazu…
Mittler Du, zeigen ihnen den Weg zueinander… »

**1522 (suite).** Freder sourit et s'avance vers la gauche du cadre.

**1523 idem 1521.** Freder arrive près de son père, le prend par les épaules et lui parle. Grot les regarde. Tout en tenant le bras de son père, Freder tend lui-même la main vers Grot. Celui-ci refuse la main. Freder insiste en tendant le bras de manière plus ample et en se penchant vers lui. Grot hésite encore, puis serre la main de Freder. Celui-ci tourne le visage vers son père, puis fait s'avancer les deux hommes l'un vers l'autre. Ils se regardent dans les yeux et se serrent finalement la main.

Carton :

**LE MÉDIATEUR ENTRE LE CERVEAU
ET LES MAINS DOIT ÊTRE LE CŒUR !**

MITTLER ZWISCHEN HIRN UND HÄNDEN
MUSS DAS HERZ SEIN !

Carton :

**FIN.**

ENDE.

# L'AVANT SCÈNE CINÉMA

CINEMATOGRAFICA MARTE, S. A.
presenta una película de
ULTRAMAR FILMS, S. A.

LA OBRA CUMBRE DEL DIRECTOR
**LUIS BUÑUEL**

Alfonso MEJÍA
Estela INDA
Miguel INCLÁN
Roberto COBO
Alma Delia FUENTES

## LOS OLVIDADOS

Un film de Luis Buñuel
**Dossier** sur le film et le réalisateur
**Découpage** intégral et **dialogues français et espagnols**

Revue mensuelle - hors-série n°1 - mars 2011 - 15 euros

**L'Avant-Scène Cinéma** rééedite des numéros anciens épuisés. Ce **hors-série n°1** est consacré au chef-d'œuvre de Luis Buñuel, *Los Olvidados*, tourné en 1950 au Mexique. Le découpage intégral est accompagné des dialogues français et espagnols, et d'un dossier sur le film et le réalisateur.
Prix du numéro : **15 euros**.
Tarif spécial pour nos abonnés : **7,50 euros**

Jean-Pierre Darroussin
dans *De bon matin*, de
Jean-Marc Moutout.

À l'occasion de la sortie de *De bon matin*

# Entretien avec Jean-Marc Moutout

Un chargé d'affaire dans une banque se rend à son travail, tue deux de ses supérieurs et s'enferme dans son bureau… À partir de ce fait divers, Jean Marc Moutout, qui signe son troisième long métrage après **Violence des échanges en milieu tempéré** (2003) et **La Fabrique des sentiments** (2007), poursuit son analyse des interactions entre l'individu et le monde du travail. Auteur singulier dans le paysage cinématographique français, Moutout signe ici son œuvre la plus forte à ce jour. Un scénario remarquablement écrit, une mise en scène qui a parfois la précision d'un entomologiste, et un immense Jean-Pierre Daroussin sur qui tout le film repose, physiquement, sans que cela ne soit qu'une simple métaphore, font de ce **De bon matin** une réussite rare et impressionnante.

Vous avez fait trois longs métrages dont au moins deux parlent du monde du travail, ou des relations dans ce monde, sans oublier votre premier court métrage, *Tout doit disparaître*…
**Jean-Marc Moutout :** Même les autres, comme *Électrons statiques*, étaient sur le monde du travail, en fait…

Est-ce votre passion, votre cauchemar, ou pensez-vous que c'est un créneau qui a été peu exploité au cinéma et qui mérite de l'être, alors que par exemple les histoires d'amour flamboyantes, si elles vous intéressent tout autant, ont déjà suffisamment été filmées par d'autres…
**J.-M. M. :** Non, ce n'est pas comme ça que ça se passe ! J'ai plus envie maintenant d'aller vers les histoires d'amour ! Pour ce qui est du thème du monde du travail, je crois que je suis un peu tombé dedans, c'était une envie, une nécessité, une interrogation forte. C'est un peu un hasard, en ce sens que je n'étais pas au préalable politisé ou syndicalisé. Je me suis retrouvé à faire *Tout doit disparaître* parce que ça m'était arrivé… J'avais 30 ans, je cherchais du boulot… Cette question de société, cette angoisse du devenir, d'être adulte, d'intégrer la société, tout cela c'était le sujet de mes courts métrages et de mon premier long, *Violence des échanges*… Vous avez dit « monde du travail », mais c'est avant tout une question d'identité, à savoir : comment on se construit individuellement. Ça renvoie de l'individu au monde social ; du coup, dans mes films, ça se focalise autour du travail. Évidemment, *La Fabrique des sentiments*, ne serait-ce que par son titre, voulait s'opposer au premier film, mais j'ai été rattrapé par

ma façon de voir les choses : comment les valeurs sociales et professionnelles nous habitent profondément. Au bout du compte, sans l'avoir préétabli, ces trois films forment une trilogie, ils se répondent. Il y a trois personnages principaux, à trois âges différents, autour du thème de la réalisation de soi dans la société.

**Vous projetez-vous dans ces trois personnages ?**
**J.-M. M. :** Oui, ce sont des questions que je me pose ; par rapport à qui on est, par rapport à notre liberté, nos désirs ; je me retrouve et je m'éprouve en fabriquant ces personnages.

**Et vous êtes sur la même longueur d'onde qu'eux sur leur choix éthique ?**
**J.-M. M. :** Non, c'est très différent. Par exemple, pour le premier, Philippe [Jérémie Renier], je regrette qu'il

choisisse de ne pas quitter son métier de consultant – mais j'essaye de comprendre pourquoi. Eloïse, je la comprends aussi, je vois pourquoi elle passe à côté d'un certain nombre de choses. Quant à Paul… C'est autre chose parce que l'on n'a pas du tout le même âge, et j'espère ne pas en arriver là ! Ce qui me pose problème chez Paul, ce n'est pas son parcours. Évidemment, son acte me pose problème, mais dans le sens où, et c'est ce qui me rend très malheureux, il n'arrive pas à exister autrement et à renaître ailleurs. Qu'il ne parvient pas, en son âme et conscience, tout seul ou avec d'autres, à se dire : « Tant pis ! Tant pis pour la banque, même s'ils m'ont eu, même s'ils ont abusé de moi, je vais vivre, vivre autrement et trouver autre chose ».

**Ce qu'a réussi à faire son collègue, obligé de partir avant lui, d'où l'importance de cette scène où ils se retrouvent…**
**J.-M. M. :** Exactement. Pourquoi un homme y arrive-t-il et l'autre pas ? Question d'âge, de poste, et sûrement une fragilité interne…

**Puisque l'on parle de construction, comment avez-vous construit ce personnage au moment de l'écriture du scénario ?**
**J.-M. M. :** Je pars toujours du personnage dans une situation particulière. Pour Paul, c'est la première fois que je partais d'un fait réel. Je ne connaissais en fait que le fait brut, deux lignes : un banquier de cinquante ans, un lundi matin à 8 heures, flingue ses deux supérieurs plus jeunes que lui et se tue. Je

l'ai mis de côté et ça ne m'a pas lâché. Et tout de suite, l'idée était de commencer par la séquence des meurtres, et que le film se situe ensuite dans ce temps suspendu entre les meurtres et le suicide. C'est l'autopsie d'un meurtre, ou d'un homme.

À la fois par le titre et par la construction dramatique, votre film évoque forcément *Le Jour se lève*, de Marcel Carné.
**J.-M. M. :** C'est Jean-Pierre Daroussin qui me l'a fait remarquer ! Je ne l'ai pas revu, ça me semble évident maintenant, l'inconscient travaille…

**Le fait intéressant est que le film date de 1939, au moment d'une crise terrible, avec Gabin, le héros du Front populaire, qui finit par se suicider. N'est-ce pas un type de film qui apparaît comme un symptôme dans une société ?**
**J.-M. M. :** En tout cas avec ce film j'ai eu le sentiment que j'allais au bout de mon questionnement sur la société via le travail. Mais c'est un fait divers qui a eu lieu en 2004 ; j'ai commencé à l'écrire en 2007, avant la crise, avant les subprimes et avant Orange… Tout ça s'entrecroise. Je suis toujours sidéré car je ne fais pas de l'actualité, mais finalement alors que le temps d'un film est très long, on n'est jamais en retard !

**Sans faire de l'actualité, quand par exemple vous entendez le matin un nouveau cas de suicide chez France Telecom, par exemple, cela vous pousse-t-il à en savoir davantage ?**
**J.-M. M. :** Oui, bien sûr. Mais déjà au moment de *Violence des échanges* j'étais entré en contact avec un certain nombre de gens. Par exemple Marie Pezé, dont j'ai lu *Ils ne mouraient pas tous mais tous étaient frappés*, avec le documentaire ; il y a aussi eu un livre sur le techno-centre de Renault… Le point commun entre tous ces cas à mon avis, c'est l'opiniâtreté au travail. Ces gens se surinvestissent, ce ne sont pas des tire-au-flanc. Ce sont des employés qui ont une haute opinion de ce qu'ils font…

**Mais dans le cas de Paul, n'y a-t-il pas une dimension supplémentaire ? Face au psy, il laisse entendre à un moment qu'il s'est peut-être trompé de direction dans sa vie…**

*Violence des échanges en milieu tempéré* (2004).

*La Fabrique dess sentiments* (2008).

*De bon matin* (2011).

**J.-M. M. :** Les gens l'entendent souvent de cette manière, ce que je peux comprendre, mais ce n'est pas tout à fait ça. Ce qu'il dit, c'est : « Ce n'est pas tout à fait comme ça que je voulais faire les choses », pas : « Je ne voulais pas faire ça ». Alors, est-ce qu'il n'a fait qu'imiter, est-ce qu'il n'a pas collé à quelque chose sans trouver lui-même sa propre marque, sa propre identité ? Certainement… Mais je pense qu'il s'est totalement identifié au banquier, qu'il en était très fier. Et c'est un moment de lucidité très tardif. On est toujours heureux d'être félicité, et comme on est tout le temps jugé, cela amène à être peu audacieux, à se limiter soi-même. Il y a toujours ce tiraillement entre la satisfaction et une petite voix qui dit : « Me suis-je exprimé au mieux ? ». Mais je ne pense pas qu'il aurait voulu changer de branche.

le couple se reconstruit avec cette association. Et puis, au fil du temps, c'est elle qui en a pris la responsabilité. Il y avait une scène coupée au montage, car elle n'était pas très bonne, qui l'expliquait davantage, mais j'ai préféré enlever ce qui était trop explicatif dans l'histoire du couple.

**Vous avez fait beaucoup de débats avec le public lors de la sortie de vos précédents films. Est-ce qu'ils vous ont enrichi, conforté, inspiré ?**
**J.-M. M. :** En tout cas ça libère énormément de parole. Il faut dire que 85% de la population active est salariée. Entre ceux qui n'ont pas un épanouissement fort dans le travail, qui travaillent par nécessité, ceux qui se retrouvent dans des situations conflictuelles, etc., on peut considérer qu'il y a une grande partie qui est en difficulté de travail… Et souvent il

Jean-Pierre Darroussin et Xavier Beauvois.

**Il n'a pas de vision politique, au sens large du terme. Dans d'autres circonstances, il aurait lui-même pu être le harceleur…**
**J.-M. M. :** Peut-être pas jusque-là, mais le film pose la question, et Fisher (joué par Xavier Beauvois) appuie un peu là-dessus. Mais c'est une question qui le tourmente. Il n'a peut-être pas de vision politique, mais il a des valeurs éthiques. Je pense que c'est un démocrate-chrétien qui a réussi à faire carrière tout en gardant une éthique, ou du moins il l'a cru, en camouflant certaines choses, en les mettant en sommeil. Ça a tenu la route jusqu'au moment où il s'est rendu compte que c'était sans doute un jeu de dupe. Mais ce n'est pas un « juste » qui d'un seul coup se rend compte que le monde est injuste. D'une certaine manière, Jérémie (dans *Violence…*) sent ce qu'il va perdre, en devant se conformer à un cadre, et 25 ou 30 ans plus tard, on a à faire à un homme qui regarde en arrière et qui se demande si ça valait le coup. Le regard de Paul est celui d'un homme qui redevient lucide, mais du coup avec une douleur énorme.

**À propos de valeurs éthiques, dans votre conception du scénario, qui, dans le couple, est à l'origine de leur mission humanitaire en Afrique ?**
**J.-M. M. :** C'est une histoire essentielle au couple. Elle veut partir, elle part un moment, elle revient, et

y a quelqu'un dans la salle qui est en situation de grande souffrance…

**On peut parler de véritable performance à propos de Daroussin. Était-il votre premier choix ?**
**J.-M. M. :** Oui, tout à fait.

**Il y a un contraste saisissant entre la manière dont il est filmé, très charnel, et la mise en scène et la photographie qui au contraire donnent un aspect lisse et glacé. Au début du film, il est en slip et crache dans le lavabo, cela donne déjà une impression de fragilité…**
**J.-M. M. :** Oui, d'un côté, c'est un homme normal, ordinaire, et c'est comme un matin normal, avant d'aller au travail, et dans le même temps il y a un trouble, une gêne. C'était important d'être près de lui, de la peau… Le cinéma est une expérience physique. Ici, c'est un homme droit, solide, et dans le même temps il faut montrer ce qu'il y a derrière le costume : de la douleur, de la tension, du malaise. C'est un corps fort et abîmé, plus tout jeune, et c'est un homme, tout simplement, pas un athlète. Et en plus c'est à l'inverse du monde du travail, c'est pourquoi je me suis attaché à la nature, à la matière, à la montagne. Les bureaux n'ont pas d'ouverture extérieure, et à côté il y a cet appel à la vie à laquelle il renonce.

**Comment Daroussin s'empare-t-il de son personnage ? Vous en avez beaucoup parlé ?**

**J.-M. M. :** Pas tant que ça au préalable. Il tourne beaucoup ! Dès qu'il entre dans le processus du film, il travaille, beaucoup. Mais il travaille dans le laps de temps du film. Ça commence par les essais costumes, et là on commence à parler du personnage, des attitudes, etc. Et ensuite, il a été là 39 jours sur les 39 du tournage. C'est quelqu'un qui arrive tous les jours sur le plateau avec des propositions fortes, qui a réfléchi, et qui adore jouer. Donc qui est très disponible. À ce moment-là, sur les prises, nous cherchons, nous essayons d'autres couleurs. Moi j'avais pour mission de l'amener sur « le banquier », donc sur quelqu'un qui a travaillé pendant trente ans, avec cette capacité de dureté, de puissance – ce n'est pas le « bon gars » que l'on a l'habitude de voir par ailleurs. Mais il est exceptionnel par son talent : regardez la scène du bateau au téléphone, les moments avec le psy…

**Y avait-il une harmonie entre les différents comédiens ? Par exemple, Valérie Dréville vient essentiellement du théâtre et on sait qu'elle est d'une très grande précision.**

**J.-M. M. :** Il y a avant tout le plaisir de travailler avec les comédiens – si on n'aime pas ça, il ne faut pas faire de cinéma, car ça ne se limite bien sûr pas à l'aspect technique. Après cela, chaque cas est particulier. Valérie est très précise mais a moins l'habitude de la caméra que Jean-Pierre, alors elle a besoin de plus de prises que lui, qui est généralement époustouflant d'entrée de jeu – mais il est aussi assez généreux. Nous prenons le temps et nous y parvenons. Il y a dans le film une comédienne qui est encore jeune, mais que je trouve formidable : Nelly Antignac, qui joue Clarisse, celle qui se fait virer. Il faut juste comprendre comment fonctionne chaque comédien. Et puis il y a les seconds rôles, qui parfois font le job tout seuls.

**Comment était organisé le plan de tournage ? Vous avez tourné d'abord les scènes « au présent » et les flashes-back après ?**

**J.-M. M. :** Non pas du tout. Nous avons tourné à Annecy d'abord et à Paris ensuite. La banque, ce n'est que Paris. Il y a donc peu de scènes de travail dans la première partie de tournage, qui concerne la maison, le bateau, etc. C'est pourquoi j'ai fait dans les bureaux de la production une lecture avec tout le monde, car les gens ne se croisent pas dans le film, entre la sphère privée et la sphère professionnelle. Valérie Dréville n'a aucune scène avec Xavier Beauvois.

Jean-Pierre Darroussin, Valérie Dréville et à droite Ralph Amoussou.

**Cela implique sans doute des difficultés pour les comédiens et le metteur en scène, ne serait-ce que pour ce que l'on peut appeler les « raccords d'humeur », et à plus forte raison dans un film qui de plus ne respecte pas la chronologie…**

**J.-M. M. :** C'est plus compliqué et plus simple que ça… Le film est avant tout constitué de moments, il n'y a pas de continuité linéaire. C'était déjà le cas dans le scénario, dans lequel l'idée était de travailler en passerelles, en échos, mais le montage a fait exploser ça plus encore. Le film une fois monté est très loin du scénario, en ce qui concerne l'ordre des scènes. En plus le scénario faisait sans doute la part un peu trop belle au domaine du privé, et donc ralentissait le film.

**Le temps entre les meurtres et le suicide n'est pas précisé, ça peut être le temps du film…**

**J.-M. M. :** Non, c'est dix minutes environ.

**Donc il y a un jeu sur la temporalité, la distorsion du temps, le temps mental et le temps réel…**

**J.-M. M. :** Oui, c'est un film mental. Un matin, j'ai demandé à Jean-Pierre de rentrer dans le bureau et de jouer les dix minutes, jusqu'à ce qu'il voit les flics. C'était techniquement assez compliqué, mais je crois que ça l'a installé dans cette temporalité. Après on s'en est servi en prenant des plans plus courts.

**C'est une question cinéphile classique, mais avez vous été touché, marqué ou influencé par**

des films qui peuvent se rapprocher de votre démarche, thématiquement : *Que les gros salaires lèvent le doigt*, *Mon oncle d'Amérique*, les films de Laurent Cantet, etc.

**J.-M. M. :** Sans doute mais jamais directement… *Mon oncle d'Amérique*, oui, mais je ne l'ai plus vraiment en tête. J'aime beaucoup *L'Emploi du temps*,

de Cantet, qui parle aussi de construction d'une identité, et puis il y a aussi des histoires de routes, de montagne, d'errance… Après j'ai longtemps été très impressionné par le cinéma de Ken Loach. Ça m'a beaucoup marqué dans ma construction de cinéma, même si on ne peut pas dire que j'emploie les mêmes procédés.

Effectivement, Loach va parfois plus franchement dans une forme de lyrisme, alors que vous semblez au contraire pratiquer une sorte de retenue dans l'expression des sentiments…

**J.-M. M. :** Oui, c'est peut être plus formel, plus retenu. Loach a sans doute un enthousiasme humaniste et politique, mais encore une fois, c'est une question sur l'humain avant tout. ■

PROPOS RECUEILLIS PAR YVES ALION & LAURENT AKNIN – SEPTEMBRE 2011.

*De bon matin* (France/Belgique) Réal. : Jean-Marc Moutout. Scén. : Jean-Marc Moutout, Olivier Gorce et Sophie Fillières. Phot. : Pierric Gantelmi d'Ille. Mont. : Marie Da Costa. Dist. France : Les Films du Losange. Avec Jean-Pierre Darroussin, Xavier Beauvois, Valérie Dréville, Yannick Renier, Aladin Reibel, Laurent Delbecque. Durée : 1h31. Sortie France : 5 octobre 2011.

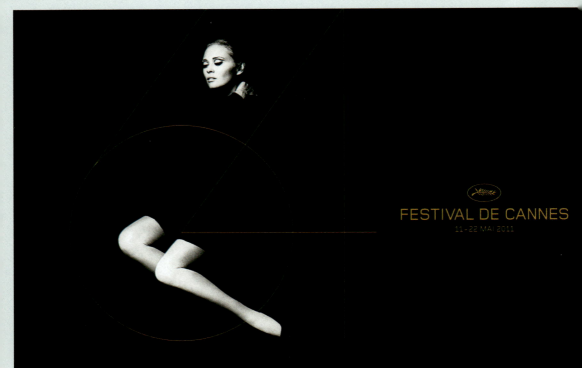

# Cannes 2011

### Les coups de cœur de la rédaction…

**Nous avions mis de côté lors de notre compte rendu cannois (voir N°584) les films ne sortant pas dans la foulée du festival. Plusieurs de nos coups de cœur ont en effet un peu attendu pour être à l'affiche en cette rentrée. Pour les autres, il faudra sans doute se barder de patience…**

### Atmen

On peut difficilement imaginer un scénario a priori plus sinistre. *Atmen* raconte quelques mois dans la vie d'un jeune homme de 19 ans, Roman Kogler. Celui-ci a déjà passé cinq ans dans un centre de détention pour mineurs, après avoir tué un autre garçon dans l'orphelinat où il était placé. Devant trouver un emploi pour obtenir une libération conditionnelle, il est finalement embauché… dans les pompes funèbres, avec manipulation de cadavres et de cercueils. Il recherche dans le même temps sa mère, qui l'a abandonné après avoir failli le tuer. Pour son premier long métrage, le réalisateur semble avoir voulu mettre tous les handicaps de son côté, et réussi finalement un film exemplaire de retenue, de rigueur et d'intelligence. Aucune complaisance, ni dans le sordide, ni dans une forme d'humanisme béat. Son héros, au départ, n'a rien de plaisant : il n'est qu'une boule de colère, entièrement renfermé sur lui-même. Le vrai sujet du film, qui n'apparaît, fort habilement, qu'en sous-texte, est celui de l'ouverture d'une

conscience aussi bien vers les autres que sur elle-même, jusqu'à une forme d'acceptation et de réconciliation avec le monde. Remarquablement écrit, dense et précis (le film fait à peine 90 minutes), *Atmen* ne souffre d'aucune scorie, d'aucune digression inutile, à l'image de sa mise en scène, nette, carrée, évidente. Incontestablement, parmi les rares révélations de ce festival en ce qui concerne les auteurs de « premiers films », Karl Markovics – qui, il vrai, est déjà un comédien chevronné – est un réalisateur à suivre. ■ Laurent Aknin
Film autrichien de Karl Markovics avec Thomas Schubert, Karin Lischka. 1h29. Quinzaine des Réalisateur

## Au revoir

Associé à Jafar Panahi sur un projet de film qui a valu aux deux réalisateurs iraniens de se voir infliger de lourdes peines, en attendant le résultat de l'appel de sa condamnation à six ans de détention, Mohammad Rasoulof s'est consacré à cet *Au revoir* qui en dit long sur son courage et sa détermination. Sa protagoniste est une avocate dont le mari est en prison. Alors qu'on lui interdit d'exercer son métier et qu'elle se résout à partir en exil, elle se découvre enceinte d'un enfant atteint d'une malformation génétique. Comme si tous les espoirs qu'elle avait investis sur cette naissance s'étaient transformés en un châtiment encore plus lourd à supporter. « *Quand on se sent étranger dans son propre pays*, dit-elle, *mieux vaut partir pour se sentir étranger à l'étranger.* » *Au revoir* impressionne par sa forme cinématographique très élaborée, malgré des conditions de tournage qu'on suppute spartiates, l'élégance de sa photo et surtout l'interprétation magistrale de la très belle Leyla Zareh. Difficile de rester insensible à l'audace de ce constat dépourvu de pathos qui montre que la résistance à la dictature commence par la possession d'un récepteur satellite et que la notion même de propriété privée est devenue un leurre face à une police politique qui s'est arrogée tous les droits. Tel que le roseau qui ploie mais ne rompt pas, Mohammad Rasoulof affirme à travers cette bouteille à la mer que si l'art ne réussit pas toujours à améliorer le monde, il peut certainement y contribuer. ■ Jean-Philippe Guerand
*Bé omid é didar*. Film iranien de Mohammad Rasoulof, avec Leyla Zareh, Feresteh Sadre Orafaiy, Shahab Hosseini. 1h44. Un Certain Regard.

## Les Crimes de Snowtown

Premier long métrage venu d'un pays, l'Australie, habitué aux œuvres coup de poing réveillant des publics (cannois ou pas) assoupis, *Snowtown* n'a à ce titre pas démérité de la nation. Au centre du film, un jeune homme fréquemment abusé (pas par un ami de sa mère, par son propre grand frère) et qui voit débarquer dans sa vie une sorte de mystérieux protecteur désireux d'aider sa famille à se venger de l'ami précédemment cité. Ce dernier s'en va après un harcèlement parfois dur mais sans violence. La tension monte lorsque, rentrant progressivement dans l'univers de ce bienfaiteur, le héros découvre sa croisade très particulière contre les pédophiles, qui prend la forme de meurtres et de tortures fortement préparés et répétés, rituels dont il devient (presque passivement) le nouveau disciple. L'intrigue parvient à son climax lors d'un face à face inévitable entre le héros et son frère/tortionnaire. *Snowtown* se confronte à tous les mythes actuels du vigilante, et interroge la notion même de justice de maladie mentale avec une force provocatrice indéniablement efficace. La violence graphique parfois crue de la mise en scène ne choque pas vraiment à cause de la représentation mais, dans une grande tradition cinématographique, à cause des enjeux et des situations mises ainsi en face de nous. Aidé par un casting brillant mené, dans le rôle du protecteur tueur, par un jeune acteur capable de passer de la bonhomie à la folie meurtrière en un battement de cil, *Snowtown* atteint sa cible, son public, et révèle un cinéaste et des acteurs qui vont compter. ■ Pierre-Simon Gutman
*Snowtown*. Film australien de Justin Kurzel, avec Daniel Henshall, Lucas Pittaway, Louise Harris de 1h42. Semaine de la Critique.

## 17 filles

Lorsque 17 filles d'un même lycée tombent enceintes volontairement au même moment, qu'est-ce que cela révèle ? C'est l'histoire vraie sur laquelle se sont interrogées Delphine et Muriel Coulin pour faire ce film qui, loin de vouloir y apporter des réponses, parvient à en donner une certaine compréhension.
Leur approche, très réaliste et presque documentaire, évite l'écueil des explications psychologisantes pour porter un regard brut sur les problématiques inhérentes à l'adolescence, faites avant tout d'élans pulsionnels et de sensations. Du sentiment d'invincibilité que donne l'amitié fusionnelle au carcan qu'impose

le mimétisme, de l'inconscience des responsabilités à l'extrême lucidité sur la difficulté de la vie, d'une certaine affirmation de la femme à l'évincement pure et simple de l'autre sexe… les deux réalisatrices ont su capturer un « je-ne-sais-quoi » très juste sur « la génération sacrifiée » : une sorte de ressenti crépusculaire. Faire un enfant est avant tout un acte de survie semble nous rappeler ces jeunes filles. Mais à une époque où la question de l'amour n'est plus présente, ni envers le futur « père » réduit au statut d'inséminateur, ni envers l'enfant à naître utilisé comme outil d'affranchissement, donner la vie ne s'inscrit plus dans une logique de transmission mais devient au contraire une superbe affirmation de soi, un acte hautement individualiste. Bien que maquillé en utopie par le fait d'être dix-sept, leur entreprise semble plus proche du malaise général que du rêve collectif… Cette manière d'aborder les motivations qui poussent à faire des enfants donne un film fort, qui n'a pas peur de provoquer le trouble, tant son propos semble ouvrir une brèche dans notre conscience et toucher à nos turpitudes les plus intimes. ■ Camille Loiret

*Film français de Muriel et Delphine Coulin, avec Louise Grinberg, Juliette Darche, Roxane Duran. 1h27. Semaine de la Critique.*

## Drive

Un cascadeur travaillant dans le cinéma à Hollywood a pour seconde occupation celle d'être conducteur « free lance » pour des gangsters lorsqu'ils effectuent un braquage. Mais il va se retrouver un jour pris dans une intrigue plus tortueuse que prévue… *Drive* a sans aucun doute été l'une des meilleures surprises de la compétition. C'est en effet

avec une certaine appréhension que l'on envisageait l'arrivée du cinéaste surdoué Nicolas Winding Refn (*Pusher*, *Bronson*…) dans le cinéma hollywoodien. On sait par expérience que celui-ci est prompt à inviter chez lui les talents étrangers pour mieux les étouffer : longue est la liste des cinéastes ayant vécu cette expérience. *Drive* est de plus, sur le papier, un pur film de commande. Le sujet, adapté d'un roman de James Sallis, a été choisi par les producteurs, confié ensuite au comédien principal, Ryan Gosling, avant qu'en fin de course le choix du réalisateur ne se porte sur le Danois. Le résultat est tout bonnement enthousiasmant. L'intrigue, très classique dans sa structure, s'inscrit dans la longue tradition du film noir, sans tenter de la parodier, mais en y apportant un regard complice et légèrement distancié. L'interprétation est sans faille, et la prestation épatante de Ryan Gosling est encore plus mises en valeur par la collection des « trognes » dans les seconds rôles (parmi lesquels l'inévitable et génial Ron Perlman). La réalisation enfin est d'une classe somptueuse. Nicolas Winding Refn filme avec une élégance rare aussi bien les phases d'attente ou les scènes de tension psychologique que les séquences d'action ; Prix de la mise en scène amplement mérité, et consécration d'un très grand réalisateur. ■ L. A.

*Drive. Film américain de Nicolas Winding Refn, avec Ryan Gosling, Carey Mulligan, Albert Brooks, Ron Perlman. 1h40. Compétition*

## Elena

Avec *Le Retour* puis *Le Bannissement*, Andrei Zviagintsev s'est imposé comme un émule surdoué d'Andrei Tarkovski et d'Ingmar Bergman. Son troisième film puise son inspiration à la source de la littérature russe. Issue d'un milieu modeste, Elena est mariée à un homme riche qu'elle a connu à l'époque où elle travaillait comme infirmière. Sur le point de rédiger son testament au profit de sa fille unique, qui vit depuis toujours à ses crochets tout en lui vouant le plus profond mépris, celui-ci refuse de venir en aide au fils que son épouse a eu d'une précédente union et qui vit dans la précarité avec sa famille nombreuse. Dès lors, il ne reste plus à Elena qu'à donner un petit coup de pouce au destin en utilisant le symbole même de la virilité perdue : le viagra… Il y a du Dostoïevski dans cette étude de mœurs qui en dit long sur la Russie d'aujourd'hui en proie à une lutte des classes

exacerbée. C'est moins la chronique sociale proprement dite qui intéresse Zviagintsev que les relations qui s'établissent entre les êtres et l'incompréhension qui les sépare. *Elena* est un portrait au vitriol dont le personnage principal agit comme une sorte de trait d'union entre deux mondes qui se côtoient en s'ignorant, et où un calme illusoire règne avant une nouvelle tempête annoncée. La mise en scène de Zviagintsev va droit à l'essentiel. Elle s'appuie en l'occurrence sur le contraste des décors et utilise la musique du compositeur Philip Glass comme leitmotiv hypnotique d'une tragédie annoncée. ■ J.-P. G.
Film russe d'Andrei Zviagintsev, avec Nadezhda Markina, Andreï Smirnov. 1h49. Un Certain Regard.

## Et maintenant on va où ?

C'est un village libanais presque comme les autres. Il suffit d'une étincelle pour que la guerre éclate. Chrétiens, Juifs et Musulmans cohabitent dans une paix armée qui donnent aux femmes l'idée de se révolter contre cette situation inextricable qu'elles se refusent à considérer comme une fatalité. Quitte à échanger leurs vêtements et à se voiler pour mieux brouiller les pistes. Révélée par le très sensuel *Caramel,* Nadine Labaki signe cette fois une fable où les femmes portent la culotte et incarnent la raison face à des mâles toujours prêts à faire saillir leurs muscles. Elle circonscrit l'action dans un lieu coupé du monde où toutes les routes sembler mener irrémédiablement au cimetière, encore les morts étant enterrés par confession, comme pour souligner l'aspect éternel de leurs antagonismes. La réalisatrice se garde toutefois de jouer les pleureuses. D'entrée de jeu, elle montre un groupe de femmes en noir qui avancent en tapant du pied et en chantant leur révolte. À la fois devant et derrière la caméra, Nadine Labaki s'affirme comme la meneuse de cette fronde pacifique qu'elle traite sous les atours d'une comédie musicale particulièrement enlevée, habillant la tragédie antique d'une forme résolument moderne. *Et maintenant on va où ?* confirme le talent d'une cinéaste qui affirme une organisation de l'espace savamment étudiée et célèbre avec panache la pérennité d'un matriarcat méditerranéen plus prompt à agir qu'à subir, quitte à substituer l'imagination à la violence. ■ J.-P. G.
Film libanais de Nadine Labaki. Avec Nadine Labaki, Claude Moussawbaa, Layla Hakim, Leyla Fouad, Antoinette El-Noufaily. 1h40. Un Certain Regard.

## L'Exercice de l'État

*L'Exercice de l'État* s'inscrit dans une veine marquante du festival de Cannes de cette année, celle de l'inscription de la politique française dans les œuvres proposées. Le film de Pierre Schoeller se distingue soudain par une force, une profondeur et un style rarement vus auparavant dans le cinéma français, voire même international quand il aborde un tel sujet.

La principale force du film vient de l'idée géniale de prendre comme personnage principal un ministre, donc un homme ancré au sein même des instances de décision, mais à la charge d'un ministère parmi les moins connus et les moins prestigieux. Sans référence avec une quelconque personnalité connue ou charismatique, le film permet donc une plongée dans la psychologie d'un homme habité par le goût et le désir du pouvoir, qui va pour cela renoncer progressivement à ses idées et décider de soutenir une loi dont il ne voulait absolument pas. Entre-temps, on aura assisté à une période de sa vie en forme de course folle, et aussi à la fin de ses idéaux et de son amitié avec son directeur de cabinet – ce qui vaut aussi un magnifique duo d'acteurs constitué par Olivier Gourmet et Michel Blanc. Schoeller construit son film comme un véritable thriller, menant son récit à un rythme proprement effarant, ne laissant jamais le spectateur reprendre son souffle, et le plongeant ainsi dans un univers littéralement asphyxiant. Il évite tout aussi bien les pièges de la caricature (ses personnages sont des êtres de chair, de sueur et de peur) que ceux d'un naturalisme pseudo-documentaire. La description précise des lieux et des instances de pouvoir alterne ainsi avec des séquences proprement surréalistes (le ministre apprend une promotion assis aux toilettes), ou d'autres véritablement cauchemardesques : le rêve du ministre qui constitue la séquence d'ouverture est proprement hallucinant. Le film dépasse ainsi le cadre national pour aboutir à une réflexion universelle (en tout cas valable pour tous les régimes démocratiques ou fonctionnant par un système électif) sur le désir et la psychologie du pouvoir. ■ L. A.
Film franco-belge de Pierre Schoeller avec Olivier Gourmet, Michel Blanc, Zabou Breitman, Laurent Stocker. 1h52. Un Certain Regard

## Habemus Papam

Un concile, c'est comme la délibération d'un jury. À trop hésiter entre deux candidats, il finit par se décider pour un troisième. Mais quand il échoit à cet outsider malgré lui d'accéder au titre de pape, la déflagration peut s'avérer considérable… Dans *Habemus Papam* de Nanni Moretti, le représentant de Dieu est à ce point écrasé par sa charge qu'il pousse un terrible cri de douleur et s'enfuit. Il ne s'agit pas pour le cinéaste italien de tirer à boulets rouges contre une institution, comme il a pu le faire contre la personne de Silvio Berlusconi dans *Le Caïman*. Il préfère sonder ce mystère d'un autre âge qui veut qu'une fumée noire ou blanche entérine le passage d'un simple mortel au rang de commandeur des Catholiques. Au passage, Moretti ponctue cet examen de conscience de quelques pures scènes de comédie burlesque et s'offre un rôle de psychanalyste chargé de ramener à la raison le pontife rétif et qui initie les cardinaux désœuvrés aux joies du volley-ball. Il trouve en Michel Piccoli un interprète idéal, celui-ci refusant tout effet, aboutissement d'une prodigieuse carrière qui l'a mené à l'épure. Il faut le voir émerger entre deux bosquets et adresser un petit signe complice à un bataillon de gardes suisses, pour mesurer le ton facétieux de cette version primesautière de *La Prise du pouvoir par Louis XIV* qui ne manifeste qu'une seule irrévérence : nous faire sourire. « L'Osservatore Romano » a beau stigmatiser l'entreprise de Moretti, ce n'est qu'une posture de principe. ■ J.-P. G.
Film italien de Nanni Moretti, avec Michel Piccoli, Nanni Moretti, Jerzy Stuhr, Renato Scarpa. 1h44. Compétition.

## Hors Satan

Comme à peu près tous les autres films de Bruno Dumont (ex-professeur de philosophie qui revendique sa filiation cinématographique avec Pialat et Bresson, au point d'avoir édifié son œuvre en réaction à *Sous le soleil de Satan* et *Le Diable, probablement,* ainsi que l'atteste le titre de son nouvel opus), *Hors Satan* pourrait s'intituler *La Vie de Jésus*, en résonance avec son premier long métrage. Un cheminot amoureux d'une fille de fermiers entreprend d'éliminer tous ceux qui se dressent en travers de leur route. Avec son ciel bas et lourd, ses paysages panoramiques et son angélus stylisé, le cadre évoque celui de *Flandres*. Le personnage principal, cet ange exterminateur décharné qui tresse des couronnes d'épines et ressuscite les morts, était quant à lui déjà esquissé à travers le personnage du jardinier de *Hadewijch,* également campé par ce David Dewaele au visage christique. Bruno Dumont confirme là qu'il poursuit la même chimère : cette quête métaphysique qui fait s'entrechoquer le Bien et le Mal. Sa proposition cinématographique synthétise ce qu'on pourrait appeler les « fondamentaux » de ce metteur en scène issu d'un terroir sur lequel le temps ne semble exercer aucune prise.

Il n'y a guère d'espoir dans *Hors Satan*. Juste l'hypothèse d'un salut possible comme unique échappatoire à un monde impitoyable où tout se joue derrière des murs épais, bien que le réalisme intéresse évidemment moins ce diable de Dumont (c'est le cas de le dire) qu'une certaine esthétique naturaliste. ■ J.-P. G.
Film français de Bruno Dumont, avec David Dewaele, Alexandra Lematre, Aurore Broutin. 1h50. Un Certain Regard.

## Le Havre

Aki Kaurismäki n'avait pratiquement plus donné de nouvelles depuis *Les Lumières du faubourg*, il y a déjà cinq ans, un film qui avait été une relative déception. En venant tourner en France, au Havre (ville qu'il filme magnifiquement tout en faisant ressortir le double sens de son nom), le grand cinéaste finlandais retrouve tout son talent, son inspiration et livre l'un de ses films les plus achevés. Toujours fidèle à son style épuré et minimaliste, qui cache un énorme travail de mise en scène, Kaurismäki revient une nouvelle fois sur le destin des exclus et des persécutés, dans un film qu'il qualifie lui même d'irréaliste. Ou comment un cireur de chaussures protège un jeune clandestin africain des persécutions policières et réussit à le faire passer en Grande-Bretagne, grâce à la solidarité des gens de son quartier et quelques aides inattendues, pendant que sa femme lutte contre un grave maladie à l'hôpital… De ce conte de fée marxiste (le héros se nomme Marcel Marx.. !) ciselé à la perfection, il est impossible de trouver la moindre scorie. Kaurismäki emmène ses spectateurs, selon son habitude, dans un univers où coexistent la fantaisie la plus pure avec un réalisme social et politique on ne peut plus actuel. La force poétique du cinéaste est renforcée comme toujours par ses comédiens, y compris le Français qui se coulent instantanément dans son univers comme s'ils en avaient toujours fait partie. Le comble du bonheur est apporté par la prestation musicale de Little Bob, figure mythique de la scène rock du Havre. Totalement oublié du palmarès officiel, *Le Havre* a néanmoins remporté le Prix de la Critique Internationale. ■ L. A.

Film franco-finlandais d'Aki Kaurismäki, avec André Wilms, Kati Outinen, Jean-Pierre Darroussin, Blondin Miguel, Pierre Etaix, Jean-Pierre Léaud. 1h33. Compétition.

### Les Neiges du Kilimandjaro

Que l'on ne se méprenne pas : le dernier film de Robert Guédiguian n'a pas grand-chose à voir avec son homonyme signé Henry King, lui-même adapté de la nouvelle d'Hemingway. Si ce n'est que le sommet africain reste un joli symbole de l'inaccessible. D'Afrique il n'est ici question que par allusions. Car c'est bien encore et toujours dans la région de Marseille que se déroule l'action, parmi ces « gens de peu » que le cinéaste affectionne, victimes expiatoires d'une crise économique et sociale qui n'en finit pas. On l'aura compris, la désindustrialisation n'est que l'une des manifestations d'un vent de l'histoire qui a cessé de souffler dans le bon sens. Mais pour être politiquement limpide, le film n'en exprime pas moins une fêlure dont le cinéma de Guédiguian porte des stigmates de plus en plus visibles. Une façon d'entériner sans doute à contrecœur mais sans se voiler la face la fin d'une classe ouvrière homogène portant l'espoir des lendemains qui chantent.

Ce qui ne veut pas dire que le film soit dépourvu de chaleur, bien au contraire. Même si Guédiguian met en lumière l'irruption du chacun pour soi au cœur d'un monde longtemps exemplaire, s'interrogeant au passage sur les limites de son engagement ou de son credo (mais l'un et l'autre semblent vaciller depuis plusieurs années), nous sommes aux antipodes de ce qui reste le film le plus noir du cinéaste, *La ville est tranquille*. Car malgré tout il reste beaucoup à attendre des autres. Le film est inquiet, mais il n'en reste pas moins une belle leçon d'humanisme. Et de cinéma. ■ Yves Alion

Film français de Robert Guédiguian, avec Jean-Pierre Darroussin, Ariane Ascaride, Gérard Meylan, Grégoire Leprince-Ringuet, Anaïs Demoustier, 1h30. Compétition.

### Polisse

En l'espace de trois films, Maïwenn s'est faite une place dans le cinéma. Et la consécration cannoise ne fait qu'entériner l'évidence de son talent singulier. Aussi différents soient-ils les trois films ont en commun d'interroger la part de réel qui se glisse dans toute fiction. *Polisse* est à ce égard exemplaire, qui nous convie pendant plus de deux heures à partager le quotidien d'une brigade de protection des mineurs. Oscillant entre le drame et la légèreté, entre le collectif et l'individuel, entre la fiction et le reportage, entre le monde inquiets des adultes et celui de l'enfance bafouée, le film n'est pas sans évoquer le magnifique *L.627*, de Bertrand Tavernier qui avait quant à lui infiltré une brigade des stups. Au-delà le film pose des torrents de questions sur notre sexualité, qu'il s'agisse de celle des enfants, parfois confrontée aux déviances de ceux qui ont pour charge de les protéger, ou de celle des adultes. Car les flics ne semblent pas placés à meilleure enseigne que leurs « clients » tant la pratique de leur métier, pour lequel ils se donnent sans compter, les amène à rapporter chez eux toutes les angoisses du monde, toutes les difficultés à aimer ou seulement à communiquer. À moins que ce ne soit l'inverse. Le film est bouleversant. Il fera l'objet du prochain numéro de *L'Avant-Scène Cinéma*. ■ Y. A.

Film français de Maïwenn, avec Karin Viard, Marina Foïs, Joey Starr, Maïwenn, Nicolas Duvauchelle, Frédéric Pierrot. 2h07. Compétition.

un regard « de l'intérieur » qui évoque celui de J. D. Salinger dans « L'Attrape-cœurs ». Comme s'il avait le même âge que ses protagonistes et se mêlait à eux. Loin des austères ascèses que furent *Elephant* ou *Last Days,* le cinéaste assume même le risque de la compassion et signe paradoxalement le plus personnel des films de commande. ■ J.-P. G.
Film américain de Gus van Sant, avec Henry Hopper, Mia Wasikowska, Ryo Kase, Schuyler Fisk. 1h31. Un Certain Regard.

## Restless

Obsédé par la mort depuis l'accident dont ont été victimes ses parents, Enoch passe sa vie à assister à des enterrements. C'est au cours de l'un de ceux-ci qu'il fait la connaissance d'Annabel, une jeune fille insouciante malgré le mal incurable qui la ronge… Inlassable chroniqueur de la jeunesse, le réalisateur de *Paranoid Park* se hasarde pour la première fois à filmer une histoire d'amitié amoureuse. De cet argument dont les grandes lignes évoquent le sirupeux *Love Story,* il choisit de tirer une jolie fable philosophique habitée par ses deux personnages principaux. Il réunit pour l'occasion Henry (fils de Dennis) Hopper, dans un rôle d'adolescent impénétrable dont les obsessions morbides évoquent celle de Bud Cort dans *Harold et Maude,* face à la lumineuse révélation d'*Alice au pays des merveilles,* Mia Wasikowska, troublante d'androgynie. Gus van Sant pousse ici l'art de l'ellipse à la perfection et évite ainsi les pires travers du mélodrame, tout en flirtant avec un onirisme discret qu'incarne l'alter ego japonais d'Enoch, kamikaze nostalgique surgi d'une autre époque. Il prend garde de ne jamais s'apitoyer sur cette tragédie et porte sur ces égarés

## Sleeping Beauty

Cet impressionnant premier film marque le début réussi comme cinéaste de la romancière Julia Leigh (*Le Chasseur, Ailleurs*). L'origine littéraire de la réalisatrice, également auteur du scénario, se révèle par le soin tout particulier apporté au texte et aux dialogues, prenant parfois la forme de véritables monologues, ainsi que dans ses références implicites. Julia Leigh propose une sorte de réponse aux « Belles endormies » de Kawabata, qui auraient été revues et corrigées par Bataille. Le film suit le parcours d'une jeune fille désargentée qui, tout en tentant de suivre des études (mais on découvre que le cours qu'elle suit le plus régulièrement concerne le jeu de go…), multiplie les jobs alimentaires et se prostitue occasionnellement. Par le biais d'une annonce, elle entre dans un curieux réseau, une sorte de club privé pour hommes âgés, fortunés, et fétichistes. Une des spécialités du réseau est d'offrir au client de très jeunes filles endormies par un narcotique, avec des règles d'usage – et des interdits – très précis. Sur ce sujet propre à toutes les dérives graveleuses, ou à l'inverse à l'hypocrisie puritaine, Julia Leigh offre une œuvre mise en scène au cordeau. On ne peut qu'admirer la précisions des décors et sur la symétrie des cadres, le magni-

fique travail photographique sur les corps et les nus, et la construction dramatique qui, donnant d'abord l'impression d'être vague et imprécise, resserre progressivement l'intrigue et la tension jusqu'au basculement final dans une forme d'horreur absolue et un hurlement qui résonne longtemps après le générique final. Il convient également de saluer la performance de la jeune comédienne, Emily Browning (vue récemment dans *Sucker Punch*), qui porte le film sur ses épaules avec une rare maturité. ■ L. A.
Film australien de Julia Leigh, avec Emily Browning, Rachael Blake, Ewen Leslie. 1h42. Compétition.

## La Source des femmes

Dans un village du Maghreb, une coutume séculaire veut que ce soit aux femmes d'aller chercher l'eau à la source. Mais, au fil du temps, elles sont nombreuses à avoir payé de leur vie ou de celle de l'enfant qu'elles portaient le prix de cette épreuve d'un autre âge. Alors, elles décident de se rebeller et répliquent par une grève de l'amour, pour contraindre les mâles à intervenir auprès des autorités administratives. La parabole est limpide, le réalisateur plutôt habile. À travers ce conte oriental, Radu Mihaileanu témoigne de la place de la femme dans la société méditerranéenne. Il recrute pour cela la fine fleur des comédiennes et signe une comédie de mœurs délibérément manichéenne en jouant constamment des paradoxes de ce monde clos où l'on chemine à dos d'âne, mais où le téléphone portable a bouleversé les relations sociales. *La Source des femmes* revendique son statut de conte des mille et une nuits, mais ne va jamais au-delà. Comme dans ses précédents films, le réalisateur tricote une histoire plaisante et bien agencée, sans jamais prendre le risque de déranger. Chez lui, drame, aussi épais soit-il, finit toujours par se résoudre dans une sorte de paix des braves cinématographique, au lieu de faire bouger les lignes de nos certitudes. Malgré le charme acidulé des lauréates du César du meilleur espoir féminin Leïla Bekhti et Hafsia Herzi, l'humour de Biyouna et l'autorité de Hiam Abbas, l'enjeu de ce film dépourvu d'audace se dissout peu à peu dans un conformisme béat. ■ J.-P. G.
Film français de Radu Mihaileanu. Avec Leïla Bekhti, Hafsia Herzi, Biyouna, Hiam Abbas. 2h16. Compétition.

## Sur la planche

Le jour, elles gagnent leur vie en décortiquant des crevettes dans les docks de Tanger. La nuit, elles offrent leur corps pour quelques dirhams de plus. Jusqu'au jour où la perspective lucrative d'un trafic de téléphones mobiles leur laisse miroiter un avenir meilleur. La jeunesse marocaine que montre *Sur la planche* est au bord de l'implosion. Elle cadre assez mal avec les contours qu'en a dessinés le cinéma jusqu'alors. Leila Kilani montre une société du Maghreb dominée par les filles où la réalité socio-économique ne cadre absolument pas avec les dépliants touristiques qui nous vantent les charmes de cette destination de rêve. Venue du documentaire, la réalisatrice cadre caméra à l'épaule des interprètes qui ne sont pas comédiennes, mais se garde bien de laisser pour autant la moindre part à l'improvisation. À la lumière des révolutions qui agitent le monde arabe, son premier long métrage de fiction sonne comme un avertissement. Il témoigne par ailleurs de la maturité d'une cinéaste en prise avec la société dans laquelle elle évolue. Derrière l'image saisissante de ces ouvrières de blanc vêtues qui se déplacent comme une armée d'insectes laborieux affleure une réalité nettement plus sombre qui passe par la survie à tout prix qu'une activité professionnelle ne suffit plus à garantir. Or c'est sur ce contraste saisissant que repose *Sur la planche*. Leila Kilani se garde toutefois de dénoncer un système. Elle se contente d'en montrer le fonctionnement déréglé... et de s'indigner. ■ J.-P. G.
Film franco-marocain de Leila Kilani. Avec Nouzha Akel, Mouna Bahmad, Rafika Bouazza. 1h46. Quinzaine des Réalisateurs.

## Take shelter

L'angoisse, tel est le thème principal du second film de Jeff Nichols à qui l'on devait déjà le très noir *Shotgun Stories*. Un père de famille, issu de la classe moyenne, cauchemarde d'étranges tempêtes surnaturelles. Persuadé que la fin du monde est proche, il commence à construire un abri hyper moderne mais très coûteux pour lui et sa famille en dépit de l'incompréhension grandissante de ses proches. Toute la question, de prime abord, est de savoir s'il est fou ou visionnaire, paranoïaque ou prophète ? Mais le film va bien au-delà du ce petit jeu – qu'il mène avec une certaine habileté d'ailleurs – et offre une véritable réflexion sur un sentiment de plus en

plus repandu : l'anxiété de ne pas arriver à joindre les deux bouts à l'échelle personnelle, mais également une peur plus générale de l'état du monde… Avec l'air de traverser à la fois le délitement d'un couple, la précarité économique actuelle, une certaine paranoïa dominante ou le vaste thème du changement climatique, Jeff Nichols se concentre sur un point bien précis et atteint son but : faire rejaillir nos peurs les plus profondes.

Ce film psychologique est brillamment interprété par Michael Shannon et Jessica Chastain, tout en intériorité. Teinté d'éléments fantastiques, il prend une tonalité apocalyptique et use nos cordes sensibles sans relâche. C'est par ce savant mélange des genres que *Take Shelter* tient le haut du pavé du cinéma indépendant américain actuel. ■ C. L.
Film américain de Jeff Nichols, avec Michael Shannon, Jessica Chastain, Tova Stewart. 1h58. Semaine de la Critique.

## The Artist

Michel Hazanavicius aime les films de genre. Son premier long métrage pour le cinéma, *Mes amis* n'explorait-il pas les coulisses d'un soap opera de la pire espèce ? Avant de rencontrer la consécration avec les deux *OSS 117* qui d'une certaine manière rendaient également hommage à un cinéma très connoté (et plutôt méprisé). Avec *The Artist*, l'ambition du cinéaste est manifestement montée d'un cran, puisqu'il s'attache à célébrer le cinéma muet. Le pari pouvait sembler fou, et il l'était. Faire un film muet (en noir et blanc bien sûr) en 2011 est effectivement une folie et nous croisons les doigts pour que cette folie s'avère payante et séduise le grand public. Car autant le dire, *The Artist* est un petit bijou. Ce n'est pas une parodie (même si l'on rit beaucoup), à la manière d'un Mel Brooks et de sa *Dernière folie* (en VO : *Silent movie*), mais véritablement un hommage. Si Hazanavicius et son comédien fétiche

(Dujardin, époustouflant) s'en donnent à cœur joie, s'ils ne donnent jamais l'impression de forcer leur talent, il faut reconnaître que leur travail commun mérite les adjectifs les plus dithyrambiques. Non seulement le film parle du délicat passage du muet au parlant (on pense à *Chantons sous la pluie* ou dans les moments les plus douloureux à *Sunset boulevard*), mais il parvient à faire coïncider le fond et la forme puisqu'il parvient à retrouver une grâce particulière qui semble s'être perdue avec l'apparition du parlant : les cadrages, le montage, le jeu des comédiens appartiennent à cet âge révolu que le talent de quelques Français un peu barrés viennent de ressusciter. ■ Y. A.
Film français de Michel Hazanavicius, avec Jean Dujardin, Bérénice Bejo, John Goodman, James Cromwell. 1h40. Compétition.

## The Day he arrives

Hong Sang-soo est actuellement l'un des cinéastes coréens les plus célèbres – et les plus célébrés, puisqu'il vient de se voir consacrer une rétrospective à la Cinémathèque française. Il n'est cependant pas interdit de souligner que certains de ses films récents ont été de véritables déceptions : trop d'histoires narcissiques délayées au-delà du raisonnable, l'impression désagréable d'un cinéaste qui tourne en rond, comme en pilotage automatique. C'est dire à quel point ce nouvel opus a représenté une belle surprise. En retournant au noir et blanc de ses débuts ainsi qu'à une durée réduite, Hong retrouve du même coup la grâce, la légèreté aérienne et le charme de ses meilleures œuvres. De plus, il maîtrise maintenant à la perfection sa technique unique de construction dramatique, bâtie autour d'une histoire simple (dans le cas présent, un cinéaste sans activité retourne pour quelques jours à Séoul et y fait de nouvelles connaissances tout en retrouvant des anciennes) qu'il « monte » dans une étonnante spirale faite de coïncidences, de répétitions, de jeux de ressemblances. Les situations dramatiques se reflètent l'une l'autre, deux personnages féminins sont des sosies mais ne se rencontrent jamais, le héros, projection angoissée de Hong Sangsoo (qui se voit toujours en état d'impuissance créatrice alors qu'il est d'une fécondité impressionnante) accomplit un curieux voyage immobile dans lequel il hésite, trébuche, et peut-être se reconstruit. Hong tourne en longs plans, sans avoir recours au champ contrechamp, ce qui apporte à son film une fluidité incomparable, aidé en cela par le talent des comédiens qui semblent improviser à partir d'une charpente invisible mais à l'évidence très solidement bâtie. Le contraste est fort avec le pénible *HaHaHa* présenté à Cannes l'an dernier (et entre les deux, Hong a tourné un autre film bref : *Oki's movie*, encore inédit) : on retrouve tout simplement le plaisir du cinéma. ■ L. A.

*Bukchon-Banghyang*. Film coréen de Hong Sang-soo, avec Yu Jun-sang, Kim Sang-joong, Sun Sunmi. 1h19. Un Certain Regard

## The Murderer

Un film noir pur et dur. Pour payer ses dettes, Gunam, un misérable chauffeur de taxi, accepte un contrat pour le compte d'un caïd de sa ville. Il lui faut passer de la Chine en Corée du Sud pour aller assassiner un homme. Bien évidemment, rien ne se passe comme prévu et le tueur occasionnel va se retrouver plongé dans une intrigue inextricable sur fond de rivalité entre gangs et poursuivi dans le même temps par la police. Cette trame classique est magnifiée par un des nouveaux talents du cinéma coréen, Na Hong-jin, découvert l'an dernier avec un premier film d'action : *The Chaser*. Au sens propre, Na passe ici à la vitesse supérieure, et livre une vaste fresque ambitieuse et d'une richesse thématique assez rare dans le film de genre contemporain. L'intrigue criminelle est aussi le moyen pour décrire une communauté peu connue, celle dite des Joseon-Jok, des sino-coréens originaires d'une région de Chine coincée entre la Corée du Nord et la Russie et qui souvent émigrent illégalement en Corée du sud (Gunam, en plus de sa mission, tente ainsi de retrouver sa femme dont il est sans nouvelles depuis qu'elle a émigré en Corée…). Sur ce fond réaliste et presque documentaire, Na Hong-jin mène son intrigue de manière magistrale, en alternant des études de caractère, des séquences de pur suspense et des explosions de violence hallucinantes allant de la casse de dizaines de voitures en pleine course à des massacres gore à coups de couteau, de hache ou de clé à molette ! D'abord annoncé sous le titre « The Yellow Sea », traduction du premier titre original coréen, ce film sous adrénaline a finalement été projeté sous le titre *The Murderer*, qui est celui de la « version internationale », plus courte que celle

prévue à l'origine par le cinéaste – mais il n'est pas sûr que cela nuise au film qui, dans sa version de près de deux heures et demi quand même, semble avoir trouvé un équilibre et un rythme à la mesure de son ambition. ■ L. A.

*Hwang-hae*. Film coréen de Na Hong-jin, avec Ha Jung-woo, Kim Yun-seok, Cho Seong-ha. 2h20. Un Certain Regard.

## We need to talk about Kevin

Il est des films qui vous laissent dans un état de torpeur avancée, qui vous tétanisent. *We need to talk about Kevin* est de ceux-là. Soit une famille aisée, le père, la mère et deux enfants, un garçon et une fille. Tout irait pour le mieux si le garçon n'avait, dès son plus jeune âge, développé une certain capacité perverse à établir un rapport de force sado-maso avec sa mère, pour mieux jouer les saintes-nitouches avec son père, C'est d'abord déconcertant, parfois amusant, avant de devenir extrêmement anxiogène. Nous ne dirons rien de l'épilogue, mais le film excelle à dispenser des éléments qui laissent à penser que le drame s'est invité à la fête. Le découpage du film invite d'ailleurs à un va et vient continuel entre le passé, qui ressemble de plus en plus à un cul-de-sac, et un présent pour le moins déboussolé. Tilda Swinton excelle d'ailleurs à incarner cette femme dont la vie a été ravagée par un cataclysme familial qui explose toutes les appréhensions communément admises sur l'échelle de Richter des sentiments. *We need to talk about Kevin* s'empare de nous dès les premières images pour ne plus jamais nous laisser de répit. La bande-son est de ce point de vue essentielle, qui nous invite à partager les sensations de l'héroïne, son inconfort, ses flottements avant de savoir quelles en sont les raisons. Invitée à Un certain regard il y a quelques années avec son premier film, *Ratcatcher*, Lynn Ramsey avait fait forte impression, déjà titillée par le mystère de l'adolescence. C'est peu dire qu'elle vient de transformer ce brillant coup d'essai en coup de maître. ■ Y. A.

Film britannique de Lynne Ramsay, avec Tilda Swinton, John C. Reilley, Ezra Miller, Siobhan Fallon. 1h50. Compétition.

# Les DVD

### La Lettre du Kremlin

C'est avec une joie immense que nous accueillons la parution d'un DVD consacré à *La Lettre du Kremlin*, un film de John Huston devenu rare et qui sans conteste est l'un de ses meilleurs. Film d'espionnage, *La Lettre du Kremlin* est avant tout un film purement hustonien qui se délecte à souligner le cynisme de ceux qu'il met en scène et la dérision de la plupart des actions humaines. Le monde décrit n'est en effet que faux-semblants, meurtres et manipulations alors que les enjeux glissent entre les doigts comme du sable sec. Deux bonus très complémentaires nous sont offerts en prime, d'une vingtaine de minutes chacun. Le premier permet à trois éminents critiques et historiens (Patrick Brion, Pierre Murat et Jean-Baptiste Thoret) de brosser un portrait du maître, aventurier-cinéaste dont la soif de mettre en scène n'a jamais été étanchée et de revenir sur la place du film dans son œuvre, le rattachant naturellement à ses autres œuvres, dont l'éclectisme est pourtant total. Le second supplément a pour ambition de retracer une « petite histoire du film d'espionnage ». Vaste ambition, on en conviendra, sur un laps de temps limité. Christophe Champclaux, qui signe le bonus et le présente s'acquitte de sa tâche avec les honneurs. Les films cités sont évidemment limités en nombre compte tenu du matériau de départ, mais la ballade qui nous est proposée (avec force affiches et extraits de films) est mieux que plaisante. Hitchcock est au rendez-vous, tout comme (de façon moins attendue) les séries Z italiennes des années 60 ou les séries culte de la télé, du *Prisonnier* à *Chapeau melon et bottes de cuir*. ■ Y.A.
Opening

### Cinq films récents

Les DVD des films récents sortent aujourd'hui quelques mois à peine après leur sortie en salle. On ne sait pas si la chronologie des médias est profitable sur le plan commercial telle qu'elle existe, mais c'est évidemment une aubaine pour le cinéphile. Parmi les sorties du mois cinq films ont particulièrement attiré notre attention. Ce qui n'est pas un scoop concernant *Tomboy* ou *Route Irish*, qui ont été en leur temps, l'un et l'autre, notre film du mois des pages Actu. Avec le recul de quelques mois nous ne pouvons que confirmer notre choix tant les deux films apparaissent comme vibrants, pleins d'humanité vraie. Nous avons également rendu compte du *Gamin au vélo* dans notre compte rendu du Festival de Cannes. Le film est effectivement admirable, et une troisième Palme d'or aux attribuées aux Dardenne n'aurait pas été incongrue. Nous n'avions pas parlé en revanche de *La Bella Gente,* un film italien de Ivano de Matteo qui met en présence une famille bobo, intello de gauche, et une jeune prostituée venue de l'Est. Quand les premiers recueillent la seconde par éthique, nous nageons évidemment

*La Lettre du Kremlin.*

dans un sirop de bons sentiments. Mais l'humanisme se grippe peu à peu sous les prétextes les plus variés, et la jeune fille est renvoyée à ses chères études. La trame est celle de la comédie italienne, mais le ton diffère, qui se veut plus réaliste. La leçon est belle, en tout cas. *Pieds nus sur les limaces* célèbre quant à lui le droit à la différence. Fabienne Berthaud retrouve Diane Kruger (qu'elle avait dirigée dans *Frankie*) et donne à Ludivine Sagnier un rôle taillé sur mesure d'une fille dont la différence confine à la folie. Une très grande leçon de liberté dispensée par un film qui lui non plus ne ressemble pas aux autres mais s'insinue doucement en nous pour ne plus nous lâcher. Les bonus de tous ces beaux films sont très inégaux. Ils sont absents de *Route Irish* (c'est bien dommage) et se résument à un court making of assez routinier pour *La Bella Gente*. Les suppléments de *Tomboy* ne sont pas très généreux non plus, mais force est de reconnaître que l'entretien avec Céline Sciamma est passionnant. Avec le plaisir supplémentaire de voir les images du casting lorsque la jeune comédienne du film a été choisie. Fabienne Berthaud est en revanche absente des bonus de *Pieds nus sur les limaces*. On l'aurait d'autant mieux entendue qu'elle est également l'auteur du roman dont le film est adapté. Mais elle laisse la place (l'espace de quelques minutes à ses deux comédiennes, interrogées à tour de rôle par Denis Menochet (l'époux de Diane Kruger à l'écran). Nous est également servi un bouquet de scènes coupées. C'est sans conteste les suppléments du *Gamin au vélo* les plus charnus. D'abord parce que l'interview de Cécile de France est à la fois généreuse, chaleureuse et pointue. Nous ne sommes pas dans la langue de bois de la promo et ce que dit la comédienne est le reflet d'une vraie réflexion sur son travail. Ensuite parce que nous sont offerts cinq séquences au cours desquelles les frères Dardenne reviennent sur les lieux du tournage (un an après) et en profitent pour nous administrer une très belle leçon de mise en scène. Sans emphase mais avec une simplicité et une précision exemplaires. À l'image de leur cinéma. ■ Y.A.

*Le Gamin au vélo* Diaphana
*Tomboy* Pyramide
*La Bella Gente* France Télévision
*Pieds nus sur les limaces* Le Bureau/Aventi
*Route Irish* Diaphana

## Deux westerns crépusculaires

Riche idée que celle d'éditer ces deux westerns un peu oubliés signés Richard Sarafian. Deux films qui participent de toute évidence à cette vague dite des *acid westerns*, proposant une lecture de l'Ouest radicalement différente de celles qui prévalaient pendant l'âge d'or du genre. Mais nous sommes au cœur des années contestataires, alors que le nouvel Hollywood tente de donner de la voix. Alors que *Little Big Man* et *Jeremiah Johnson* repeignent les vieux mythes aux couleurs du temps présent, les Indiens ont cessé d'être des sauvages pour devenir les vic-

Le Gamin au vélo.

Jean-Pierre et Luc Dardenne.

Tomboy.

La Belle gente.

Pieds nus sur les limaces.

Route Irish.

*Le Convoi sauvage.*

*Le Fantôme de Cat Dancing.*

times d'une modernisation effrénée, la violence ne se cache plus et les choses du sexe ne nécessitent pas nécessairement que l'on détourne le regard. D'une certaine manière, la révolution du western spaghetti n'est pas non plus sans effet. Quoi qu'il en soit, avec peu de moyens, Sarafian nous offre deux films délectables. *Le Convoi sauvage* a été tourné en Espagne et certaines scènes s'en ressentent (le grizzly qui attaque ce pauvre Richard Harris n'est qu'un vulgaire ours brun, et les Indiens sont des gitans un peu maquillés), mais le souffle du western perdure. Il est vrai que le film dépasse le cadre du genre pour se muer en une épopée baroque et métaphysique, qui met en scène un homme blessé qui ne survit que grâce à une volonté peu commune et un visionnaire un peu fou qui s'est mis en tête de faire traîner un bateau de belle taille au milieu de la forêt par dix-huit mulets. Comme c'est John Huston himself qui se prête au jeu, il n'est pas interdit de penser que Moby Dick croise au large et que le capitaine Achab a abusé de substances psychotropes. *Le Fantôme de Cat Dancing* n'est pas moins singulier tant sa crudité, sa violence et ses lignes de fuite (quand le western se mue en histoire d'amour) sortent de l'ordinaire. Burt Reynolds y trouve en tout cas l'un de ses plus beaux rôles (avec *Déli-* *vrance*). Les bonus nous offrent de faire plus ample connaissance avec Richard Sarafian, pétulant octogénaire qui n'a rien perdu de sa verve ni de sa capacité à raconter des histoires. Jean-Baptiste Toret (son interlocuteur) a dû s'en donner à cœur joie. Mais le DVD bénéficie d'un autre supplément sous la forme d'un livre (une spécialité Wild Side que nous ne pouvons qu'encourager). Signé Philippe Garnier dont l'érudition n'a d'égale que sa fascination jamais démentie pour une Amérique buissonnière peuplée à tout jamais de héros de films noirs et de rockers sur le retour. Nous en apprenons de belles sur la genèse et le tournage des deux films, qui visiblement n'ont pas été faciles à faire. Le pompon revenant à *Cat Dancing*, lorsque le tournage a été perturbé par le suicide (mais peut-être s'agit-il d'un meurtre) du secrétaire particulier de la toujours sulfureuse Sarah Miles. ■ Yves Alion

*Le Convoi sauvage*
*Le Fantôme de Cat Dancing*
Wild side

# 20 ANS
### 26 SEPT - 2 OCT 2011
#### www.festivaldebiarritz.com

## festival
## biarritz
## amérique
## latine
### cinémas & cultures

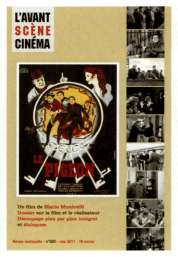

# Tarifs de l'AVANT-SCÈNE CINÉMA (prix ttc)

## Ventes au numéro

| | |
|---|---|
| Jusqu'au n° 535 | 13,50 € |
| à partir du n°536 | 15 € |

## Abonnements

**France**

| | |
|---|---|
| 1 an (10 numéros) | 105 € |
| 1 an (étudiants*) | 85 € |
| 2 ans (20 numéros) | 195 € |

**CEE + Suisse**

| | |
|---|---|
| 1 an (10 numéros) | 125 € |
| 1 an (étudiants*) | 105 € |
| 2 ans (20 numéros) | 218 € |

## Frais de port

| | |
|---|---|
| CEE | 1,50 € |
| Autres pays | 4 € |

**USA-Canada**

| | |
|---|---|
| 1 an (10 numéros) | 135 € |
| 1 an (étudiants*) | 120 € |
| 2 ans (20 numéros) | 240 € |

**Afrique-Asie-Amérique du Sud**

| | |
|---|---|
| 1 an (10 numéros) | 145 € |
| 1 an (étudiants*) | 130 € |
| 2 ans (20 numéros) | 260 € |

Autres pays : tarifs sur demande.
Pour tout renseignement concernant les commandes et les abonnements : avantscene.cinema@yahoo.fr
* Joindre une photocopie de la carte d'étudiant.

## Bulletin d'abonnement à retourner à

L'AVANT-SCÈNE CINÉMA  37, quai de Grenelle 75015 Paris
Ci-joint mon réglement de ...............€ à l'ordre de L'AVANT-SCÈNE CINÉMA

☐ chèque bancaire (en euros sur banque française) ou mandat international

Nom : . . . . . . . . . . . . . . . . . . . . . . . . . . . . . . . . Prénom : . . . . . . . . . . . . . . . . . . . . .
Adresse : . . . . . . . . . . . . . . . . . . . . . . . . . . . . . . . . . . . . . . . . . . . . . . . . . . . . . . . . . .
Code : . . . . . . . . . . . . . . Ville . . . . . . . . . . . . . . . . . . . . . . . .Pays . . . . . . . . . . . . .

date : . . . . . . . . . . . . . . . . . signature

Les sommaires de tous les numéros de L'Avant-Scène Cinéma sont disponibles sur ce site : **http://calindex.eu**